全国革命老区县发展史丛书·广东卷

佛山市高明区革命老区发展史

佛山市高明区革命老区发展史编委会 编

SPM 南方出版传媒 广东人民出版社
·广州·

图书在版编目（CIP）数据

佛山市高明区革命老区发展史／佛山市高明区革命老区发展史编委会编．—广州：广东人民出版社，2020.5

（全国革命老区县发展史丛书·广东卷）

ISBN 978-7-218-13947-0

Ⅰ．①佛…　Ⅱ．①佛…　Ⅲ．①高明区—地方史　Ⅳ．①K296.54

中国版本图书馆 CIP 数据核字（2019）第 237572 号

FOSHAN SHI GAOMING QU GEMING LAOQU FAZHANSHI
佛山市高明区革命老区发展史
佛山市高明区革命老区发展史编委会　编　　版权所有　翻印必究

出版人：肖风华

责任编辑：夏素玲　谢　尚
责任校对：沈展云
装帧设计：张力平
责任技编：吴彦斌

出版发行：广东人民出版社
地　　址：广州市海珠区新港西路 204 号 2 号楼（邮政编码：510300）
电　　话：(020) 85716809（总编室）
传　　真：(020) 85716872
网　　址：http://www.gdpph.com
印　　刷：广州市浩诚印刷有限公司
开　　本：715mm×995mm　1/16
印　　张：20.75　插页：14　字　数：270 千
版　　次：2020 年 5 月第 1 版
印　　次：2020 年 5 月第 1 次印刷
定　　价：78.00 元

如发现印装质量问题，影响阅读，请与出版社 (020-85716808) 联系调换。
售书热线：(020) 85716826

广东省编纂《革命老区县发展史》丛书指导小组

组　　长：陈开枝（广东省老区建设促进会会长）
副组长：林华景（广东省老区建设促进会常务副会长）
　　　　宋宗约（广东省农业农村厅副巡视员、广东省老区建设促进会副会长）
　　　　刘文炎（广东省老区建设促进会副会长）
　　　　郑木胜（广东省老区建设促进会副会长）
　　　　姚泽源（广东省老区建设促进会副会长兼秘书长）
　　　　谭世勋（广东省老区建设促进会副会长）

办公室

主　　任：姚泽源（兼）
副主任：廖纪坤（广东省农业农村厅扶贫协作与老区建设处处长）
　　　　柯绍华（广东省老区建设促进会副秘书长）
　　　　伍依丽（广东省老区建设促进会副秘书长）

《佛山市高明区革命老区发展史》
编纂委员会人员名单

主　任	谢志强	副区长、区农林渔业局局长
副主任	李伟明	区府办副主任
	谢志尚	区农林渔业局常务副局长
	潘海洋	更合镇镇长
顾　问	罗纯才	原县人大常委会主任
	谭世荣	区人大常委会原副主任（本书主笔）
	林细祥	区政协原副主席
成　员	吴伟强	区委宣传部副部长
	罗伟源	区发展规划统计局（发改）副局长
	邓荣生	区发展规划统计局（统计）总统计师
	黄婉明	区经济科技促进局（经贸招商）副局长
	廖振华	区经济科技促进局（科技）副主任科员
	陈仕光	区教育局副局长
	区卓彦	区民政局副局长
	严杰雄	区财政局副局长
	何锦辉	区人防办主任
	叶启全	区国土城建水务局（水务）副局长
	陆秋莲	区交通运输城管局（交通）副局长
	欧　兴	区交通运输城管局（城管）副局长

夏树坤　区农林渔业局副局长
欧伟良　区卫生计生局副局长
叶振洪　区人大办专职副主任
阮文坚　区档案局副局长
杨振国　区人武部政工科科长
陈贤芳　荷城街道办事处副主任
林庆泉　杨和镇副镇长
区有雄　明城镇副镇长
谭剑雄　更合镇人大副主席
林盛杰　西江新城管委会副主任

总序

在举国欢庆新中国成立 70 周年前夕，中国老区建设促进会王健会长请我为《全国革命老区县发展史》丛书作序，作为一名在老区战斗过并得到老区人民生死相助的老兵，回首往事，心潮澎湃，感慨万千，深感义不容辞，欣然应允。

中国革命老区，是以毛泽东为代表的中国共产党人在领导人民推翻帝国主义、封建主义和官僚资本主义三座大山，争取民族独立和人民解放伟大斗争中建立的革命根据地，在这片红色的土地上，诞生了无数可歌可泣的革命英雄儿女，为后人树起了一座不朽的丰碑，她是新中国的摇篮，是党和军队的根。

在艰苦卓绝的战争年代，老区人民把自己的命运与中华民族的命运紧紧地联系在一起，与中国共产党和人民军队的命运紧紧地联系在一起，他们生死相依，患难与共。我曾亲历过战争年代，并得到过老区红哥红嫂的救助，切身感受到发生在身边的一幕幕撼天动地的革命故事，在那极其艰难的条件下，老区人民倾其所有、破家支前，不怕艰难困苦，不怕流血牺牲。"最后一碗米送去做军粮，最后一尺布送去做军装，最后一件老棉袄盖在担架上，最后一个亲骨肉送去上战场"，这是当时伟大的老区人民为建立新中国做出巨大牺牲的真实写照，它将永远镌刻在中国共产党、中国人民解放军、中华人民共和国的历史丰碑上。他们的光辉业绩永载史册，他们的革命精神必将影响一代又一代的革命新人，造就一代又一代的民族脊梁。

在社会主义革命和建设时期,革命老区和老区人民响应党的号召,面对落后的面貌、脆弱的经济、恶劣的生态环境,他们本色不变,精神不丢,自力更生,艰苦奋斗,干一行爱一行。始终坚持"革命理想高于天",自觉做共产主义远大理想的坚定信仰者和忠实实践者,勇于向恶劣的自然环境和贫穷落后宣战,他们在各条战线上为国建功立业,用平凡的双手创造了一个又一个不平凡的奇迹,彰显了老区人的崇高精神和人格力量。

在改革开放的伟大进程中,老区人民解放思想,勇于创新,发奋图强,攻坚克难,老区的经济社会建设取得了辉煌成就。特别是在改变中国的面貌、中华民族的面貌、中国人民的面貌、中国共产党的面貌的伟大实践中发挥了至关重要的作用。老区人民既是改革开放的参与者,也是改革开放的推动者。

艰苦练意志,危难见精神。老区人民在近百年的革命战争、社会主义建设和改革开放的伟大实践中,孕育形成了伟大的老区精神:爱党信党、坚定不移的理想信念;舍生忘死、无私奉献的博大胸怀;不屈不挠、敢于胜利的英雄气概;自强不息、艰苦奋斗的顽强斗志;求真务实、开拓创新的科学态度;鱼水情深、生死相依的光荣传统。这是党和人民宝贵的精神财富、丰厚的政治资源,是凝心聚力、振奋民族精神的重要法宝,也是社会主义核心价值观的重要内容。

中国老区建设促进会怀着强烈的政治责任感和历史使命感,组织全国各地老促会人员克服困难,尽心竭力编纂《全国革命老区县发展史》丛书,记录老区的光辉历史和辉煌成就,传承红色基因,弘扬老区精神,是功在当代、利及千秋的一件大事。手捧这部丛书的部分书稿,读着书中的故事,倍感亲切,深感这部丛书具有资政、育人、存史的社会功能,有着重要的时代和历史价值。它是不忘初心、牢记使命的源头活水,是赞颂共产党、讴歌老区人民的一部精品力作,是弘扬老区精神、传承红色记忆的丰厚载体,是一项继承优秀传统文化、弘扬革命文化、发展社会主义先进文化,坚定"四个自信"的宏大文化工程。它必将成为一种文化品牌,为各界人士了解老区宣传老区支持老区提供一部有价值的研究史料。希望读者朋友们能从中了解并牢记这些为党和民族的利益不断奉献的老区人民,从中得到教益,汲取人生奋斗的精神动力。

新时代赋予新使命,新起点开启新征程。让我们更加紧密地团结在以习近平同志为核心的党中央周围,坚持以习近平新时代中国特色社会主义思想为指导,增强"四个意识",坚定"四个自信",做到"两个维护",弘扬老区精神,铭记苦难辉煌。为实现"两个一百年"奋斗目标,实现中华民族伟大复兴的中国梦作出新的更大的贡献!

邓清田

2019 年 4 月 11 日

编写说明

2017年6月,中国老区建设促进会组织全国各地老促会启动编纂《全国革命老区县发展史》丛书,按照"建立中国共产党、成立中华人民共和国、推进改革开放和中国特色社会主义事业"三大里程碑的历史脉络,系统书写革命老区百年历史,深入挖掘革命老区红色文化资源,这对于充实丰富中国革命史籍宝库、在新时代传承红色基因、弘扬革命精神、强固根本,对于激励人们在新的历史条件下夺取中国特色社会主义伟大胜利,实现中华民族伟大复兴的中国梦具有重要意义。

丛书编纂以习近平新时代中国特色社会主义思想为指导,以《中国共产党历史》《中国共产党的九十年》等重要文献为基本依据,以党的领导为核心,以老区人民为主体,以老区发展为主线,体现历史进程特征,突出时代发展特色,坚持辩证唯物主义和历史唯物主义相统一、历史真实性与内容可读性相统一的原则,书写革命老区从站起来、富起来到强起来的光辉革命史、不懈奋斗史、辉煌成就史,把老区人民的伟大贡献、伟大创造、伟大成就、伟大精神充分展示出来,形成一部具有厚重历史特征和鲜明时代特色的精品力作。这是一部培根铸魂、守正创新,既为历史立言,又为时代服务,字里行间流淌着红色血脉、催生着革命激情的传世之作。丛书的编纂出版将成为讴歌党讴歌人民讴歌时代、传播红色文化、为革命老区和老区人民树碑立传的重要载体。

丛书按照编年体与纪事本末体相结合、以编年体为主的编写体例确定框架结构；运用时经事纬、点面结合的方式记述史实；坚持人事结合、以事带人的原则处理人与事的关系；采取夹叙夹议、叙论结合以叙为主的方法展开内容。做到了史料与史论、历史与现实、政治与学术统一，文献性、学术性、知识性相兼容。

为编纂好《全国革命老区县发展史》丛书，打造红色文化品牌，中国老区建设促进会认真组织积极协调，提出政治立场鲜明、史料真实准确、思想论述深刻、历史维度厚重、时代特色突出、编写体例规范、篇目布局合理、审读把关严格、出版制作精良的编纂出版总要求，力求达到革命史籍精品的精神高度、思想深度、知识广度、语言力度，增强丛书的权威性和社会影响力。各省（区、市）、市（州、盟）、县（市、区、旗）老促会的同志，以强烈的使命感、责任感和紧迫感，勇于担当，积极作为，认真实施，组织由老促会成员、专家学者等参加的十余万人编纂队伍。编纂工作主体责任在县，省、市组织协调、有力指导、审读把关。各方面人员以高度负责的精神和科学严谨的态度，满腔热情地投入工作，为丛书编纂出版做出了重要贡献。丛书编纂工作还得到了党和国家有关部委、地方各级党委政府及有关部门的大力支持和积极参与，社会各界也给予了热情帮助。中共中央政治局原委员、中央军委原副主席、原国务委员兼国防部长迟浩田上将，对老区人民怀有深厚感情，对革命老区建设发展十分关注，欣然为《全国革命老区县发展史》丛书作总序。

丛书由总册和1599部分册（每个革命老区县编纂1部分册）组成，共1600册。鉴于丛书所记述的史实内容多、时间跨度长和编纂时间紧，不妥之处，敬请批评指正。

中国老区建设促进会

更合镇蛇塘村三进祠堂。1925年在这里成立高明第一个农会、第一支农军。1927年3月在这里成立高明第一个中共党支部

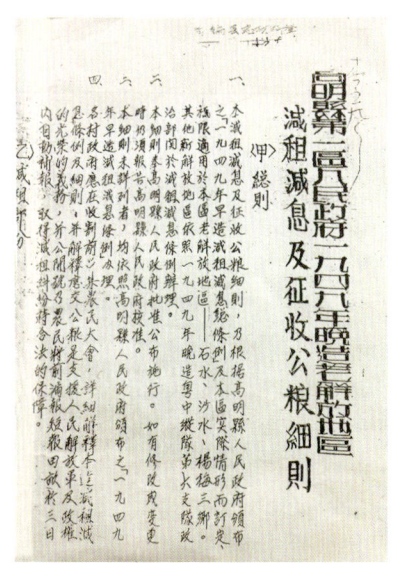

《高明县第一区人民政府一九四九年晚造老解放地区减租减息及征收公粮细则》（图片来源：在中国人民解放军粤中纵队纪念馆拍摄）

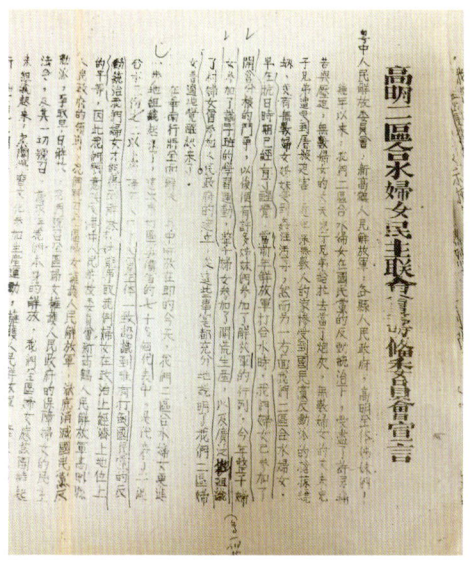

解放战争时期成立的《高明二区合水妇女民主联合会筹备委员会宣言》（图片来源：在中国人民解放军粤中纵队纪念馆拍摄）

老区要发展，首要抓教育。更合镇在佛山市和高明区政府的帮扶下通过多年努力成为广东省教育强镇。图为市、区帮扶下三级合力建成配套完善的更合中学

经过改造建成的外观漂亮、设施完备、师资优质的更合镇中心小学

改造建设的更合镇中心幼儿园，环境优美，设施完备，是一间高素质的幼儿园

2012年在市、区、镇三级对革命老区扶持"双到"工作中新建的合水中心小学教学楼封顶

高明区的供电事业随着经济社会的发展而不断发展，满足全区人民生产生活的电力需求。图为南方电网高明供电局大楼

随着经济社会的不断发展，高明区的供水事业满足全区人民的生产生活用水需求。图为高明水厂俯瞰。高明水厂不但能满足中心城区的用水需求，还能东水西送

2011—2012年，市区对革命老区帮扶的自来水改造工程，使高明更合老区人民都能饮上安全洁净的自来水

佛山市和高明区政府对老区建设"双到"扶持的一项重要工程就是给老区村建成无害化公厕。两图是两条老区村新建的无害化公厕

老区村的农田水利基本建设得到政府重视。左图为更合镇停步凤尾村经整治的排灌渠道

界村、塘花新村的村前塘基道路

高村板塘的山塘新加筑的防浪墙

新落成的更合镇白洞村行政服务中心

市、区、镇三级帮扶新建的歌乐村委会办公楼

市、区、镇帮扶单位资助36万多元建成的老区村官山村委会综合楼

修葺一新的更合镇大幕村委会休闲公园和灯光篮球场

水井村的古炮楼得胜楼修葺一新,成为吸引游人的景点

合水镇的粉葛是远近闻名的地标性优质农产品。左图为葛农把粉葛入室收藏

这"田园森林"正是更合镇生长最繁茂时候的粉葛田

更合镇连片种植粉葛的粉葛田，青苗茂盛生长

更合镇的青皮冬瓜又喜获丰收

更合镇西瓜以薄皮、大红、特甜为特点。更合西瓜又获丰收了

杨和镇丽堂新村的省级无公害蔬菜基地

正在进行喷灌的丽堂无公害蔬菜

吉田村果蔬专业合作社的蔬菜种植园

吉田村果蔬专业合作社的青瓜获得丰收,正在入筐上市

更合镇鹏鹄菇类生产基地的蘑菇生产车间

明城镇崇步农业园区的兰花种植园

明城镇崇步田丰农业种植基地

明城镇田丰农业种植基地生产的瓜果蔬菜产品

整体规划、合理开发、产业与环保并重的更合镇白石工业开发区

更合镇万和电气有限公司生产车间一角

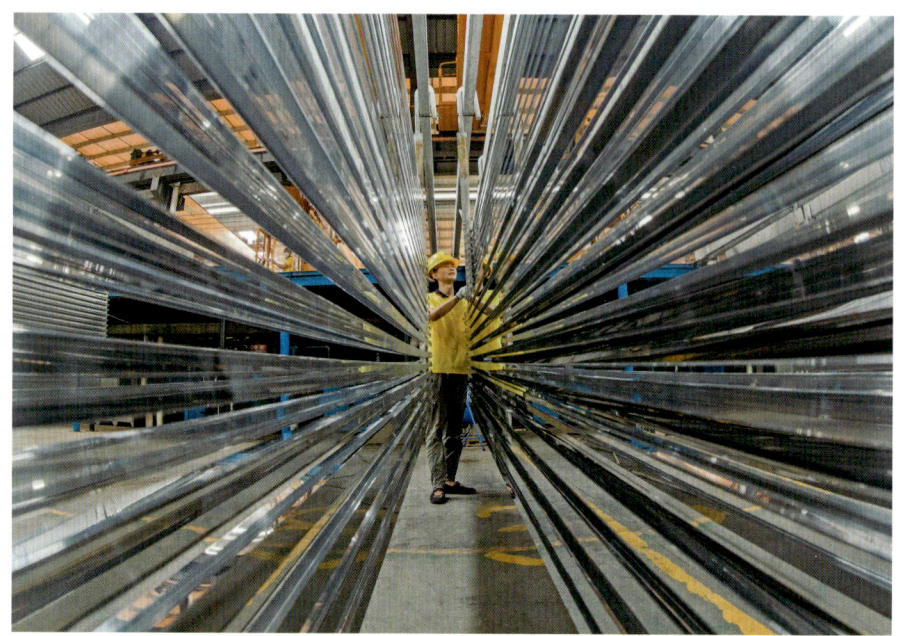

更合镇耀银山铝业有限公司生产车间一角

更合镇德众药业有限公司生产车间一角

高明区荷城街道高富石油项目的生产装置

高明的重要工业项目——广东溢达集团纺织车间一角（该项目在荷城街道和杨和镇设厂）

高明区荷城街道海天味业股份有限公司，现已成为世界上规模最大的集科研、生产和销售于一体的国际化味业企业。图为海天公司生产车间一角

位于更合镇的深步水水库,这是一个中型水库,是一块有待开发的风光秀丽的景区

位于高明区荷城街道的五星级酒店高明君御温德姆大酒店,矗立在西江边,成为一道独特的风景线

老香山，是战争年代广东著名的革命根据地，风景如画，其中的石门楼、崖鹰石、托盘顶、香山水库，尤其是马尾水，风景独特，引人入胜，是开发风景旅游的好地方。图为老香山马尾水

杨和镇美的鹭湖是一个引人入胜的地方。图为美的鹭湖的安纳希小镇

更合镇金谷朗的大型商住开发项目——香港绿地金谷朗项目

杨和镇的大沙湖是一个鹭鸟天堂,成千上万的鹭鸟在这里自由翱翔

明城镇泰康山生态旅游度假区是一个令人乐而忘返的地方。图为潭黎水库游船

荷城街道的盈香生态园中的一个景点——九寨水城，炎炎夏日吸引众多游人

被绿水青山环抱的革命老区村——更合镇旺田村，景色怡人

更合镇洞心村,牌坊、水泥村道、村场与绿水青山浑然一体

更合镇水井村的村场,经过修葺,坐落在水的一方,美不胜收

景色秀美的荷城街道上的湾村一角

高明区荷城街道阮埇村阮西祠堂。这里也是村中的文化活动中心

崭新的更合镇行政服务中心，为城乡居民提供方便细致的服务

中国人民解放军粤中纵队纪念馆，是进行革命传统教育的好地方

更合镇的房地产业也逐渐兴旺起来。图为更合镇合富花园

革命老区的房地产业逐渐兴旺发展起来。图为杨和镇欧浦花城项目一角

更合镇合水车站

随着我国经济社会的发展,革命老区的交通四通八达。图为气势恢宏的更合镇高村立交

塑锦村的沧江桥，宽阔笔直，村民出入方便畅顺

修葺一新的荷城街道榴村陆家村史文化馆、宗族文化馆

明城镇岗顶村的文化室

革命老区村十分重视对青少年进行村史教育。图为明城镇深水村村史教育馆课堂

泽河村国家非物质文化遗产——花鼓岗雕乐,得到有效传承

镇布社村村民在村文化室前进行舞狮表演

不少老区村都有休闲广场供人们活动。图为革命老区村塱锦村的村中休闲广场,广场上安装了体育设施

改善了生活的革命老区村村民们,积极参加健身运动

革命老区村,年长的老大姐们兴高采烈地参加聚会

更合镇塑锦村很有特色的祠堂群,已经成为一个景点,村民们在摆卖特色商品

广建村角仔节,村民们兴高采烈地围在一起制作土产美食——角仔

村中有空地就见空立景。图为荷城街道阮埇村中的水楼亭

高明新规划建设的西江新城，是一个美丽的新城区。图为位于西江新城明湖边的高明区新文化馆

灯光璀璨的更合镇合水圩夜景

目录 contents

序　言 / 001

第一章　区域和革命老区概况 / 001

第一节　区域概况 / 002

第二节　区域及名称沿革 / 013

第三节　资源优势 / 015

第四节　革命老区村庄、老区镇情况 / 019

第二章　大革命时期高明籍的风云人物和高明农民运动 / 029

第一节　"三谭"走上革命道路 / 030

第二节　高明农运的兴起和高明第一个中共支部的诞生 / 036

第三节　大革命中的高明籍风云人物 / 041

第四节　从大革命到解放战争的革命老区村——壕基村 / 054

第五节　在第一次国内革命战争中牺牲的高明籍革命烈士 / 059

第三章　党领导高明人民创立革命根据地 / 063

第一节　陈汝棠回乡创立高明三小革命据点 / 064

第二节　力社、高明三小党支部和中共西江特委 / 068

第三节　高明青抗、妇抗的抗日救亡活动 / 072

第四节　中共高明县委的成立 / 076

第五节　高明人民"倒钟运动"的胜利 / 079

第六节　高明抗日根据地军民艰苦卓绝斗敌顽 / 084

第七节　抗日战争中陈汝棠领导的"护干班"和救济总队 / 091

第八节　从土地革命到解放战争时期的革命老区村——高村 / 100

第九节　从抗日战争至解放战争时期高明的革命大本营——小洞村 / 107

第十节　革命老区人民和共产党心连心 / 115

第十一节　抗日战争中在高明牺牲的革命烈士 / 121

第十二节　谭天度、谭植棠与东江解放区 / 137

第四章　共产党领导老区人民为建立新中国而奋斗 / 143

第一节　高明老区人民支持共产党恢复武装斗争 / 144

第二节　共产党领导的革命根据地巩固发展 / 149

第三节　中国人民解放军粤中纵队 / 158

第四节　高明"三谭一陈"为建立新中国投身统战 / 162

第五节　高明老区人民迎来全县解放 / 173

第六节　解放战争时期牺牲的高明籍革命烈士 / 177

第五章　高明从落后农业县变成全国百强县之一 / 187

第一节　新中国诞生后高明获得巨大发展进步 / 188

第二节　高明从传统农业向现代"三高"农业转变 / 192

第三节　高明从一穷二白向新型工业化转变 / 198

第四节　高明的第三产业长足发展 / 203
第五节　高明基础设施建设和各项社会事业成就显著 / 206

第六章　在全面建成小康社会的道路上再创辉煌 / 215
第一节　按照"五位一体"的战略目标努力实现宽裕小康 / 216
第二节　贯彻"四个全面"的战略布局，努力开创高明工作
　　　　新局面 / 228
第三节　高明革命老区的建设实现跨越发展 / 235
第四节　乘十九大东风，努力实现高明新一轮大发展 / 241

附　录 / 247

附录一　革命遗址 / 248
附录二　红色文物 / 259
附录三　革命纪念场馆 / 266
附录四　革命历史文献 / 276
附录五　红色歌谣 / 287
附录六　大事记 / 289

后　记 / 312

序言

根据中国老促会《关于编撰全国 1599 个革命老区县发展史安排意见》和广东省老促会、广东省老建办 2018 年 5 号文件精神，为了贯彻落实习近平总书记关于"发扬红色资源优势，深入进行党史、军史、老区革命史优良传统教育，把红色基因代代传下去"的指示，要深入进行老区精神的挖掘整理传承工作，创作出一批反映老区优良传统，展现老区精神风貌的优秀文艺作品和文化产品。高明是大革命时期农民运动开展较早的县之一，土地革命战争、抗日战争时期的革命老区县之一；也是解放战争时期，在共产党领导下，创建了一片片革命根据地和游击区。

大革命时期，原籍高明的"三谭"就参加了革命活动，在他们的带领和影响下，高明成为农民运动比较活跃的县。高明成立了一批农民协会和农民自卫军，同时成立了高明第一个中共党支部——蛇塘村党支部，还在一些农村中开展减租减息、反对封建陋习的斗争。在土地革命战争时期，高明建立了共产党领导下被称为高明革命摇篮的"革命三小"和革命力社。在抗日战争时期，高明"三小"成立了党的支部，后来发展为中共西江工委。中共高明县委也在这个时期建立起来了，并成立了共产党领导下的二区民主政权。这一时期，在明城、更合一带开展了妇抗、青抗的抗日救亡活动并建立了党的组织。解放战争时期，高明这部分革命根据地发展为解放区，抗日战争时期活跃在高明一带的广东人民抗日解放军总队发展为中国人民解放军粤中纵队，解放区和游击区的人口达到500万人，有力地打击了国民党反动派，并配合南下大军解放了粤中广大地区。其中粤中纵队第六支队配合南下大军解放了高明全境。

中华人民共和国成立后，高明人民在党的领导下战天斗地，不断改善生产条件和生活条件，农业方面实现了从传统农业向现代农业的历史性转变，工业方面从一穷二白实现向新型工业化转变；第三产业、基础设施和各项社会事业获得飞跃发展。高明的县域综合实力步入全国农村综合实力百强县行列。党的十八大后，高明人民在以习近平同志为核心的党中央的坚强领导下，坚决贯彻践行新时代中国特色社会主义思想，践行社会主义核心价值观，全面落实"五位一体"的总体布局和"四个全面"的战略布局，经济获得进一步发展，基础设施和各项社会事业全面进步，生态环境不断改善，人民生活水平不断提高。

展望未来，高明前程似锦，区委、区政府将带领高明人民按照十九大指引的前进方向，走进新时代、贯彻新思想、瞄准新目标、踏上新征程、谱写新篇章、再创新辉煌，努力发挥高明的产业优势和生态优势，不断提高高明的综合实力，把高明建设成为珠西高端制造业的集聚高地，岭南美丽的社会主义新城乡，为实现国家富强、民族振兴、人民幸福的中国梦而努力奋斗！

谢志强

（《佛山市高明区革命老区发展史》编委会主任）

第一章

区域和革命老区概况

第一节 区域概况

佛山市高明区位于广东省中部、佛山市西翼,地处东经112°22′34″—112°55′06″,北纬22°38′46″—23°01′05″,东北隔西江与南海、三水相望,南邻鹤山,西接新兴,北连高要。域内地势西高东低,依次为山区、丘陵区和围田区,"六山一水三分田"是高明地域地貌的主要特征。总面积960.21平方千米,东西最长为55千米,南北最宽为42千米。最高峰有佛山市第一峰之称的皂幕山,海拔805米。域内属南亚热带气候,四季分明,年平均降雨量1656.48毫米,蒸发量1516.06毫米,年平均气温22.43℃,年日照时间1639.75小时,无霜期360天。2017年年末总户数87819户,户籍人口31.34万人,加上外来人口,常住人口有44.02万人。户籍人口中男性158944人,女性154435人。以汉族为主,还有壮族、土家族、回族、瑶族、侗族、维吾尔族等少数民族共23个。辖荷城街道和更合镇、明城镇、杨和镇。设51个村、21个社区。有163个居民小组,529个村民小组。有港澳台同胞和华侨12万多人,分布在世界20多个国家和地区。至2014年,华侨和港澳台同胞捐赠家乡兴办公益事业100多宗,捐赠款物折合人民币1.4亿多元。区政府驻荷城,位于区域东部、西江河畔,距广州68千米。

高明地处珠江三角洲腹地。西北部以低山、丘陵为主,东部和东北部为广阔的冲积平原。南部皂幕山海拔805米,为全市最高峰。植被为亚热带季风常绿阔叶林，有马尾松、杉等人工林。丘陵台地为赤红壤，平原多为水稻土。境内水资源充足，高明河（沧江河）及其15条支流横贯全区东西，汇入流经木区的西江，饮用水主要来自西江河，水质达到国家二级标准；矿产资源丰富，已发现的矿种达14种，富含花岗岩、石灰石、铁、锰、金、银等，其中西江畔的银矿是目前国内发现的最大的独立银矿床，银储量规模达超大型。

高明历史悠久。早在4500多年前，高明的先民就在这片土地上劳动、生息。汉时为高要县地，晋、唐、五代及宋朝皆有县治设置，明成化十一年（1475）始称高明县，至今已有540多年历史。

高明地灵人杰。从宋代至清末，高明共有289人考取（含御赐）举人以上功名，其中进士47人，素有"文风甲端郡"的美誉。历史上较有影响的人物，有宋代名儒谭惟寅，明代的"岭南诗人"区大相，清代版刻家、中国第一个华人牧师、海外第一份华人报纸创办者梁发等；在现代有中国民主革命早期的领袖人物、中共广东组织创始人之一的谭平山，民主革命和统一战线活动家谭植棠、谭天度，为民主革命和人民解放事业作出卓越贡献的陈汝棠、罗志、黄仕聪等，还有象牙微型雕刻大师冯公侠，武术大师夏汉雄，数学家、教育家何衍璇等均名声远扬；在当代，涌现出大批劳动模范和先进工作者，他们为社会主义的物质文明、政治文明、精神文明、社会文明和生态文明建设作出了卓越贡献。

改革开放后，高明综合实力不断增强。地区生产总值从1981年的0.9961亿元，至2017年增加到841.37亿元，按可比价增长876.94倍。至2017年底，人均地区生产总值26846元，比1981年的631元增长41.55倍。2017年，全区四级公共财政收入152.9414亿元，比2016年增长61.6%，其中区级地方公共财政收入95.0496亿元，比2016年增长83.6%，比1981年增长2001.6倍。全社会固定资产投资475.3013亿元，比2016年增长14.47%，比1981年增长400多倍。

1981年，全县工业总产值4580万元，至2017年，全区规模以上工业总产值2986.05亿元，比2016年增长3.44%，比1981年增长6520倍。农业经济稳健发展，1982年，高明全面推行农村家庭联产承包责任制，解放了农村生产力，使农林牧副渔全面发展。至1991年，农业总产值3.71亿元，比1981年增长2.47倍，年均增长10%。2017年，全区农业产值达到39.63亿元，比1981年的1.06亿元增长36.63倍。农业商品率由1985年的60.5%上升到1991年的73.2%，2017年上升到90%。2017年全区有林面积47261公顷，森林覆盖率51.59%。

第三产业繁荣兴旺。1981—2014年，高明的商贸、餐饮、金融、房地产、旅游等第三产业得到长足的发展。第三产业地区生产总值（当年价）从1981年的0.187亿元增加到2014年的95.4506亿元，增长480倍。2017年，高明第三产业产值180.4236亿元，比1981年增长980多倍；其中批发零售贸易业105.0351亿元，增长500多倍。对外贸易经济快速增长，2014年，出口商品总值21.6亿美元，比1981年增长420多倍。对外经贸，2017年进出口商品总额180.7亿美元，比2016年增长7.5%；比1981年增长3700多倍。2017年实际利用外资2898万美元，比2016年增长150.7%。金融业稳健发展，秩序良好。2014年底，各项存款余额（本外币）262.7923亿元，贷款余额211.3306亿元，分别比1981年增长2300多倍和2000多倍。2017年各项存款总额359.2529亿元，比2016年增长13.1%；比2014年增长137%。其中居民住户存款2017年达到207.9054亿元，比2016年底增长7.5%，比2014年增长36.7%。2017年，全区各项贷款余额283.9541亿元，比2016年增长13.6%；比2014年增长34.43%。2017年，全区参加社会保险（城镇职工）157413人，参加农村基本养老保险12952人。房地产公司从1984年1家到2014年发展到140多家，2017年房地产开发投资62.6524亿元，比2016年增长80.55%；房屋竣工面积82.37万平方米，销售面积209.03万平方米，分别比上年增长118.723%和52.91%。销售金额151.1896亿元，比2016年增长98.44%。旅游业方兴未艾，2017年，高明接待游客共700多万人次，创造产值20多亿元。2017年，高明人均地区生产总值按常住人口计算达到19.3028万元。

高明基础设施不断完善。"六五"期间，新建、改建公路31.36公里，桥梁15座709.7米，结束了高明没有水泥路、沥青路的历史。"七五"期间，新建改建公路104.16公里，桥梁13座1866.2米。其中1991年11月通车的高明大桥，突破了与中心城市、发达地区相隔西江的天然屏障。1992—2000年，高明投资9.0546亿元，建设水泥（柏油）路377.2公里，新建改建桥梁46座3735.2米，实现区到镇通二级以上公路和镇通行政村公路上等级。城市交通、通讯、电力、供水等市政基础设施日臻完善。1981年，高明县通车公路419.9公里，全部是沙土路，至2014年，建成公路里程696.73公里，其中水泥（柏油）路668公里，占95.97%，公路密度达到72.58公里/百平方公里，超过全省平均水平。构建了"四纵三横"公路网，至2017年，高明全区公路通车里程707.85公里，比2016年增长0.3%；广明高速、肇江高速、江罗高速均通达高明。此外，佛山一环将西延至高明；高铁、轻轨，位于高明的珠三角枢纽机场等项目都纳入了国家规划，未来高明交通将更发达。货物周转量2014年102132万吨公里，公路运输量1140万吨/公里，各类港口码头货物年吞吐量

950万吨/公里，旅客年吞吐量3.90万人次。高明港沿西江通航至香港、广州、肇庆、梧州等地，高明港成为珠三角客货运的重要港口。2017年，全区交通运输、仓储和邮政业实现产值17.2752亿元，比2016年增长39.3%；全区通车里程达到707.85公里，货物周转量188787万吨公里，比2016年增长32%；旅客周转量37229万人公里，比2016年增长12.4%；民用汽车拥有量91942辆，比2016年增长19.2%。全区拥有私人汽车81112辆，比2016年增长13.6%。2014年，完成供电量441547万千瓦时，其中工业用电369901万千瓦时，城乡居民生活用电26984万千瓦时。2017年，电力、燃气、供水实现产值55661万元。2017年，全区邮电业务总量94396万元，比2016年增长30.6%。2017年末，固定电话用户128377户，比2016年增长1.1%；移动电话用户611081户，比2016年增长34%；固定互联网用户155659户，比2016年增长24.3%；移动互联网用户399127户，比2016年增长5.5%。2017年供水总量4000多万立方米，全区100%城镇人口和99.5%农村人口饮用上符合国家标准的自来水。

教育、科技、文化、卫生、体育事业全面发展。1983年普及小学教育，1988年普及初中教育，2000年普及高中阶段教育。2014年，全区有幼儿园32所，在园幼儿13999人；小学21所，在校学生27962人；初中7所，在校学生3417人；高（职）中7所，在校学生5576人；技工学校3所，在校学生5528人。2017年，全区小学入学率、小学毕业生升学率、初中适龄少年入学率都达到百分之百，初中毕业生升学率达到99.5%，高中毕业生升学率达到94.5%。2017年，全区有幼儿园40所，在园幼儿15538人，专任教师1072人；小学23所，在校学生31951人，专任教师1454人；普通中学15所，在校学生17038人，专任教师341人；职业技术学校2所，在校学生4555人，专任教师249人。成人高等教育和职业培训学校有电视大学、教师进修学校、党校。形成具备基础教育、职业教育、成人高等教育等教育体系。

科技取得新突破。至2014年,全区拥有各类专业技术人才20671人,全区规模以上企业科技研发经费投入105881万元,国家专利申请受理量1511项,获得国家专利授权量917项,其中获批的发明专利71项。2016年和2017年,高明区专利申请授权分别为1575项和1901项;其中发明专利分别为275项和370项,专利申请数分别达到2366项和4570项。高新技术企业分别达到66家和111家,建立各级工程中心,分别达到157个和267个。

文化事业健康发展。至2014年,全区拥有广播电台、电视台、文化馆、图书馆、博物馆、文化中心、文化活动中心、老干活动中心等文化单位和场所。各镇(街道)全部建有文化站、广播电视站和图书馆(室),广播、电视综合覆盖率达到100%,各种文化活动活跃。1993年再版光绪二十年《高明县志》,1995年出版新编《高明县志》,1999年起,每年出版《高明年鉴》,2010年出版《高明市志》。1985—2014年,文学艺术作品获省以上奖励20多件次;2017年,全区有各级文化馆(室)73个,其中区级1个,乡村72个;有博物馆两个;建立名人故居及纪念馆12个;建立公共图书馆(室)109个,公共图书馆(室)藏书量共46.4万册;有影剧院3座。

卫生事业长足进步。至2014年,全区医疗卫生机构128个,医院10间。其中二级甲等2间、一级甲等6间、二级乙等4间,医疗卫生网点116个,病床1715张,卫生工作人员2978人,形成区、镇(街道)、村(居)三级医疗卫生防治网。全区基本实现人人享有初级卫生保健服务,基本消灭了疟疾、白喉、小儿麻痹、百日咳、丝虫病、麻风病等传染性疾病。2000年11月,高明市成为广东省卫生城市。2017年,全区有医院11间,比2016

年增加一间；有病床1806张，比2016年增加153张；卫生技术人员2839人，比2016年增加32人；医生1110人，比2016年增加24人。

1982—2014年，投入体育事业建设经费3亿多元，之后每年都不断增加投入，体育事业获得快速发展，1996年被评为全国体育先进县。之后体育事业更进一步发展。至2017年，全区有足球场56个，篮球场981个，比2016年增加30个；田径场38个；建有区级体育中心、体育馆2座；区级公共游泳池4座（另有企业和小区游泳池一批）。2017年，本区运动员获得世界赛奖牌1个，获得国家级赛事奖牌25个，比2016年减少9个；获得省级赛事奖牌46个，比2016年减少75个；获得市级赛事奖牌135个，比2016年减少84个。群众体育活动活跃，1982—2014年经常参加体育活动人数，年均占全区人口的45.06%，2017年更达到50.2%。

2017年，全区有线广播电视入户108341户，有线电视人口覆盖率100%。

城市化不断推进。1981年，城市人口17028人，仅占总人口的8%。1990年起，农村剩余劳动力进入城镇务工经商，从事第二、第三产业，城市人口增至67722人，占总人口的27.7%。至2014年，城市人口增加到占总人口的58.6%。其中中心城区常住人口由1985年时的3万多人增到2017年的32万多人；2017年全区城镇建成区和工业开发区加起来面积73.37平方千米，比2016年增加4平方千米；中心城区建成区面积由4平方千米发展到33.8平方千米。居民生活环境大为改善，建成区绿化覆盖面积95963公顷，人均公园绿地面积19.17平方米，绿化覆盖率44.2%。中心城区市政配套设施日益完善，建设改造了荷城公园、灵龟公园、七星岗公园、街心公园和荷城广场、世纪广场以及明湖公园、智湖公园、丽江水廊等公共休闲活动场所。城市环境污染得到有效治理，城区环境噪声达标区覆盖率60.12%，烟尘控制区覆盖率100%，工业废水排放量3435.23万吨，达标率75%以上。

文明、法治环境逐步形成。1982年起，不断深入开展创建文明镇/村户和文明窗口单位活动及讲文明树新风活动，2014年全区评选出各级文明代表一大批，文明户6万多户，占全市总户数的72%，高明先后通过广东省卫生城市和文明城市创建的检查验收。"依法治区"工作得到落实，人民代表大会制度和政治协商、民主监督制度不断完善。公、检、法依法行使职权，造就良好治安秩序，切实维护社会稳定。

社会保障体系逐步完善。至2014年，全区年末参加基本养老保险157413人，失业保险123165人，工伤保险125075人；参加医疗保险46278人，参加生育保险239851人，领取养老保险金50181万元，领取失业保险金2713万元，领取工伤保险金2516万元。全区最低生活保障制度和医疗保险制度不断完善。1997年起，建立城乡居民、村民最低生活保障线。至2014年底，城乡居民的低保标准每人每月563元。全市先后推行城镇职工基本医疗保险制度和农村合作医疗制度。

人民生活水平明显提高。1996年，高明成为广东省首批农村小康达标市（县区）。2014年，城镇单位在岗职工年人均工资48529元，比1981年的8875元增长4.49倍；城镇居民人均可支配收入25353元，城镇居民人均消费支出16599元。农村经济总收入14521020万元，农民外出劳务收入46697万元，农村居民人均可支配收入16673元，农村人均纯收入12003元。2017年，城镇居民人均可支配收入32642元，比2016年的30015元增长8.42%；农村居民人均可支配收入22105元，比2016年增长

9.50%。全区有社会福利院（含敬老院）6家，床位590个，收养人数221人；社会救济人数6570人。

人们消费观念不断更新。2017年，全区每百户居民拥有家用汽车47.7辆，摩托车88.6辆，电冰箱100.7台，洗衣机95.2台，热水器94.5个，空调机156.6台，彩色电视机104.8台，电脑和高档乐器4.8台。2017年，城镇人均生活消费支出20460元，比2016年增长8.75%；农民人均住房面积由1990年的16.4平方米，增加到2014年的28.6平方米，2017年增加到34.4平方米；城镇居民人均住房面积由1990年的21.3平方米，增加到2014年的36.5平方米，2017年再增加到39.2平方米；城乡居民储蓄存款从1981年的1250万元，增加到2014年的1775472万元，人均储蓄存款55496元。2017年，城乡储蓄存款207.9054亿元，按户籍人口计算人均66336元，比1981年增长261倍。

域内有博士后工作站2个，各类艺术表演团体6个，文化活动广场9个，名人故居、纪念馆12个。名胜古迹有灵龟塔、文昌塔、大岗山唐代龙窑遗址、古椰贝丘遗址。革命纪念地有三谭革命事迹展览馆、粤中纵队纪念馆、高明县立第三小学、文选楼、小洞梁家祠、合水革命烈士纪念堂以及沙帽岗、黄仕聪、三洲七烈士、陈权、李义芳、邓少珍、陈定陈妹七个革命烈士纪念碑等。

主要旅游景点有国家四星级的皂幕山风景区、盈香生态园；美的一鹭湖国际旅游度假区、泰康山生态旅游度假区、云勇森林公园、西江河滩湿地公园、明湖游览区等。

农作物以水稻为主，有蔬菜、玉米、花生、番薯、木薯、甘蔗、生姜和西瓜等，是省内粮产区之一。土特产品有更合粉葛、鸿基龙眼、三洲黑鹅、西江河鲜、荷城桂花鱼、"高绿牌"大米、对川茶叶、西安莲藕、合水西瓜及生姜、丽堂蔬菜、卖口乖腊味等。

工业有石油加工、建材、食品、纺织、塑料、印刷、新材料等制造业，其中沧江工业园定位为轻污染、无污染的高新技术工业园及制造业基地，规划有生物科技园、食品加工园、出口加工园、新材料产业园及科教园等多个功能区，被国家科技部火炬计划中心授予"火炬计划新材料产业基地"称号，是广东省唯一获此殊荣的工业园。

2017年，全区实现地区生产总值841.37亿元，比2016年增长9.38%；固定资产投资475.30亿元，比2016年增长18.438；社会消费品零售总额128.59亿元，增长9.3%；外贸进出口总值180.7亿美元，比2016年增长7.50%。连续多年进入全国农村经济综合实力百强县（区）行列；2017年，高明在全国科学发展百强县（区）中排名上升至第42位。

高明是全国1599个革命老区县（区）之一，是广东省115个革命老区县（区）之一，并且是广东省革命老区重点县。高明域内有326条老区村，占总自然村数的53.6%。高明人民在革命战争年代从第一次国内革命战争的大革命时期开始，就在中国共产党的领导下积极支持和参加革命活动，谭平山等先进分子在中共建党、建团、建军、工农运动、统战等方面做了大量开创性的工作。大革命时期的高明也是广东省农民运动比较活跃的县份之一。在土地革命战争、抗日战争时期，高明革命根据地人民积极支持和参加共产党领导的反抗国民党反动统治的土地革命斗争和抗日爱国的民主运动及武装斗争。在解放战争时期，党领导革命根据地人民拥护、支持和参加共产党领导的推翻国民党反动统治、建立新中国的革命斗争，当时高明的先进人物谭平山、谭植棠、谭天度、陈汝棠、罗志等在党的统战事业及建立新中国的斗争中发挥了重要作用。中华人民共和国成立后，高明老区人民在党的领导下，战天斗地，改变一穷二白的落后面貌，努力开创人民民主的新生活，使高明从一个落后的农业县变成一个基本实现农业现代化、新型工业化、第三产业和社会各项事业长足发展的小康县，并多次进入了全国科学发展百强县的行列。

党的十八大以来，高明区党委、政府带领全区人民在以习近平同志为核心的党中央的坚强领导下，深入贯彻落实新时代中国特色社会主义思想，推动高明的经济和社会各项事业不断发展进步。党的十九大后，高明区委、区政府带领全区干部群众，按照十九大指引的新时代中国特色社会主义的前进方向，不忘初心，牢记使命，努力抓好中国特色社会主义的物质文明、政治文明、精神文明、社会文明、生态文明建设，坚持全面深化改革、全面依法治国、全面从严治党、全面建成小康社会的总体工作方针，努力把高明建设成为珠西先进制造业的集聚高地、岭南文明富裕和谐美丽的社会主义新城乡。在中华民族伟大复兴的伟大事业中发挥应有作用，作出应有贡献，让人民群众过上更加幸福安康美好的生活。

第二节 区域及名称沿革

高明的名称始于汉元鼎六年（前111），在今明城青玉岗上设置驻兵，称高明寨。因这里地势"高埠爽垲"，兵寨处于山南水北的"高且明亮"的地方，故称为"高明寨"。这也就是"高明"二字在地名使用上的初始起点。明洪武年间，在同一地方设置驻军，称为"高明巡检司"。

高明，秦属南河郡，汉至西晋属苍梧郡，是高要县地，东晋元熙元年（419），析高要县南部地建置平兴县，县治设在古城（今更合镇古城村），属新宁郡。这是高明地域首次设立县级行政单位，后省去。南朝宋元嘉十八年（441），复置平兴县，为宋熙郡治（后称宋隆郡）。隋属信安郡，唐属端州。南朝梁天监六年（507），析平兴县置梁泰县。隋开皇五年（585），改称清泰县，县治设在今杨和镇清泰村。隋大业元年（605），废清泰县，其地并入平兴县。唐武德四年（621），复置平兴县、梁泰县。唐贞观元年（627），省梁泰县入平兴县。北宋开宝五年（972），平兴县并入高要县。元及明初沿此建制。明朝成化十一年（1475），将高要县南部的上下仓步、清泰等二十四都析出另设置新县，以史上高明寨、高明巡检司所在地明城为县治所在地，故将新设县称为高明县。高明县明清时期属于肇庆府管辖，1911年辛亥革命后隶属于粤海道，1920年废道后直属省管。1949年5月成立高明县人民政府，1949年10月18日高明县全境解放，高明县人民政府进入明城镇办公。

1952年秋曾将南海县西岸划入高明县，1953年4月又划回南海县。1951年11月，原属高要县第九区的乐善、志仁、与善、中和四个乡划入高明县管辖（该地入高明后分为槎江、古椰、六湾、墨编、练溶、单涌、石洲七个乡）。1952年5月13日，高明与鹤山两县合署办公，1954年6月30日，两县分开办公；1958年11月16日，两县合并，称高鹤县，县治设于鹤山沙坪。1981年12月7日，国务院批准恢复高明县建制，隶属佛山地区行政公署。1983年12月，改隶佛山市。1985年2月，高明县被国务院划入珠江三角洲经济开放区。1994年4月18日，国务院批准撤销高明县，设立高明市。2002年12月8日，国务院批准撤销高明市，设立佛山市高明区，沿用至今。

第三节 资源优势

高明 2017 年城镇建成区和工业开发区加起来也只是 73.37 平方千米,其中中心城区建成区面积 33.91 平方千米。总体开发强度不大,可以容纳大量高素质的外来投资及国内发达地区的资金转移投资。高明把自己定位为珠西高端制造业集聚高地。就是说高明要努力提高招商引资的强度和质量,特别要大力引进高端制造业,其中被纳入"中国制造 2025"的产业大项目可以优先安排土地引进建设。

高明山地旅游资源丰富,自然环境优美,生态良好。青山绿水,有海拔 50 米以上山头 300 多座,其中海拔 400 米以上的有 26 座;有故事传说的山头 52 座,"佛山第一峰"皂幕山海拔 805 米,就在高明域内。这些都是发展现代旅游观光业的重要资源,已经开发的国家四星级旅游景区有皂幕山风景区和盈香生态园,还有较高旅游价值的美的—鹭湖森林度假区、泰康山生态旅游度假区、银海高尔夫俱乐部、云勇森林公园等著名的景区。高明山清水秀,乡村美丽,生态优良,是一个开发全域旅游的好地方。

高明水资源丰富,水域面积占域内面积接近 10%。15 条河流,10 多条水溪,400 多个水库山塘,90% 以上的水资源水质符合国家饮用水二级以上标准,可以为域内产业发展和人民的生产生活提供充足的用水保证。同时,这些水资源风景各异,各有特点,可以经过科学合理的开发成为点缀于高明大地上的一颗颗明珠，成为美丽悦目的景点，成为人民幸福生活的点缀。已经开发的景点有大沙湖水库、明湖、智湖、潜龙谷、西坑水库、大水坑漂流、谭黎水库观光等。

高明有丰富的森林资源，林业用地72万亩，有林面积47261公顷合70万亩，森林覆盖率51.59%，其中生态公益林面积20多万亩，木材蓄积量263万立方米，是珠三角重要的木材产地和森林资源地。云勇森林公园、皂幕山森林公园、泰康山森林公园以及老香山、凌云山、鹿峒山、南蓬山、虎房山、茶山、福山、二童观书、尖峰坑、风吹罗带等山脉都是郁郁葱葱的地方。优质水果种植面积4.35万亩。丰富的森林资源使高明保持良好优美的生态环境，城乡的空气质量保持清新。

高明有丰富的矿藏资源，已经查明的有优质石灰石、花岗石、煤、铁、锰、银、金、高岭土，还有稀土。位于西江河边的富湾大顶岗一带，有一个贮存量丰富的特大型银矿。

高明有颇为丰富的人文资源，历史上从宋代至清末，共有289人考取（含御赐）举人以上功名，其中进士47人，素有"文风甲端郡"的美誉。高明有丰富的人物故事和地理资源故事，也涌现出一批著名人物。历史上较有影响的人物，有宋代名儒谭惟寅，明代的"岭南诗人"区大相，清代版刻家、中国第一个华人牧师、海外第一份华人报纸创办者梁发等；在现代有中国民主革命早期的领袖人物、中共广东组织主要创始人之一的谭平山，民主革命和统一战线活动家谭植棠、谭天度，为民主革命和人民解放事业作出卓越贡献的陈汝棠、罗志、黄仕聪等。还有象牙微型雕刻大师冯公侠，武术大师夏汉雄，数学家、教育家何衍旋等均名声远扬。高明在20世纪90年代已经普及高中教育，高中毕业生的升学率达到90%，这说明高明人的综合素质大为提高。在当代，涌现出大批劳动模范和先进工作者，他们为社会主义的物质文明、政治文明、精神文明、社会文明和生态文明建设作出了卓越贡献，为发展经济及教育、文化、科学、旅游等各项事业提供了丰富的人文资源和宝贵的经验。

高明在工业化过程中，环境污染较小，并且对有限的污染能及时采取措施治理，所以总体上能保持良好的空气和水的质量。第二产业生产基地主要集中在园区，人们居住主要在城区。各镇（街道）都建有污水处理系统并实行达标排放，90%以上工业污水和生活污水都得到有效治理，达到国家规定的排放标准。所以，不少来自广州等大城市的人口选择来高明买房居住，这对高明的发展是一种大的促进。

高明自1981年底恢复县级建制以来，历届党委政府带领人民群众创造性地工作，在实践中体现出"团结奋发求实创业"的高明精神，各行各业取得飞跃发展，实践经验丰富，此中有不少是值得总结发扬的，这都是高明的资源优势所在。

高明在珠三角和佛山市中特别是在周边众多发达地区中，属于自然资源比较丰富而较为后发的地区，具有一定的后发优势。后发优势对外资企业及先发地区的投资者有较大的吸引力，同时有先发地区的经验教训借鉴，可以学习先发经验，吸取先发地区的教训，避免先发地区曾经走过的发展中先污染后整治的弯路，可以实行产业发展与环境保护并重的新路子，高明区领导班子已经深深领悟这一点，十分明确地提出了"一抓产业二抓生态"的战略方针，从而提高发展质量，实现经济社会快速发展的同时，生态环境得到真正保护。所以，后发地区是属于有广阔发展空间和前景的地域，这是一种现在和潜在的发展优势。

高明今后的发展具有明显的交通区位优势：广明高速、肇江高速、罗江高速这三条已经建成的高速公路都经过高明地域；建设中的佛山一环西延线和佛山西线轻轨都可以快速直达和通过高明，高明港的飞翔船可以直达香港。水路货运码头可以停泊航运1000—3000吨级的集装箱货运船只；规划中的广湛高铁、广深高铁均途经高明。特别值得一提的是珠三角枢纽机场选址就定在高明域内。所以不出几年，高明就会成为海陆空兼备、交通四通八达的广佛都市圈中活力十足的新兴城市。

第四节 革命老区村庄、老区镇情况

据广东省民政厅 1997 年 9 月出版的《广东省革命老区村庄名册》一书记载，经过 1957 年、1989—1990 年和 1991—1993 年三次评划认定，高明区被评划为革命老区村的有 326 条村庄，划评时，这些老区村庄分布在 9 个镇，84 个管理区〔后调整了行政区域的划分，高明现时这 326 条老区村分布在全区所有的一街三镇和 49 个村（居）委会中〕。评定时，高明的老区村拥有耕地总面积 15 万亩，山地面积 47 万亩，总人口 84659 人。其中属于抗日战争时期的老区村有 70 条，划评时人口 22007 人，划评时有耕地面积 237.2 公顷；属于解放战争时期的老区村有 256 条。划评时高明老区人口 83879 人，划评时有耕地面积 38919.25 公顷。

必须特别指出的是：

第一，高明这 326 条老区村庄主要是看土地革命战争、抗日战争和解放战争三个时期人民群众在中国共产党领导下，为中国的民主革命和人民解放事业作出的贡献情况来划分的。而高明早在中国共产党建党初期及第一次国共合作的大革命时期，就有谭平山、谭植棠、谭天度等一批先知先觉人物参加了中共建党、建团、建军、统战等开创性的革命活动并担任重要职务，为中国新民主主义革命作出了不可磨灭的贡献；与此同时，在 1922 年至 1926 年间，高明域内已有一些地方开展中共组织的活动和比较活跃的农民运动，这些都是应该给予铭记的。为此，省老区建设办公室在《广东省革命老区简介》一文中对此作了记述，本书中安排了《大革命时期高明籍的风云人物和高明农民运动》一章以记其事。

第二，这326条老区村庄里面，没有土地革命战争时期的革命老区村，那是因为，高明在大革命时期虽有蛇塘村农民协会和农军等组织活动和全县有统一的农民协会以及农军组织，当时高明的农民运动开展比较蓬勃，但是1927年因国民党右派背叛而导致大革命失败后，在白色恐怖笼罩下，共产党领导的革命斗争转入了低潮。同时，在当时高明的合水，有国民党左派、著名的革命民主人士陈汝棠先生在中国共产党的指导下建立高明革命三小（高明县立第三小学），成为党在该时期在南方工作的重要支点。不过，土地革命战争时期，在高明虽然有中共党员活动并有中共蛇塘村党支部，但并没有形成比较巩固的革命根据地，没有建立在中国共产党领导下的革命政权。所以，在按当时省确定的标准对老区村庄进行的划评中，高明没有土地革命战争时期的老区村庄。

高明区抗日战争时期的革命老区村庄有70条，主要分布在更合、杨和、明城三个镇。其中属于更合镇的有57条村庄：蛟塘、坪岗、平塘、陇东、杭田、歌乐、榄坑、屏山、柴塘、云良、塘肚、坑头、大安、高村、井坑、旺田头、上莲洞、大冲坑、新塘、八宝坪、布社旧村、布社新村、石岩底、竹坑、舟岗、土岗、坳背、大洞、水井、松塘、边坑、拐塘、官园、松坪、杜坑、巨泉、洞心、广建、龙湾、滩底、小洞麦边、盘石、军屯、塘角、小洞新村、悦塘、田心、圹花新村、圹花旧村、洋吉塘、界村、万屋、高汉、石贝、良村、蛇塘、瑶村。

属于杨和镇的有7条村庄：石九、大田、平岭、公田旧村、新安、西坑、洞尾。

属于明城镇的有6条村庄：涌坑坪、大简、东门、壕基、七社、云勇。

按照省定标准划评的高明区解放战争时期的老区村共有256条，分布在全区范围的一街三镇。其中属于更合镇的有102条村庄：泽河、版村、带村、金坑、丁田、径口、中山、中岭、沙村、陇村、马律、横村、良田、上珠塘、鹅村、千岁、下珠塘、万安、大幕、新围、金谷朗、沙嘴、云庆、云春、罗丹、陀程、龙珠、老菜、停步、凤尾、吉受、吉岗、利村、白石、黄村、荔枝园、古城、运山头、塘面、古宅、芳洞、严田、角塘、官山、新坑尾、塘湖、坪坑、旧坑尾、鸦翼、高坑、濑坑、瓦塘、径尾、布莲塘、新白洞、旧白洞、下莲洞、吉田、石陂、新洞、马岗、鹿村、康泰、大围、新围、巨塘、马鞍、螺洞、坑尾、坑口、练新、塘边、黄象、松围、上宅、下宅、风岭、军田、都权、鹤嘴、鹿田、城村、船田、田村、合水圩、歌乐、龙塘、梧桐、新田、茶一、岳塘、茶二、上独岗、上新、陀柳、大朗、朗锦、天湖、渡水、凤岗、锦园、圩竹。

属于明城镇的有68条村庄：新屋、新苗、苗径、横岗、东红、罗稳、深水、峰江背、花井、茶田、英督（音）、南坑、霄边、马头岭、上高塱、上仁坑、下仁坑、都眷、三桠、龙潭、江根、上白庙、白管、井山、围坊、鹿峒、龙尾、元坑、桂坑、山塘口、格岗、大塘美、细塘美、榄树坳、上石塘、中石塘、下石塘、洞心、碧玉、塱第、西门、南街、苍角、岗头、北街、塘际、甘蔗、罗林、庙村、波泔、白石坑、里坑、坟典、品村、松木塘、凤岗、田心、坪山水、巷口、瓮江、樟树、罗格、周田、潭边、潭新、龚村、茶地、芹水。

属于杨和镇的有68条村庄：牛扣、独洲、龙湾、桂田、杨梅、云下、大木坑、龙坪、真竹、双田、田嘴、笋坑、鹿美塘、均田、村土、上巷、边头、松嘴、大塘面、村嘴、下山坑、田心、座各、横坑、坑美、风坳横岗、洋坑、三石、江头坪、双元、九土、桂村、黄丽堂、塘窝、公田、洞口、寮头、吉岭、塾坑、东陂、新和、豆坑、岭头、旧宅、际村、榄坑、石坎、塘下、井头、寮坑、柏木、大布、大坑、新塘、蕨村、旱塘、新布江、松坪、草塘、深坑、保荣、洞心、荔枝坑、豸岗、大坑洞、岑水、清泰、屋边。

属于荷城街道的有18条村庄：大塘岗、巷口、大塘边、新塘边、宵陵、古孟、范洲、岗坑、珠江、石洲、上三台、松柏、官塘、铁岗贤垌、仙村、崇南、崇北、潭望。

高明现时建制的一街三镇，更合镇、杨和镇和明城镇是名副其实的革命老区镇。而荷城街道主要地域在围田区，革命战争年代，国民党反动统治对平原的围田区控制比较严，所以只有少数村庄被划评为革命老区村。但是人民群众对于中国共产党领导的人民革命是同情支持的，也有不少进步人士参加了革命。当年粤中纵队实施"饮马西江"的战略时，荷城一带人民群众是拥护和支持的。

高明的老区村庄经过中华人民共和国成立70多年特别是改革开放40年的建设，经济飞跃发展，人民安居乐业，收入不断增加，生活水平不断提高。目前已全面普及了小学、初中和高中阶段的教育，高中毕业生升学率也达到90%，老区人民后代的综合素质普遍大大提高，老区村庄人人享有初级卫生保健，老区村庄人民100%吃上了清洁卫生的自来水，老区人民的住房条件也得到根本改善，与全区人民一样，人均住房面积28平方米。老区村的村容村貌和人民的文明水平也发生了很大变化。据不完全统计，全区老区村先后约有30%入评过各级文明村，先后约有68%的住户入评过各级文明户。

高明的更合镇、杨和镇和明城镇都是省定的老区镇,中华人民共和国成立以来,特别是改革开放以来,这几个镇的发展变化都是令人触目的。

更合镇位于高明区西南部,东与明城镇连接,南与鹤山市合成华侨农场和双合镇相邻,西与新兴县稔村镇接壤,北与高要市蛟塘、活道两镇毗邻,区域面积347.02平方千米。下辖3个居委会,19个村委会,28个居民小组,156个村民小组,159条自然村。2003年9月,新圩镇并入更楼镇。2005年5月,更楼镇与合水镇合并,称更合镇。2017年底,更合镇下辖版村、泽河、平塘、珠塘、大幕、歌乐、白石、官山、高村、白洞、吉田、香山、水井、巨泉、良村、布练、界村、宅布、小洞19个村委会和更楼、新圩、合水3个社区居委会,184个村民小组,户籍居民1.753万户、6.3071万人,常住人口6.48万人。属南亚热带气候,日照充足,热量丰富,年均气温21℃。高明河由西向东横贯域内9公里。域内有老香山、马尾水、鹿田原生态桫椤自然保护区等著名自然风景观光点。地质结构多为黑云母花岗岩,境内最高峰老香山海拔699米。土壤多为山地赤红土壤和谷底冲积水稻土。矿藏主要有锑、锡、褐铁、黄铁、黄铜、电气石等。主要自然灾害有洪水、台风、干旱。2014年地区生产总值74.32亿元,同比增长9.0%;2016年规模以上工业产值296亿元,同比增长6.6%;固定资产投资69.5亿元,同比增长3.6%;工商税收收入3亿元,与上年持平。2017年有幼儿园3所,小学附设幼儿部3个,在园幼儿1500人;有小学4所、初中1所,在校中小学生4486人,适龄儿童入学率、巩固率、毕业率、升学率均为100%。有卫生院2所,卫生站15个。新型农村合作医疗保险覆盖率达99.17%。交通方便,广明高速公路,省道广(州)—高(州)线,高(要)—铜(鼓)线,肇(庆)—珠(海)线,均通过域内，规划中的珠三角新干线机场就坐落在该镇域内。乡村道路132.8公里，100%实现硬底化。镇内客运交通线路共13条，村村通4级以上水泥公路，行政村班车通达率100%。

更合镇人民政府驻更合大道335号。

杨和镇位于高明区中部，东面和北面与荷城街道相连，南与鹤山市相邻，西接明城镇。区域面积228.33平方千米。下辖3个居民委员会，7个村民委员会，39个居民小组，85个村民小组，99条自然村。2005年5月，以原杨梅、人和两镇合并得名。2017年底，具体辖沙水、石水、清泰、豸岗、园岗、岗水、对川7个村委会和人和、河东、河西3个社区居委会，105条自然村，户籍居民1.0472户、4.06万人，外来人口4万人。总面积246.27平方千米。耕地面积3.5万亩，山地面积18万亩，水面积1.2万亩。海拔805米的皂幕山位于镇南部，是佛山市第一高峰；海拔250米以上的山头有16座。沧江河、杨梅河、吉岭溪、大布溪、独洲溪等纵横域内，为高明河支流。地处北回归线以南，属南亚热带气候，年平均气温21.6℃，日照充足。2014年地区生产总值85.4亿元，同比增长9.3%；2016年规模以上工业产值363.45亿元，同比增长7.9%；固定资产投资79.44亿元，增长14%；实现工商税收6.64亿元，同比增长1.01%。有幼儿园2所、小学4所，在园（校）幼儿（学生）2823人，适龄儿童入学率、巩固率、毕业率、升学率均为100%；初级中学2所，有初中学生1249人，初中入学率占适龄人口的100%，巩固率100%。有卫生院2所，设有收治床位60个，专业卫生技术人员74人，执业医师15人，助理执业医师9人，注册护士22人。域内交通四通八达，广明高速通过该镇，东西向的高明大道，南北向的杨西大道在域内交会，三和路从沧江工业园杨和园区中心穿过，江肇公路、杨西公路和高明大道从域内通过。村村通4级水泥公路。

杨和镇人民政府驻和丽路1号。

明城镇位于高明区地域中心，东与荷城街道交界，北接高要市白土镇，南与杨和镇接壤，西与更合镇相连。区域面积183.41平方千米。下辖1个居民委员会，11个村民委员会，1个居民小组，149个村民小组，150条自然村。2003年，从原新圩镇划出罗稳、苗径两个村委会归明城镇管辖。2005年，从原西安街道划出崇步、潭塱、新岗3个村委会归明城镇管辖。2017年底，明城镇具体下辖明城社区居委会和明东、明西、明南、明北、明阳、光明、罗稳、崇步、潭塱、新岗、苗径11个村委会，151个村民小组，户籍居民1.2377万户、4.8万人，常住人口约6.5万人。是中国民主革命政治家谭平山、谭植棠、谈添堵的故乡。2014年地区生产总值72.2亿元，同比增长9.3%；2016年规模以上工业产值353.38亿元，同比增长7.1%；固定资产投资58.61亿元，同比增长14.5%；工商税收收入4.29亿元，同比增长6.2%。山地面积占39%，最高山峰为南部鹿洞山，海拔476米。森林覆盖率41%。属南亚热带气候，日照充足，热量丰富，年均气温21℃。高明河由西向东横贯域内9公里。主要矿藏是优质石灰石。有幼儿园3所，小学2所，适龄儿童入学率、巩固率、毕业率、升学率均为100%；中学1所，初中入学率100%。有卫生院2所，设有收治床位90个，专业卫生技术人员112人，执业医师33人。各村（居）委会都有卫生服务站点。广明高速公路和肇珠高速公路通过镇内，高明大道西横穿域内，日过车2万辆次。自然村村村通4级水泥公路，行政村公交班车通达率100%。

明城镇人民政府驻明七路。

荷城街道位于高明区东部，东与三水区白坭镇、南海区西樵镇隔西江相望，南隔高明河与南海区西樵镇西岸相邻，西与杨和、明城两镇接壤，北与高要市金利镇毗邻。2017年下辖14个居民委员会，14个村民委员会，95个居民小组，140个村民小组。具体下辖石洲、孔堂、仙村、尼教、铁岗、伦埇、王臣、南洲、塘南、范洲、泰兴、泰和、罗西、上秀丽14个村委会和江湾、照明、三洲、庆洲、河江、金华、中山、安泰、长安、竹园、月明、岭南、健力、育才14个居委会。总面积179.05平方千米，总人口15.15万人。

荷城街道办驻泰华路318号。

1981年12月，恢复高明县建制。1982年3月，在原三洲公社秀丽围紧靠西江的河滩和田野地带建设新县城。1984年4月，新县城命名为高明镇。1985年2月，将原三洲区的附城乡、石岐乡和罗东乡的新亨村并入高明镇。1986年11月，将原三洲区的罗东、罗西、苏村、阮埇4个乡划归高明镇管辖。1994年9月撤销高明镇，设立荷城街道办事处。2005年5月，经广东省人民政府批准，将富湾镇、三洲街道办事处、西安街道办事处并入荷城街道，沿用至今。是佛山市西江组团的重要组成部分，是高明区委区政府的驻地，是全区的政治、经济、文化、金融、信息、科技中心。属南亚热带气候，日照充足，雨量充沛，年平均气温22℃。西江河从东面流过，高明河（沧江河）流经本域南部，秀丽河、西安河在域内中部从北向南流动，通过东水闸和鳌围水闸汇入高明河。主要矿藏有铁、煤、铅、锌、银、石灰石。富湾银矿品位高、储量大。主要灾害是洪涝、台风，也有霜冻。

荷城街道历来以农业为主，是一个鱼米之乡，盛产水稻、蔬菜、生猪、三鸟、水产品等，主要特产有三洲黑鹅、西江河鲜。从20世纪90年代起，荷城以招商引资为主要动力走新型工业化道路，工业强劲发展。有佛山市中油高富石油有限公司、佛山市海天味业食品有限公司、广东溢达纺织有限公司、佛山市海航饲料有限公司等大中小企业517家，省级名牌产品9个。2016年实现工业总产值1907.19亿元,比上年增长7.15%,其中规模以上工业产值1870.03亿元,比上年增长7.18%。固定资产投资193.97亿元,比上年增长14.01%。工商税收46.66亿元,比上年增长2.23%,本级税收收入4.54亿元。有中小学14所,其中小学11所,初中3所,在校学生2.05万人,教职工1187人。建制幼儿园20所,在园幼儿9306人,专任教师838人。省纺织学院、省高中示范学校高明一中和区重点高中学校纪念中学均设在辖区内。高明区人民医院、中医院、妇幼保健院均设在域内。设有社区卫生院22所,个体医疗机构22个。新型农村合作医疗保险覆盖率达96.28%。

  公路四通八达,域内自然村村村通4级以上的混凝土硬底化公路。荷城已建成公交汽车线路16条,运营里程958公里,公交运营汽车240辆。水路每天有飞翔客船到香港。有30万吨的集装箱货运码头,每天有货轮开往香港、澳门。域内有唐代龙窑遗址、灵龟塔等省级重点文物保护单位,有古椰贝丘遗址、西梁村梁氏宗祠、艺能严公祠等市级重点文物保护单位,有皂幕山风景区、盈香生态园等国家AAAA级旅游景区,有珠三角"九寨沟"之称的凌云山河村、阴岗、灵湖三级水库,有塘伙旅游生态园、南峰农业生态基地、阮埇八大家古民居群、三洲英烈楷模园、世纪广场、荷城广场、荷城公园、灵龟公园、七星岗公园等休闲度假区,有公共休闲绿道45公里。

第二章

大革命时期高明籍的风云人物和高明农民运动

第一节 "三谭"走上革命道路

1917年,俄国发生了布尔什维克领导的十月革命,无产阶级用暴力革命的手段推翻了资产阶级的统治,建立了无产阶级领导的革命政权。十月革命一声炮响,给中国送来了马克思主义。当时处于半封建半殖民地社会的中国,封建统治,军阀混战,列强瓜分,民不聊生,国家和人民处于水深火热之中。一批进步的中国知识分子喊出了"科学与民主"的口号,当时的北京大学是先进知识分子云集的地方,蔡元培任校长,陈独秀、李大钊、鲁迅、胡适等人任教授,倡导新思想新文化并形成一股洪流。这股洪流冲破封建束缚,广开言路,开展自由讨论,各种学派学术都在校内公开进行宣传和辩论。以李大钊为首的先进分子在北大成立了马克思主义研究会,研究和宣传马克思主义。有的还创办刊物,发表与封建意识形态对立的观点。当时的北大已经成为一座洪炉,新思想新文化的洪流,对全国思想文化形成巨大的冲击。

当时,远在广东的高明县有两个青年人,一个叫谭平山,一个叫谭植棠,他俩在新思想新文化的召唤下走向了北大。谭平山毅然放弃当时在雷州中学担任校长收入不错的工作,谭植棠则毅然放弃正在广州高师就读的机会,他俩一起投考自己心仪的北京大学。结果他们都被录取进了北京大学,谭平山就读文科的哲学专业,谭植棠则就读文科的历史专业。

谭平山是高明区明城镇七社村新元坊人,原名彦祥、鸣谦,别号聘三，1886年9月出生。父亲谭恢世，幼年从高要逃荒到高明，被新元坊一名寡妇收养为子。他9岁入私塾读了三年书，便被生活所迫出来当伙计、做货郎，走村串巷摆卖绒线。后来在明城南街开设了小布店，卖些绒线外，也代人裁缝衣服。

谭平山有兄弟姐妹五人，兄谭干祥，平山排行第二。他的父亲为了改变他家所处的艰难生活的下层社会地位，省吃俭用让谭平山上学堂念书。父亲病逝后，由于家庭生活困难，平山在东洲书院读完高小就被迫停学，到明城教了几年私塾，他一边教书，一边坚持学习。后来，其兄为了成全他的学业，以店中及家中一些财产作典押，向族人借债供平山读书。谭平山在兄长的支持下，继续读书。他为人聪慧，勤勉好学，成绩常列前茅。他读完广肇罗中学后，又以优异的成绩考入广州有名的两广优级师范学堂，成为该校的工读生。

在广州读书期间，谭平山深受孙中山先生革命思想的影响，懂得了不少革命道理，他不满清廷的腐败统治，痛恨封建社会制度，立志改革社会。在校期间，他参加了孙中山领导的同盟会。四年学习结业后，被分配到雷州中学担任教员，后又担任校长之职。此期间，他加入国民党，当选为广东省参议会参议员。

谭平山和谭植棠、陈公博、区声白等一班广东青年考上北京大学后，在陈独秀主办的《新青年》影响下，谭平山参加了李大钊发起成立的马克思主义研究会，还参加了新闻学研究会等组织，开始学习研究和宣传马克思主义。他同时参加傅斯年、罗家伦等人发起的"新潮社"，参与出版了《新潮》杂志，宣传新思想、新文化。他在该杂志发表了《"德谟克拉西"之四面谈》等文章，从政治、经济、精神、社会四个方面介绍马克思主义，介绍马克思的《资本论》，马克思、恩格斯的《共产党宣言》等马克思主义经典著作，直接宣传马克思主义。之后又与谭植棠、陈公博等联合创办了《政衡》杂志,继续不遗余力地宣传新思想新文化。在《政衡》杂志的开篇序言中,他们明确提出杂志的宗旨是:"政治——主根本的革新;社会——主根本的改造;各种问题——主根本的解决。"

谭植棠是高明区明城镇壕基村人,1893年3月出生,出身于一个富裕农民家庭。自小聪明好学,三岁丧父,由祖父抚养成人。7岁进入私塾读书,13岁那年从私塾毕业后,家人为了他能继承家业,早日当上掌柜,就让他回家学当小掌柜。15岁那年,他已经有了一定的经商经验,这时他在谭平山和与他同龄的谭天度的影响下,投考并被录取进了东洲高等小学继续读书。在东洲四年后毕业,本来他想投考广州陆军学校,但因身体不符合要求没被录取。后以优异成绩考进广州高师附中。三年后毕业,又考进了谭天度此前曾就读的广州高师。1917年,他在新思想新文化浪潮的召唤下,放弃在广州高师的学位,与谭平山一道考进了北京大学。他如饥似渴地接受新思想新文化,对"民主与科学"的口号全盘接受,他受谭平山的影响认真阅读和宣传《新潮》的主张,他还在谭平山的影响下,认真阅读了《资本论》《共产党宣言》等著作,完全接受俄国十月革命的理论和做法。后来,他与谭平山、陈公博一起创办了宣传新思想新文化的刊物《政衡》,在这个刊物上,他发表《中国历代政权重心转移之研究》一文,宣传马克思主义的历史唯物主义世界观。

1919年,由于在巴黎和会中北洋政府的外交失败,弱国无外交!中国虽然是第一次世界大战的战胜国之一,可是巴黎和会还是决定无视中国的主权,将战败国德国在山东的特权转让给日本。消息传来,举国震惊!中国发生了划时代的反帝反封建的五四运动!5月4日,北大学生联合北京23所大中学校的3000多名学生高喊"外争国权,内惩国贼"的口号举行示威游行。这场五四运

第二章　大革命时期高明籍的风云人物和高明农民运动

动,吹响了全国反帝反封建民主运动的号角。在五四运动中,谭平山是组织者和领导人之一。当日,他带领学生们冲进张宗祥家中,痛打张宗祥,怒斥陆宗舆!谭平山还带领同学们参与了"火烧赵家楼",谭平山带头点燃了火把。在五四运动中,谭平山与32名骨干学生一起被反动军警逮捕并关押了多日,后在全国人民的声援中被释放。谭植棠积极参加了五四运动,他预先参加了印刷宣传品的准备工作,自始至终挥舞小旗参加了游行示威活动,并到处派传单。之后,谭植棠受同学推举参加北京学生联合会,并担任宣传出版工作。他被学联的学生们称为"宣传鼓动能手"。

谭平山和谭植棠在北大时经常把《新青年》《新潮》《政衡》等杂志寄回给在广州当教师的谭天度阅读,使谭天度较早接触了新思想新文化和马克思主义。同时,谭植棠还把这些书籍寄回高明东洲高等小学,让家乡母校的师生们较早接触了新思想新文化和马克思主义。

谭天度是高明区明城镇七社村青玉坊人。父亲是个秀才,早年在家乡当私塾教师,后到福建谋生。谭天度7岁时父亲因病早逝,由知书识礼的母亲梁瑶抚养成人。7岁进入私塾读书,毕业时遇上东洲高等小学招考新生,他参加了考试,在200多位考生中以第一名成绩被录取入读该校。四年后毕业,考入了广州高师附中。两年后毕业,为了早日出来工作养家活口,他又以优异成绩考上了学制两年的广州高师图画手工专科。毕业时才20岁,先后在高师附中任教。谭天度是一个热血青年,他把从谭平山和谭植棠寄来的书刊中领会到的新思想新文化积极向自己的学生传播,产生了积极的影响。他的学生中有区梦觉和陈铁军。这两位学生在谭天度的宣传影响和引领下,后来都走上了革命道路。

谭平山和谭植棠、陈公博1920年夏从北京大学毕业后,回到广州,谭平山在广东高师当哲学教师,谭植棠在广东高等法政学校任教，兼教广东高师课程。他们发现广东的群众运动比不上北京那么高涨，他们又觉得广东是个有革命传统的地方，近代史上出名的革命家洪秀全和孙中山以及改良运动家康有为、梁启超都是广东人，现在他们应该为革命运动的高潮做舆论准备和发动工作，于是三人决定自己筹资出版一份独立的有别于当时其他报纸的宣传新思想新文化的报纸，取名《广东群报》。这份报纸的创刊号还发表了陈独秀《敬告广州青年》一文，起了很好的宣传鼓动作用。这张报纸被《新青年》称为"中国南部新文化运动的总枢纽"，不但谭平山、谭植棠、陈公博在这份报纸上发表了不少文章，而且谭天度一开始就参与了该报的筹办工作并担任校对和撰稿人。这份报纸后来被定为广东共产党组织的机关报。这份报纸除了在广州发行外，也寄往各县，其中高明东洲高等小学每期都收到几份。

早在谭平山他们从北大回广州经过上海时，谭平山曾接受陈独秀对他的嘱托，要他在广东组建共产党的组织。陈说："我在上海已经与一批学者、教授以及先进青年成立了共产主义小组，李大钊在北京也已经成立了共产主义小组，你回到广东后，要注意开展马克思主义的宣传活动，条件成熟时就成立广东共产主义小组，或直接成立共产党广东支部。"谭平山当时欣然接受了这个任务。

1920年12月，陈独秀受广东国民政府邀请南下广东担任教育委员会委员长。他来广东后，提议谭平山担任教育委员会副委员长。陈独秀来广州后亲自参与广东的共产党早期组织的创建工作。当时，谭平山、谭植棠和陈公博经常去他的住处广州九曲巷的"看云楼"探望他，大家商谈在广东建党的事情。陈独秀说："孙中山把广东作为革命和改革的策源地，他现在已经建立了大元帅府，现在我把广东作为中国民主革命的策源地，希望你们为广东发展革命形势出一份力量。"他们一致批判和抵制了广东当时有一定影响的无政府主义思潮,一致同意决定建立广东的共产党组织,担负领导广东民众运动的任务,谭平山、谭植棠和陈公博一致同意陈独秀起草的党纲,都表示要成为第一批党员。就这样,四个人一致赞同组成了广东共产主义小组,选举陈独秀担任书记。谭天度这时由谭平山引领参加了小组的活动。1921年7月,中共一大在上海召开,广东共产党小组派出陈公博前往参加。中共一大后,陈独秀辞去在广东的职务,到上海主持中共中央局工作,广东的共产党组织由谭平山主持工作,他宣告中共广东支部成立,大家选举他担任中共广东支部书记。1922年春,中共广东支部吸收了阮啸仙、刘尔崧、杨匏安、周其鉴、冯菊坡、张善铭、杨殷、梁复燃、彭湃、王寒烬、黄学增、谭天度等人加入,使广东中共党组织得以不断壮大。

第二节 高明农运的兴起和高明第一个中共支部的诞生

中共广东支部成立后,谭植棠担任宣传委员,陈公博担任组织委员。当时党支部认为,要在广东开展革命活动,必须把民众发动起来,而要发动民众,必须抓宣传阵地的建设和培训骨干。党支部决定一方面把《广东群报》作为党组织的机关报,由谭植棠担任经理,办好这份党报,宣传马克思主义的理论和中国共产党的主张。在群报中还注意及时发布第三国际各国信息以及各地工农运动的情况,宣传中共广东支部的主张和相关活动信息。另一方面,在孙中山大元帅府的支持下,由组织委员陈公博主办"广东省立宣讲员养成所",主要任务是向基层工农运动干部宣讲马克思主义和民主革命的思想,以及传授基本的组织发动民众运动的工作方法。这个养成所作为一个公立的教育机构,授课对象是全省各地选派来的工农妇青民运骨干,多数是年轻的中学毕业生及社会青年,学习内容是反帝反封建的民主革命理论和实践,宣讲新思想新文化、马克思主义、社会主义的基本观点和领导民运的工作方法。开始时招收了100多人,分甲乙两班,谭植棠担任教导主任兼甲班班主任。他主要讲授中国近代史,也讲人类的群体性和民众运动。这些学员毕业后大多数走上了革命道路,成为中共领导的工农运动的骨干。就在这一年,中共广东支部在广州河南还开办了机器工人夜校,由谭平山出任夜校董事会的董事长,谭天度则出任夜校的主要教员之一。他利用夜校向工人们宣传马克思主义和社会主义的思想，宣传工人运动的合理性，号召大家要主动争取民主权利和维护自己的正当权益。中共广东支部还在大元帅府的支持下，主持开办了注音字母教导团，谭天度兼任该团的授课教师，他按照党组织的安排，在对青年老师进行注音字母培训的同时，向他们传播新思想新文化，传播马克思主义和社会主义的基本观点，也要求大家支持和参加工农运动。

谭平山、谭植棠、谭天度他们间或也有回家乡探亲，乡亲们对他们几个并不陌生，许多人早就从他们寄回家乡的报纸杂志中对新思想新文化有所了解，对马克思主义和社会主义也有所听闻。"三谭"每次回乡，总是不忘向家乡知识分子和民众传播新思想新文化，谭植棠还有几次在村中祠堂向村民们演讲，越来越多人来听他演讲，大家觉得他讲的东西很新鲜，很有吸引力。青年们听了他演讲，都提高了民主意识和反封建的觉悟。

有一次谭植棠回乡时发现村中有人发动组织封建迷信活动，他及时向青年们宣传革命思想，发动青年们反对封建陋习。在他的动员教育下，壕基村成立了"同志堂""同乐社"和"青年会"等青年进步团体，他对这些团体中的青年们进行移风易俗的进步思想教育。这些青年们组织起来进行推翻神权的活动。青年们统一行动，将该村里的镇龙庙、白业庵里的华光大师、十八罗汉等神像通通丢到池塘里，还把庙堂都拆了。青年们共同行动，把村中过去长期存在的婚姻不自主、女方婚后多年不到男家落户（不落家）的陋习革除。

当广州开办宣讲员养成所的消息传到高明东洲高等小学，早已从"三谭"寄回来的报纸杂志中接触了新思想新文化的东洲师生们就产生了去参加养成所学习的冲动，经过准备，最后有黎汝高、谭毅夫、阮贞元等五六个从东洲读完高小的青年人离开家乡前往广州，参加了宣讲员养成所的学习。他们也从此走上了革命的道路。1922年之后的几年，共产党和国民党都把主要精力放在发动开展工人运动和农民运动上，发动和组织了多次为了增加工人工资、改善工人生存条件和生活待遇的罢工斗争并取得了胜利。1925年至1926年初，震惊世界的省港大罢工坚持了一年又四个月，最后取得了胜利。当时广州80多个行业成立了工会组织，其中27个行业举行过罢工斗争，21个行业工会组织的罢工斗争要求得到了圆满解决。农民运动也不断掀起高潮，从1924年至1926年间，为了指导农民运动更蓬勃地开展，共产党与国民党合作，先后在广州举办了六届农民运动讲习所。其中第一届由彭湃担任主任，谭植棠担任第一至第三届教员和第四届主任，第六届由毛泽东担任所长。

1924年3月，高明农村先进知识青年麦均林、谭其聪、谭葵谦赴广州参加了农民运动讲习所的学习。当时共产党和国民党都重视开展工农运动。同月，受国民党中央农民部委派，在省农会工作的阮贞元回高明担任农民运动特派员。他回高明后，深入三区（今合水更楼一带）的农民群众中，宣传农民起来争取民主、维护农民权益的道理，号召大家组织起来与封建旧势力作斗争。第二年3月，经过他的组织发动，合水蛇塘村建立起高明第一个农民协会。5月，阮贞元到广宁参加西江地区14县农运特派员会议，会后，他贯彻会议精神，为了保障农民协会的组织与活动成效，回到家乡组织农民自卫军。他首先在蛇塘村农民协会组织起一支有80多人参加并设有13人常备力量的农民自卫军，这支农民自卫军推选觉悟较高的农民阮光担任负责人。

1926年6月，共产党员冯从龙（新兴县人）、曾汉翘（本县人）、区畯咸、冼炯魂来高明指导开展农民运动。9月，西江地区农民运动领导人周其鉴、罗国杰、孔令金来高明考察农民运动。11月，本县籍的共产党员陈权、李家球从广州回到县中，与阮贞元、冯从龙会合一起发动组织农民运动。在阮贞元等领导骨干的发动组织下，合水地区的布社、良村、水井、边坑等村以及更楼地区的泽河村，相继建立了农民协会和农民自卫军，农民运动如火如荼地开展起来。

1926年1月，中共西江地区执行委员会成立，冯从龙被任命为高明党组织负责人。当时，高明党组织决定成立全县统一的农民协会，经过紧张的筹备，2月，高明县农民协会在明城东门罗家祠召开成立大会，到会的农协会会员和农民自卫军共1000多人，会后在明城举行了示威游行。4月，在中共高明组织的帮助下，国民党高明县党部宣告成立，委员有冯从龙、区振先、王铁军、曾汉翘、阮贞元、谭周始等人。两党团结合作使高明的农民运动蓬勃开展起来。5月，省农协会西江办事处任命冯从龙、区振先、曾汉翘、阮贞元、冼炯魂为高明农协会委员。6月，高明建立了中共地方组织，负责人是冯从龙，有党员陈权、冯从龙、黎汝高、李家球等，随后吸收阮贞元、阮光入党。8月，三区（今更合镇）农协会筹备处和农军总部在合水圩成立，主任阮贞元。农军总部就设在合水圩西街尾的金城庙，当时管辖各村农军共700余人，主要负责人是黎积，区全担任指挥，冯泽文担任副官。当时，高明三区已经建立起农协会和农军的有24个村庄；五区（今西安片区）则有五个村庄建立了农协会和农军。在四区（今杨梅片区），一些村庄建立了农协会和农军。建立了农协会和农军的村庄，主要是带领农民广泛开展"二五减租"（即地主收耕户的地租从原来占收成的30%以上减为25%）、破除封建陋习、训练农军、帮助贫困家庭解困度荒等运动。

国共合作的良好局面保证了高明农民运动的蓬勃发展，中共党员阮贞元回家乡发动农运的积极分子加入中国共产党组织。这些要求加入中共的农运积极分子经中共高明地方组织同意吸收入党。1927年3月，经中共高明地方组织批准，高明县第一个中共党支部在合水蛇塘村成立，当时该支部的党员有陈生、阮登长、阮其、阮光、阮贞元等六人，选举阮贞元担任党支部书记。

这一年，以蒋介石为首的国民党右派背叛革命，首先在上海发动了"四一二"反革命政变，屠杀共产党人和革命群众。紧接着，广州发生了"四一五"反革命政变，国民党广州当局也挥起屠刀，许多共产党人和革命群众遭到屠杀和追捕，各地的农民运动也受到镇压，包括高明的农运也遭到国民党右派镇压。5月1日，国民党高明县长胡以兰指派县警总队，纠合合水反动民团团长廖湘州等人对三区农协会进行突然袭击，强行解散农协会，拘捕了农协会主任阮贞元，押回明城。合水农军闻讯，集合当地农军手持武器赶到更楼的古城村附近进行堵截，发生了战斗，县警和民团不是对手，败下阵来，急忙逃走，农军救回了阮贞元。在战斗中，蛇塘村农协会主任、农军负责人阮光中弹负伤，不幸牺牲。

第三节 大革命中的高明籍风云人物

在第一次国内革命战争（又称大革命）时期，涌现了一批原籍高明的风云人物，其中主要的有谭平山、谭植棠、谭天度和陈汝棠。

谭平山走上革命道路后，在建党、建团、建军、推动国共合作、工农运动、统一战线方面做了大量的工作，是大革命时期叱咤风云的革命家。在中共广东支部成立后，谭平山担任书记，利用他在国民党任职的方便，争取广州革命政府支持办起了公立的宣讲员养成所、机器工人夜校和注音字母教导团等，作为宣传革命的阵地，他自己还在这些阵地中兼任教员或董事长，亲自讲课。同时，他兼任中国劳动组合书记部南方分部主任。他十分注重工人运动的发展，布置王寒烬带领一批积极分子深入泥瓦木匠工人中开展工作，组织起广东土木建筑工会，有会员4000多人，选举郭植生为工会主席。工会组织工人开展要求增加工资、减少工时的斗争，历经军警镇压，工人经过不懈的抗争，最终取得了胜利。谭平山又布置梁复燃、王寒烬到佛山组织工会，很快建立起佛山土木建筑工会，有会员1500多人，选举钱惠芳为会长；接着又成立了佛山理发工会，有会员600多人，会长梁桂华。理发工会与资本家交涉，要求提高工人的收入比例，取得了胜利。1921年冬，广州车缝工人大罢工，广州市公安局逮捕了一批罢工工人。谭平山立即发动3000多名工人集合在第一公园开大会声援罢工工人，还指挥工人队伍前往公安局审判厅，要求立即释放被捕工人，抗争取得了胜利。1922年2月，6000多名香港海员为反抗英国资本家的压迫剥削举行了要求增加工资的罢工，中共广东支部和中国劳动组合书记部南方分部组织广大工人举行示威游行声援罢工。这次罢工运动扩展为香港工人同盟总罢工，参加罢工的总人数超过10万人。全国各地工会组织纷纷响应，广州革命政府也在经济上支持这次罢工斗争，罢工最后取得了胜利。这次罢工的领导人苏兆征、林伟文后来参加了中国共产党。香港海员工人大罢工的胜利，进一步推动了工人运动的高涨。1922年5月，中国劳动组合书记部在广州河南机器总工会召开了有73人出席、代表全国12座城市110多个工会34万有组织工人的第一次全国劳工会议，谭平山被选为大会五人主席团成员之一，并向大会报告筹备情况和致闭幕词。

  谭平山是广东社会主义青年团重建的组织者和领导者。1922年3月，谭平山明确提出，"本团组织，纯以马克思主义做中心思想""以改造社会为目的"。他主持了在广州东园召开的有上千青年人参加的广东社会主义青年团成立大会，并作了报告，提出青年团的工作方针是"改造社会为最大目的，我们确信马克思主义有改造社会的能力"。3月19日，广东社会主义青年团召开了第一次团员大会，选举出谭平山、谭植棠、陈公博等七人为章程审查委员会成员。4月6日，团组织召开了第二次团员大会，确定用通讯选举办法选举团的执行委员会成员，谭平山被选为广东社会主义青年团执委会书记。广东社会主义青年团成为团结教育青年在中共广东组织领导进行革命斗争的一支生力军。5月5日，中国社会主义青年团在广州召开了第一次全国代表大会，来自全国各地的代表25人出席了会议。谭平山在会上报告了广东社会主义青年团的工作情况，会议选举产生了团中央执委会，通过了七项决议。至此，谭平山成为广东党、团、劳动组合组织的主要负责人，他的工作取得的成效是显著的，充分显示出他的政治智慧、组织工作能力和领导才华都是卓越的。

1922年7月，谭平山出席了中共第二次全国代表大会。大会发表了具有历史意义的宣言，通过了党章和关于民主联合阵线的决议案以及中共参加第三国际的决议案。之后谭平山与邓中夏、毛泽东、王烬美等提出了《劳动法大纲》，发起劳动立法运动。1923年，孙中山在广东建立了名为大元帅大本营的革命政府，共产党吸取了京汉铁路大罢工失败的教训，进一步认识到建立革命统一战线的必要性和紧迫性。这时孙中山对在广州的陈独秀和谭平山十分器重，任命二人为大元帅府宣传委员会委员。

1923年6月，谭平山出席了在广州召开的中共三大，并在会上作了关于广东工作的报告，会议通过了中共党员和社会主义青年团员以个人身份加入国民党、建立国共合作统一战线的决议，会上谭平山被选为中央执委会委员和中央局委会。8月，谭平山在《广州民国日报》上发表了长篇连载文章《国民革命与国民党》，为国民党改组打下思想基础。9月，中共中央局由广州迁往上海，谭平山被任命为中共驻粤委员，继续担任中共广东区委主要负责人。10月25日，孙中山任命廖仲恺、胡汉民、邓泽如和共产党人谭平山等九人为国民党中央临时执委会委员，李大钊等五人为候补委员，谭平山还被任命为该委员会书记兼组织员。谭平山为国民党的改组做了大量基础性工作。他在广州组织力量进行国民党党员登记，召开党员大会，成立了十二个区的国民党分部，并确定了负责人。11月，国民党临时中央执委会发布了《中国国民党改组宣言》和党纲党章草案。同月，谭平山主持召开中共广东区委、社会主义青年团广东区委以及党团广州地委负责人共七人的联席会议，组成了粤区国民运动委员会，推动国民党的改组工作，这个委员会由谭平山和阮啸仙任负责人，各区成立国民运动小组。11月25日，谭平山发表《国民党改组中应注意诸点》一文，提出"国民党改组唯一的目的，是将国民党改造成一个健全而有力的革命党，造成一个全国民中革命分子所集中的国民革命大本营"。11月29日，孙中山派廖仲恺、谭平山到上海开展改组国民党工作，次月中回广州，谭平山向国民党中央执委会报告了上海改组情况。会上决定派邓泽如、谭平山等九人前往广东兵工厂组织建立国民党党部广州市一区分部。经过努力，该分部于12月22日召开了成立大会。

1924年1月，孙中山在广州主持召开了中国国民党第一次全国代表大会，出席代表165人，其中中共党员20多人。谭平山代表国民党临时中央委员会作了工作报告，并向大会提出了《中国国民党党章草案》，提交大会审议。大会通过了中国国民党的《宣言》和《章程》，确立了"联俄、联共、扶助农工"三大政策。大会选出了国民党的领导机构——24人组成的中央执行委员会，其中中共党员占了委员总数的四分之一，孙中山担任总理。在一届一中全会上，廖仲恺、谭平山、戴季陶当选为中央常务委员。谭平山兼任中央组织部部长。国民党一大后，国共两党合作正式形成，廖仲恺和谭平山两人在工作上互相支持、互相配合。这一年国民党还成立了统一的广州工人代表大会和"农民运动委员会"，廖仲恺、戴季陶、谭平山等人担任农民运动委员会委员，工农运动掀起了新高潮。

1924年9月，广州发生商团叛乱。10月10日，国民党中央和广东省政府组织30多个进步团体几万人在广州第一公园举行集会，纪念武昌起义13周年，声讨反革命的商团，大会结束后举行游行时，遭到商团军开枪射杀，当场打死20多人，打伤100多人。正在韶关督师准备北伐的孙中山闻讯，立即成立革命委员会，自任会长，廖仲恺、谭平山、蒋介石等六人为委员，从北伐军中抽调一部分军队回广州，并动用黄埔军校学生军和工农武装讨伐商团叛乱，15日，各武装力量一起行动，经过几个小时的战斗，全部解除了商团军的武装，一举平定了商团叛乱。

1925年1月，中共在上海召开了第四次全国代表大会，谭平山代表广东党组织参加了会议，出席代表20人，代表全国994名党员。会议总结了国共合作的经验，强调了共产党在国共合作中要坚持独立自主的原则；要扩大左派，争取中间派，反对右派。谭平山在会上被选为中央执行委员会委员，会议确定谭平山仍驻广东。

1924年底，孙中山受当时控制北方局势的冯玉祥电邀赴京商讨和平统一国家的问题，孙认为是个机会，决定前往。中共提出召开国民大会的政治主张。孙中山离开广州后，1922年曾领兵叛乱后被赶出广州的陈炯明再次在粤东举行叛乱，广东革命政府组织进行了东征的军事行动，经过两次东征，把陈炯明赶出了广东，他最后死于香港。谭平山、谭植棠等中共广东区委领导成员随东征军出发并进行宣传和劳军活动，东征取得了胜利。

1925年1月，孙中山不幸在北京病逝后，国民党内迅速分化为左派和右派，谭平山发表了《孙中山逝世后的国民党》一文，指出了国民党内部已经分化出反革命派，提出要识别和警惕那些戴着假面具的野心家。这一年的8月20日，国民党左派领袖人物，向来与谭平山密切配合工作的廖仲恺先生在国民党中央党部大门口遇刺身亡。凶手交代，有人出重金暗杀廖仲恺、谭平山等领导人。谭平山指出这是帝国主义和反动派的阴谋。

1925年7月省港工人大罢工。谭平山为统一广东的军事行动、支持省港大罢工、巩固广东革命统一战线做了大量的工作。1925年10月，在国民党广东全省党员代表大会上，谭平山向大会作了《中国国民党全国党务报告》，这次会议巩固了广东省革命统一战线。

1926年1月，谭平山参加了国民党的二大，再一次当选为中央执委会委员、政治委员和常委，并继续被任命为组织部部长和秘书长。但是国民党二大没有严惩"西山会议派"，表现出资产阶级的软弱性和动摇性，这为后来国民党右派走上反革命道路埋下了祸根。之后，以蒋介石为首的国民党新右派制造了排斥共产党的"中山舰事件"和抛出"整理党务案"。由于蒋介石的阴谋、陈独秀的退让，谭平山离开了国民党中央组织部和秘书处。后来蒋介石更明目张胆地走上了反革命道路，而导致大革命的失败。同年11月，谭平山代表中国共产党赴莫斯科出席了共产国际第七次执委会扩大会议并在大会作了中国情况报告。会上，他被选为共产国际主席团成员兼中国委员会主席。1927年2月，在国民党二届三中全会上，谭平山缺席仍被选为中央执委委员、常委和政治委员会委员，并兼任农政部部长和土地委员会委员。4月27日，谭平山出席了中共第五次代表大会并再次被选为中央委员和政治局委员。同年7月，根据共产国际和中共中央的决定，谭平山宣布退出国民政府。

谭植棠与谭平山、陈公博等一起创建中共广东支部后，他一方面担任《广东群报》的经理，另一方面参加创办宣讲员养成所，并兼任甲班的班主任，培养革命干部。他也在注音字母教导团和广州河南机器工人夜校讲课，主要讲授中国近代史和社会发展史，宣传马克思主义和社会主义思想。他的讲课思路清晰、语言动人，很受学员们欢迎，对培养革命干部发挥了很好的作用。中共三大后，谭植棠根据党的决定以个人身份加入了国民党。1924年7月，国共合作开办了农民运动讲习所，谭植棠被聘为第一至第三届教员，主要讲授《中国革命问题》《中国社会发展史》，他引导学员提高觉悟，推动了工农运动的发展。1925年春，中共广东区委设立主席团，陈延年任书记，谭植棠为主席团成员，分工负责农民运动和统战工作。1925年5月，国共合作开办了第四届农民运动讲习所，谭植棠担任主任，聘请彭湃、恽代英、阮啸仙等担任教员，这期讲习所招收了来自广东、湖南、广西等98名农运骨干参加学习，中途又招收了50名旁听生，办学中虽遭受动乱波折，最后还是胜利完成了教学计划，谭平山、陈延年、张太雷、邓中夏等领导还专门前来分别举行专题讲座。7月，爆发了省港大罢工，谭植棠在农讲所主办了一期"罢工工人补习班"，培训了50多名工运干部。这时，省农民协会成立，谭植棠与彭湃等共同负责中共广东区委农运工作，还在国民党农民部中担任干事，促进了全省农民运动走向高潮。同年10月，国民政府组织第二次东征，谭植棠与苏联顾问鲍罗廷将军一起到东江前线慰问东征将士。路上，他发现有不法军队勾结反动地主摧残农会干部，当众对农会干部施行"点肚脐灯"的酷刑，他当场挺身而出与他们斗争，及时制止了暴行，并当众宣传革命道理，为农民撑腰，使农民深受鼓舞。1926年1月，谭植棠被任命为国民党中央农民运动委员会委员，参与研究由毛泽东主办的第六届农民运动讲习所事宜，使这一届农民运动讲习所顺利开办。

谭植棠对工作极端负责，对同志十分关心。他十分关心烈士家属和受伤人员的生活问题，他与林祖涵、邓颖超、谭平山、邓中夏等在1926年春发起成立中国济难会广东总会，由他担任主任并主持日常工作。他主持召开各区分会的代表大会，发动社会各界筹款，对广州、上海等地的受难同胞及其家属实施救济，在社会上产生了很好的影响。

由于常年工作，不顾休息，谭植棠积劳成疾，患上了当时被认为不治之症的肺痨病，而他仍然以坚强的毅力坚持工作，并与疾病进行不屈的斗争。他继续多次参加了群众集会并多次发表演讲，他的坚定立场和斗争精神深受各界群众的好评，被人们称为"反帝斗争的先锋战士"。1926年底他的肺病严重发作，党组织多次劝他入院治疗，但他还一直坚持带病工作。有一天，他在广东各界代表大会上发表演讲时，会场秩序受到国民党右派分子的破坏，谭植棠大怒，当堂高声指斥反动分子，由于过度激动，引起大口吐血，昏厥过去。他被送到广州博济医院，经及时抢救才苏醒过来。1927年"四一二"反革命政变发生，以蒋介石为首的国民党右派背叛革命，举起屠刀向共产党人和革命群众大开杀戒，轰轰烈烈的大革命失败了，谭植棠极为愤慨。为了避开国民党反动派的追杀，谭植棠先是转院治疗，后来辗转回乡治病养病十多年。

谭天度1922年春加入中国共产党后，第一项活动就是参加了全国劳动大会组织的庆祝国际劳动节大会，声援香港海员大罢工，他与谭平山一道挥舞旗帜走在游行队伍的前列。当日，他在《广东群报》发表《五一纪念与中国工人》一文，号召工人们团结起来，与帝国主义和资本家的压迫剥削作斗争。中共三大后，谭天度执行党的决定以个人身份加入了国民党，同时被安排做基层国民党员登记工作和国民党基层组织重建工作。1924年春，他被党安排到石井兵工厂开展国民党员登记工作和成立国民党特别区分部。该分部成立时，谭平山等领导人前来祝贺。国民党一大期间，谭天度与谭植棠一道在秘书处工作。之后，国共合作成立国民运动委员会，谭天度则参加该委员会的具体工作，为此他辞去了维坤女子中学的教师工作，主要做农民运动和工人运动的具体组织和服务工作。当开办农民运动讲习所时，他曾协助谭植棠回高明发动一批从东洲高等小学毕业的进步青年到农民运动讲习所学习，其中有陈权、阮贞元、麦均林、谭其聪、谭葵谦等人。1925—

1926年，谭植棠担任国民运动委员会书记。根据斗争需要，为配合省港大罢工，把斗争矛头集中对准英帝国主义，中共广东区委又成立了"广东各界对外协会"，由谭植棠担任主席，谭天度担任该协会秘书处负责人。之后，为了协调社会各界统一立场和行动，解决统一战线内的矛盾问题，中共广东区委又成立"广州农工商学联合会"，并决定由谭天度担任秘书长。该委员会的主席是由各界代表轮流担任的，而秘书长是固定的，实际上是谭天度主持这个联合会的日常工作，主要协调的对象是商界。他经常与邓中夏、苏兆征等领导人接触，从他们身上，谭天度觉得学到了许多道理和工作方法。谭天度在农工商学联合会工作了一年多时间，其间他的本职工作还是高师附中教员，他受到了锻炼和考验。

1926年春，谭天度离开了高师附中的教师岗位，中共两广区委派他到石井兵工厂担任共产党支部书记，公开身份是兵工厂训育主任。而国民党右派为了争夺兵工厂的阵地，派了几个工贼进到厂里，与谭天度开展争夺阵地的斗争。谭天度在区委领导下，依靠赞成国共合作、同情共产党的工厂骨干，依靠进步工人，团结争取中间工人，分化、孤立、打击右派工人和反动分子，工作很有成效。后来国民党右派当局撤销了以共产党员为主导的训育部，共产党支部的活动不得不转入地下。谭天度根据党的指示离开了兵工厂，来到国民党左派人物简石琴主持的广州商民部担任秘书长。简石琴是个敢作敢当的人，在商民部，谭天度为他写了不少支持国共合作、抨击国民党右派的进步文章，并交由报刊发表，这引起国民党当局的注意，派兵包围搜查了商民部，幸好谭天度不在，才逃过了一劫。之后简石琴被调离了商民部，而谭天度也被调到广雅中学担任训育主任。他利用训育主任的身份，利用课外活动的方式开展党团活动，传达党的指示，巩固发展党团组织。可是这时形势越来越险峻，国民党右派背叛革命后到处搜捕共产党人和进步人士。谭天度在简石琴的帮助下逃离了遭到搜捕的广雅中学，只身前往武汉寻找党的组织。

陈汝棠是高明区更合镇高村人，1893年6月出生，出身于一个农村中医世家。在本村读了六年私塾，13岁那年考入东洲高等小学读书。他听到孙中山、黄兴等成立同盟会，其宗旨是要推翻清朝统治，建立民国，平分地权，心里无限向往。1908年，15岁的陈汝棠在东洲读书的第三年就辞别东洲，投考广州陆军学校，他要走从军救国之路，结果考进了广州黄埔陆军小学读书。在陆军小学，陈汝棠认识了同校的陈济棠并与他结拜为兄弟，同时认识了老同盟会员潘达微、徐维扬。他还与同一时间在附近海军学校读书的陈策结为至交。1909年2月，时年16岁的陈汝棠由潘达微、徐维扬介绍参加了同盟会，同时加入了中华革命党。他参加同盟会后，参加了广州及番花地区同盟会分会的多次活动，这几年同盟会在孙中山、黄兴等领导下举行了多次反清武装起义。1911年初，陈汝棠离开了军校。3月27日，他参加了高州人廖光普领导的武装起义，这次武装起义遭到清军的镇压而失败，4月27日，陈汝棠又跟徐维扬一起参加了由黄兴等直接领导的广州黄花岗起义，并直接参加了小北门的一夜激战，最后寡不敌众，他与徐维扬一起冲出了清军重围。

黄花岗起义失败后，在白色恐怖中，陈汝棠躲过追捕，孤身一人来到白云山双溪寺，投靠太虚大师当了小和尚。后来，他又参加革命党人陈建狱组织的刺杀清朝海军提督李准的炸弹小组的行动。行动失败后，陈汝棠拜别太虚大师，离开了双溪寺，回到高明东洲高等小学继续学业。两年后，陈汝棠在东洲毕业，考入广州中法医科专门学校（即广州韬美医院），以学习西医为主，也学中医，并探索中西医结合治疗疾病，三年毕业。由于学习成绩优异，他获得了韬美医院的最高奖——"昭生奖"。毕业后，陈汝棠在广州挂牌开办了"昭生医社"。因为治好了他的军校好友陈策(后来担任海军司令)的母亲的腿骨病,陈策为他新建了一座两层半的房子作为新的医社社址。

由于陈汝棠的医德医术有口皆碑,传到了在广州大元帅府担任大元帅的孙中山的耳朵里,引起也是学医出身的孙中山的兴趣,于是孙派人请陈汝棠到大元帅府见面。孙中山对陈汝棠所谈的中西医结合的医学新理念非常赞同,陈汝棠也表示会与陈策一道说服昔日的军校好友,动员陆军和海军学校师生举旗起义,归附大元帅府的领导,孙中山极为高兴。果然,陈汝棠和陈策真的说服了两个军校师生宣布拥戴孙中山,归附大元帅府。辛亥革命成功后,孙中山当了临时大总统,但是胜利果实很快被袁世凯所窃据。孙中山回到上海后专理党务,对于时政,则"暂处静默",撰写文章,并去电广州的党组织,派人诚挚邀请陈汝棠到上海"共商国是",实际上是要陈汝棠一来帮忙处理身边事务,二来当他的私人医生。陈汝棠接到孙中山的邀请后,二话没说,交代好医社的工作,便启程赴沪。孙中山见到陈汝棠十分高兴,说:"你的医社办得有声有色,同时又成为本党同志的联络站,一心支持本党事业,可贵可贵!"陈汝棠一面协助办理孙中山的贴身事务,一面为孙中山检查和调理身体,使孙中山有充沛精力处理党务和做好理论著述。尽管这时陈汝棠已看出孙中山身体有致命隐患,但是他明白学医出身的孙先生也了解自己的情况,故两人心照不宣。

1920年11月,陈汝棠随孙中山回广州重建大元帅府,孙中山任命陈汝棠为粤军定立医院上尉军医,代行院长职务。没多久,又任命他为广东陆军医院院长,兼驻广州护国军滇军第二统领,协助监督管理军队事务。不久,又调陈汝棠担任新丰县县长并遥领讨桂军第二十七支队司令职务。三个月后,陈汝棠带着一份治理新丰江、建设水电站的建议来见非常大总统，孙中山听了他的建议，非常高兴地给予肯定，并解释说现在还不具备财力条件建设。于是他被调任为护国第四军团卫生队长。半年后，陈汝棠又被任命为广东陆军医院院长，他全身心投入到军队的医疗卫生工作中，获得军界的一致好评。这期间，陈汝棠曾说服海军将领陈策出面劝说陈炯明与孙中山同心同德，但陈炯明只当作耳边风，最终走上了背叛孙中山的道路。1922年4月，孙中山在广州发布进行北伐战争的命令，并亲率将士开赴韶关集结。陈汝棠随孙中山参加了北伐队伍，他被任命为非常政府陆军讨贼军中央临时军医院院长，筹办北伐军中央临时医院。他把个人的资金以及昭生医社的一些医疗设备拿去筹建北伐军中央临时医院。北伐军节节胜利，陈汝棠则日以继夜救死扶伤，孙中山说他"舍家为国功勋卓著"，认定陈汝棠是"大将之材"，任命他为"北伐军军医司司长"。陈汝棠的忘我工作精神和高超医术获得广大北伐军官兵的好评，孙中山对他更为器重，没过多久，亲自下令将陈汝棠的军衔连升四级，从中校升为中将，升任他为"中华民国中将军医总监兼陆军部军医司司长"。陈汝棠十分感谢孙中山对自己的栽培，更加努力工作，加强北伐军医疗卫生建设，成为孙中山的亲密朋友和得力助手。

由于陈炯明的叛变，这次北伐没成功，孙中山返回了广州，陈汝棠留在韶关继续主持临时医院工作。但孙中山走后，韶关有一些部队跟随陈炯明叛乱，攻占了北伐军大本营，正在救治伤员的陈汝棠被叛将杨坤元捉拿捆绑押赴刑场准备与其他死囚一起枪决，在危急关头，叛军前敌总指挥翁式亮知道陈汝棠是北伐军中央医院院长，是个军医高手，是孙中山的私人医生，老资格的同盟会员，医术高明，是一个忠心义士，并不该死，留下有用。于是派人快马奔赴刑场，高喊"刀下留人！"。陈汝棠从刑场上被解救出来后,立即披星戴月步行离开了韶关,一个月后回到广州找到陈策,知道孙中山在永丰舰上与陈炯明对峙了一个多月。陈策带领海军保护孙中山,他秘密把陈汝棠送上永丰舰,陈为孙中山检查身体,为他保健,使十分疲惫的孙中山振奋起精神。孙中山在永丰舰上与叛军对峙了54天后,陈策命令各军舰一齐向叛军开火,逼得叛军后退,周密安排孙中山乘其中一艘军舰冲出重围,离开广州前往上海。陈汝棠则坐上一只乌篷民船离开军舰回到昭生医社。

1923年初,孙中山著成《中国国民党宣言》和《中国国民党党纲》,通电讨伐陈炯明,陈炯明兵败下野。孙中山回到广州再次就任大元帅并着手改组国民党,开展国共合作,进行国民革命。孙中山再任大元帅后,任命一心支持国民革命、保护孙中山、与叛军作战有功的陈策为海军广东舰队司令。3月的一天,孙中山专程来到陈汝棠家中,对陈汝棠舍小家为大家、散尽家财筹建北伐军中央临时医院的义举表示感谢和慰问,并派人送来5万元,作为对陈汝棠经济损失的补偿,陈汝棠坚辞不受,并说可以将此款作为自己缴纳的党费,孙中山极为感动。

1927年,陈汝棠被当时的国民政府任命为广州海关缉私局局长,他了解到前任缉私局局长中饱私囊,造成鸦片走私活动猖獗。陈汝棠上任后,坚持原则,坚决与走私活动作斗争,把没收到的鸦片坚决销毁,使广州海关的走私活动平静下来。之后不久,陈汝棠又查到一批走私鸦片,并准备销毁。走私者再三求情,陈汝棠义正辞严进行痛斥。回到家中,走私者请人抬了两箱白银送到他家,陈汝棠没收了白银,送到国民政府作为北伐经费,之后回到岗位上,还是把没收的鸦片销毁了!这事传到高明家乡,乡亲们都称赞陈汝棠是个正直的清官。

第四节 从大革命到解放战争的革命老区村——壕基村

明城镇壕基村坐落在沧江河中游北岸，东距荷城街道22千米，东距明城镇政府1千米。这条只有100多人的小村，被人民政府评定为抗日战争时期的革命老区村。从第一次国内革命战争开始，到抗日战争、解放战争，这条村先后有20多人参加了革命队伍，而参加革命活动的群众则有数十人。壕基村的谭植棠1917年与谭平山一起考入北京大学读书，他从参加李大钊发起的马克思主义研究会的谭平山那里开始接触马克思主义。学习了《资本论》《共产党宣言》等马克思主义的著作，参加了宣传"科学与民主"、新思想新文化、"外争国权、内惩国贼"的五四运动。五四运动后，谭植棠被选为北京学联宣传委员。1920年，谭植棠与谭平山、陈公博等共同创办《政衡》杂志，宣传新思想新文化，宣传马克思主义和社会主义思想。1920年从北大毕业回广州工作，又与谭平山、陈公博等一起创办《广东群报》（成为后来的中共广东支部的机关报），谭植棠与谭平山等一起参与广东的建党、建团、农运、统战工作，曾担任中共广东区委主席团成员、广州农民运动讲习所第四届主任等职务。谭植棠还经常回家乡向乡亲们传播革命思想，发动青年进行反帝反封建活动。在谭植棠的发动下，壕基村成立同志堂、同乐社，组织青年拆庙堂，毁菩萨，改变了女子婚后多年不落男家户的旧风俗。该村在谭植棠的带动下，先后有谭毅夫、谭权参加了第一次国内革命战争并参加

第二章 大革命时期高明籍的风云人物和高明农民运动

了中共组织,谭毅夫担任了广州手车夫工会的党团书记,后来在国民党右派背叛革命后被捕而英勇牺牲。谭权则积极参加工人运动,并参加了1927年底中国共产党领导的广州起义,在起义中担任工人赤卫队小队长,他带领工人赤卫队在攻打广州市公安局的战斗中中弹牺牲。

在抗日战争时期,中共广东省委派陈春霖来高明活动,从南京监狱出狱的谭天度回到家乡,他们与在家乡养病十年基本恢复健康的谭植棠接上联系,共同发动在明城一带成立"青年抗敌同志会"(200多人参加)和"妇女抗敌同志会"(300多人参加),开展抗日救亡活动。当时,妇抗会的总部就设在壕基村,壕基村参加妇抗会的有谭德、谭秀华、谭秀磐、谭婵娥、谭志英、谭秀容、谭秩环、谭秩其、杨七香、谭璇玑、谭间芝等十多人,谭德被选为会长。壕基村参加青抗会的也有八个人。青抗、妇抗组织的会员们到各村进行抗日救亡宣传,并且进行抗日募捐活动。村中的妇女、青年五六十人积极参加了下乡宣传和抗日募捐。其中谭植棠家族的"裕丰号"(酒米店)的子侄就有谭秀华、谭秀磐、谭汉杰、谭婵娥、谭拔堂、谭慕堂、谭秀容、谭秀娟、何琼珍九人积极参加抗日救亡活动。在抗战时期,壕基村有谭秀华、谭璇玑、谭德、谢如深(一个外村富家女逃婚来到壕基村居住)、谭志英、何琼珍等人参加了中国共产党。谢如深后来成长为一个出色的女武工队长。1938年秋,广州沦陷后,日军占领南海九江一带,许多难民逃来高明,聚集在大幕村附近。当时,大幕村组织了抗日自卫大队,难民和抗日队伍都急需粮食,谭植棠知道后,从家里拿来他家在大幕村粮仓的大门钥匙,把里面的两万多斤稻谷分给抗日武装队伍和聚集的难民,帮助大家渡过了难关。1939年秋,国民党当局阻挠妇抗、青抗开展活动,党组织决定将一部分露面较多处境较危险的骨干转移到陈汝棠领导的广东省护干班

（后改称救济总队），谭知平、谭德、谢如深、谭颖君、谭秀娟等就去了省救济总队。1941年，谭植棠出资在新兴捻村开了一家米铺，表面上做生意，实际上是我党的一个地下联络站。谭植棠的女儿谭志英表面上在做生意，实际上当了联络站站长。1944年10月，中共高明组织发动了一场轰轰烈烈的倒钟运动，实际上是一场反对国民党反动统治的农民起义，带着各种武器参加倒钟斗争的有3000多人，加上沿途加入的群众，共一万多人。这支队伍进入明城时，谭植棠从裕丰号送出3000斤大米给倒钟队伍做口粮，群众为倒钟部队送茶送水送食品。1944年冬，谭植棠出面以谭氏联宗会的名义购买枪支弹药提供给高明抗日游击队第三大队，壕基村谭慕棠、谭健等协助谭植棠开展这项工作。这消息不知怎样被国民党县政府知道了，一天晚上，国民党保安团和警察100多人包围了壕基村，要逮捕谭植棠。在壕基村甲长的掩护下，谭植棠化妆逃离了壕基村，辗转到了谭天度所在的东江解放区。国民党抓不到谭植棠，便到壕基村的革命干部和积极分子谭慕棠、谭汉杰、谭拔棠、谭秀华的家中进行搜捕，但却扑了空，因为他们都已经离开壕基村。最后国民党把该村树棠、慕棠、秀容、秀娴、秀冰、琼珍、连喜七人绑走并进行了抄家，还将何琼珍的家门贴上了封条。他们七人被关在牢中过了一夜，第二天被国民党县政府派人进行审问，追问秀华、谭德、秀磬、汉杰等人的去向，他们都说不知道，国民党不了解底细，又没有证据，最后在保长甲长的担保下在第二天黄昏把七人放了出来。之后，谭汉杰参加了广东人民抗日游击队第三大队，当了黄仕聪大队长的副官，与黄仕聪等一道转战粤中各县乡村和山岭。1944年冬，第三大队改编为广东人民抗日解放军第三团，在皂幕山根据地连续与围剿他们的国民党军打了几仗，部队最后在龙潭坑附近被打散，谭汉杰与中共高明县特派员冯华一道从小道上出来寻找组织，不幸在开平

第二章 大革命时期高明籍的风云人物和高明农民运动

月山被国民党军队抓住，被关押了20多天，有人指认谭汉杰是抗日解放军第三团长黄仕聪的副官，于是敌人决定要杀害他。一天晚上，他被押到树林中用刀行刑时，他奋力挣脱滚到山底，只是受了一下刀伤。他第二天爬出山坡，到了一个小山村，拍开一个农户的家门，被好心的农户救了性命，他在这位农户中住了十多天，养好伤，之后辗转找到了党组织和部队。

在解放战争时期，壕基村的革命儿女为建立新中国而努力奋斗。谭植棠在东江解放区工作两年后转移到香港，与连贯、谭天度一起从事上层统战工作；谭汉杰和谢玉婵等奉命北撤山东，参加全国解放战争；谭秀华、谭秀磐、谭志英、谭知平、谭拔棠、谭秀冰等在家乡的身份已暴露，组织上安排他们转移到香港。谭秀华当上港九工人子弟学校的训育主任，配合开展地下工运，学生家长都是工人，能配合要求参加工运。但是不久谭秀华的身份暴露了，组织立即通知他秘密离开香港返回内地的部队工作。谭拔棠由组织安排在长洲渔业共进社工作，与其他同志一道，搞好渔民的团结，开展生活互助，组织成立渔业协会、合作社等，为渔民谋福利。为了保证渔民利益，他们与资本家斗争，并曾组织了罢工斗争取得了胜利。1948年夏，他们六人回到东江，重返部队。谭慕棠1946年也到了香港，先在一家建筑公司当雇工，后在高明驻港同乡会任常务理事兼总务主任，协助中共组织做统战工作，争取香港同乡捐资回内地支持解放战争。谭秀容于1947年1月接到时任香港劳工子弟学校党支部书记的谭秀磐以及时任该校训育主任的谭秀华的通知，也从内地到了香港，被安排在港九工联妇女纺织工会任财务和宣传部长。谭慕棠在香港期间，参加了谭天度、谭植棠、阮贞元、程兆芳等同志领导的工会、社团、同乡会的宣传、发动募捐等的活动，并组织青年们开办了一个读书会，学习马克思主义、社会主义思想。1949年初，这个读书会不少青年回内地参加了解放战争。1949年2月，壕基村的谭慕棠、谭志英、谭秀容都先后回到内地解放区工作。其中谭慕棠回到粤中纵队担任了更楼区人民政府的协理员。有一天，他接到情报站通知，说有大批国民党军队前来更楼扫荡。他立即飞报中共县工委，使我部队及时转移，避免了损失。谭慕棠与情报人员陆地留下来监视和侦察敌情，他出色的工作受到县工委的表扬。

1949年6月22日，新高鹤妇女工作会议在高明合水召开，表彰了更楼、合水的妇女组织，成立新高鹤妇女工作研究会，选举谭秀华担任主席。会后高明各乡都成立了妇女联合会。谭秀冰在家乡明城中学读完初中就奔赴根据地参加了中国人民解放军粤中纵队，担任了司令部电台的工作人员。

1949年10月18日，明城解放，南下大军到了明城。为了迎接解放军进城，壕基村裕丰号工人们日夜开工舂米，供应给南下大军口粮。共产党员何琼珍动员壕基村几十名妇女回家烧茶水，在谭秀华母亲等的带动下，全体妇女在村前100多米的大路边摆设了二十多个茶水档慰问解放军；解放军进城后急需棉被，何琼珍带领村中妇女一起行动，用几天时间手工缝制了30多张棉被送到解放军部队去。12月，高明县人民政府表彰了壕基村为革命斗争作出贡献的有功人员及其家庭，谭植棠、谭秀华、谭秀磬、谭汉杰、谭拔棠、谭慕棠、谭毅夫、谭权等家庭榜上有名，人民政府分别向他们送来了"光荣干属""光荣军属""光荣军干属""光荣烈属"等牌匾，还有粮食、猪肉等物质奖励。

第五节 在第一次国内革命战争中牺牲的高明籍革命烈士

在第一次国内革命战争中,不少高明儿女参加工人运动、农民运动、妇女运动、学生运动和革命战争;大革命因为以蒋介石为首的国民党右派背叛而失败后,更有不少高明籍的革命志士参加了由共产党领导的广州起义,一批高明籍的志士仁人为革命献出了宝贵的生命,他们的革命精神和革命事迹为后人所景仰传颂,其中具有代表性的有仇宝南、杜祥、区显荣、谭权、阮光、谭毅夫、曾国钧、黎汝高等革命烈士。①

仇宝南(1899—1925),是高明区荷城街道王臣村人。1920年在广州大新公司当店员,1924年投身于工人运动,同年加入中国共产党,任大新公司店员工会主席。1925年参加省港大罢工,担任由罢工委员会直接领导的工人武装纠察队大队长,坚决执行罢工委员会的行动计划和各项决议,1925年底被反动派杀害。

杜祥(1899—1927),高明区杨和镇大楠村人。早年在香港洁净局做工。1925年6月省港大罢工爆发后,杜祥离港返穗,参加了工人武装纠察队,担任小队长,奉命带队到顺德大良截查私通英国的走私船艇,缉拿奸商。1927年9月20日与奸商的走私武装发生激战,战斗中杜祥不幸身中七弹而牺牲。

---

① 革命烈士名录出自1993年《高明县志》,是由广东省民政厅上报国家民政部批准。

区显荣（1899—1927），高明区荷城街道阮埇村人。早年到广州务工。1925年参加省港大罢工，任工人武装纠察队小队长。1927年12月11日参加中共领导的广州起义，起义失败后在转移海陆丰的途中不幸牺牲。

谭权（1908—1927），高明区明城镇壕基村人，从小到广州做工。1925年6月参加省港大罢工，之后投身工人运动。1927年12月11日参加中共领导的广州起义，担任工人赤卫队小队长，在攻打广州公安局的战斗中不幸牺牲。

阮光（1908—1927），高明区更合镇蛇塘村人。1925年初参加家乡的农民运动，是高明第一个农民协会——合水蛇塘农民协会的负责人；同年6月，蛇塘村农协会建立了农民自卫军，阮光任队长。1927年5月，国民党右派高明县长胡以兰派出警队联合反动民团突袭高明三区农民协会拘捕了农协会主任阮贞元。三区农军负责人立即通知各村农军紧急集合截击营救，在古城附近山岗上与警队发生激烈战斗，救出了阮贞元，但阮光在战斗中不幸中弹牺牲。

谭毅夫（1904—1928），高明区明城镇壕基村人。1922年入广东高师附中读书，次年参加中国社会主义青年团，1924年底转为中共党员。1925年后从事工运，先后被组织派遣组建广州钢铁工会和担任石井兵工厂训育员，1926年底被选为中共广东区委工运委员，并担任广州手车夫工会党团书记。1927年4月15日，反动军警搜捕共产党人，谭毅夫立即到处通知同志转移，他自己则回住处烧毁党的秘密文件，正要撤离时被反动军警包围，他不幸被捕，在狱中坚贞不屈。11月28日，他响应广州起义，秘密组织狱中暴动，起义失败，谭毅夫被奸细告密，身份暴露而被逮捕，1928年2月11日被国民党反动派杀害。

曾国钧（1895—1928），高明区更合镇泽河村人，1914年考进广州土木工程学校半工半读。1921年参加工运，1923年加入中国共产党，先后担任中共广东区委工运委员、广州土木建筑工会联合会党团书记和工会秘书长、广州新闻记者联合会执行委员、广州《民国日报》和《工人之路》编辑。1927年12月他参加了广州起义，任第四联队第一大队长，率队攻入广州市公安局太平分局。起义失败后奉命转移香港。1928年1月，省委派曾国钧回广州恢复党的组织。他冒着生命危险恢复建立了党的联络站。当月31日，由于叛徒出卖，他在外出工作回住处时，被敌人包围逮捕，敌人把他押至红花岗（今名"黄花岗"）附近，随即把他杀害。

黎汝高（1906—1928），高明区更合镇布社新村人。1922年到广州做工，同年由谭植棠介绍进入广州农讲所学习，认识了农民运动领袖彭湃并随彭湃到海陆丰和西江地区考察农民运动。1925年6月参加省港大罢工示威游行，目睹了帝国主义制造的沙基惨案。同年加入中国共产党。是年冬，与李家球一道回到高明，协助冯从龙、阮贞元开展农民运动。1926年5月出席广东省第二次农代会，被选为省农民协会委员。1927年12月，黎汝高联络高明的冯从龙、陈权等党员带队伍赴广州参加中共发动的广州起义，因力量悬殊而失败，黎汝高隐匿于广州河南大涌口钟秀乡等地，继续联络失散的同志进行活动。1928年1月25日被国民党反动军警逮捕，27日被杀害于广州东郊。

第三章

党领导高明人民创立革命根据地

第一节 陈汝棠回乡创立高明三小革命据点

陈汝棠 1919 年到上海孙中山身边后，收到谭平山的来信（因当年谭平山往北大读书前见过陈汝棠，两人约定今后若发现什么"新大陆"、新事物要互相通知），说"新大陆"发现了，请他找《新青年》认真阅读。后来又收到谭植棠寄来的《新潮》《政衡》等杂志，当他阅读后，不但接受了"科学与民主"的口号，同时对"马克思主义""苏俄""共产党""社会主义"等新事物产生了向往。有一天，他抽空到《新青年》杂志社想要拜访陈独秀，陈不在，一个身材高大的广西籍年轻人陈勉恕接待了他。陈勉恕是北师大的毕业生，一个月后就要回广西教书，现在协助《新青年》做编辑工作。陈勉恕告诉他，《新青年》将成为上海共产主义小组的机关刊物。由于两人都与孙中山熟悉，又志趣相投，所以一见如故，交谈十分投契，互相的观点也很契合。之后，在陈勉恕离开以前，陈汝棠又来了几次，他们之间越谈越感到相见恨晚，有说不完的话题，都向往共产党和社会主义。从此，陈汝棠与陈勉恕成为生死之交。后来，陈勉恕在国共合作期间加入了中国共产党，也成为陈汝棠与中共组织之间建立紧密关系的主要联系人。中共三大后，陈勉恕以个人身份加入了国民党，并代表广西国民党组织出席了国民党一大。之后，国共合作推动大革命进入高潮。

陈汝棠随孙中山回广东后，由于他对共产党态度亲近，孙中山逝世后便不被国民党右派当权者重用。陈汝棠对右派当局心有芥蒂,主动到香港避了一段时间。之后,1926年初,时任广东国民政府主席和国民革命军第四军军长的李济深出面担保,让陈汝棠出任广东大学医学教授。同年秋,又任命他为国民革命军第四军军医处长,兼任广东地方武装团体训练养成所医务主任。陈汝棠上任后,主动找到陈勉恕征求如何开展工作的意见,陈勉恕建议他一方面做好工作,为北伐战争做准备;另一方面利用自己的身份和影响力,招收思想进步、同情共产党的进步青年,加入地方武装训练养成所学习,为今后革命事业培养武装骨干。于是陈汝棠根据中共党组织的要求,吸收各地农运骨干和进步青年60多人参加了地方武装训练养成所的培训。这批人大部分成为后来中国共产党领导的广州起义的武装骨干。

1927年广州"四一五"反革命政变发生后,陈汝棠以自己的个人关系,第二天把共产党员陈勉恕、曾国钧(高明人)转移到香港隐蔽起来。陈汝棠也看到,国民党当局靠不住,只有共产党是可靠的,自己可以利用合法身份,为革命、为共产党做有益的事。1927年12月11日,共产党人发动和领导了广州起义,一度占领广州并成立广州工农民主政府,但是在强敌的反攻下,起义失败了。之后白色恐怖笼罩广州,中共南方组织遭到极大破坏,陈汝棠与在香港建立了党的联络机构的陈勉恕保持联系,他相信共产党领导的事业一定有光明的前途。在白色恐怖中,陈勉恕对陈汝棠说:"现在,共产党转入地下,你不宜在广州搞公开的活动。你的家乡高明合水,群众基础好,大革命初期就有中共党员活动,农民运动也开展得很好,人民对民主革命和共产党有感情,你可以把握时机,回家乡办学校,培养革命骨干,使之成为党的工作支点,也可成为革命根据地,逐步推开工作面。"陈汝棠觉得很有道理,便表示:"我一定按照共产党的这个意图办事,尽快在合水建立一所完全小学，并使之成为中共的工作阵地。"

1928年，陈汝棠的结拜兄弟陈济棠担任了国民革命军第四军军长兼西区绥靖委员、广东编遣特派员、讨逆军第八路军总指挥等职务，他知道陈汝棠已经不再担任缉私局长，便通过省政府调任陈汝棠为西北绥靖区西江治安督导专员兼高明县地方警卫队编练专员。陈汝棠立即带领在地方武装训练养成所受过训练的进步青年陈汝芳、陈学新、黄懋中等人到西江、肇庆等地整顿社会治安，并亲自回到家乡合水、更楼建立警卫队，建立革命工作点，推进地方自治。他们以强有力的工作态势惩处了一批土匪头目，大快人心，得到地方广大民众拥护，也震慑了土豪劣绅。原合水民团局长廖湘洲是个有名的恶霸，曾扬言"老夫一息尚存誓与'共匪'周旋到底"。陈汝棠强势介入合水治安，坚决接收了这个民团局，任命陈汝芳为高明三区编练专员，陈学新为警备队骨干，任用共产党员陈权等与陈汝芳配合在合水圩筹建高明县立第三小学，作为革命工作据点。

筹建高明三小可谓历尽艰辛。首先，陈汝芳、陈权利用陈汝棠的崇高威望，把办校宗旨、校址、资金筹措方案、建校筹备机构组成人员呈报县政府并获得了批准。其次，发动乡绅及圩镇的头面人物关心支持，进而发动乡亲街坊关心支持，成立有影响力的建校筹委会。第三是运用铁的手腕强势接收原民团局霸占的公地作为新办高明三小的用地。廖湘洲跳出来反对，并向法院起诉，但理据不足，且办学得到县政府批准和得到群众支持，故法院不予立案，粉碎了廖湘洲的破坏意图。当时三小要将后面一块空地用作操场，但廖湘洲出来阻挠，说地是他的，但又拿不出证据，建校筹委会通过努力争取了广大乡绅和群众的支持，成功将这块空地收作学校操场。第四是多方筹集建校资金。陈汝棠带头把一笔积蓄捐出来作为建校经费；高明三小开办后，他每月从自己的工资中拿出100多元捐给高明三小作为办学经费。同时，建校筹委会发动本地外出香港、广州、海外的亲友捐资，在乡间也规定捐资者子女入学可以得到优惠。高明三小办起来后，为了稳定发展，陈汝棠兼任校长达八年之久，聘请了共产党员陈权、阮贞元及国民党左派人士陈此生、进步青年陈汝芳、黎耀墀等革命进步人士担任教师。后来，陈汝棠又介绍因参加广州起义被国民党右派逮捕而由他担保出狱的革命知识分子曾统、杨锦虹等前来高明三小任教。这就使高明三小成为共产党员和革命进步人士聚集的地方。陈汝棠制定了高明三小的办校宗旨：进行新文化教育，自编反帝反封建教材，传授马克思主义、列宁主义和无产阶级、社会主义思想，宣传共产党在民主主义革命时期的方针政策。高明三小的毕业生除了部分升学外，大部分到本地农村小学任教，成了推动新思想新文化发展和宣传反帝反封建，宣传马克思主义、社会主义的传播者。

第二节 力社、高明三小党支部和中共西江特委

1930年,陈汝棠任海军总司令部军医处长兼广东燕塘军事政治学校医务处长,当时主政广东的正是陈汝棠的结拜兄弟陈济棠,陈济棠从孙中山的经历中受到启发,觉得要巩固统治地位必须抓军队,尤其要抓军校,于是组建燕塘军校。1931年陈汝棠被任命为燕塘军校的医务处长。他利用与陈济棠的关系,出面大量招收进步青年进入军校学习,为革命培养军事人才。这期间,他经手从高明招收了80多名先进青年进燕塘军校学习,其中不少是在高明三小受过较系统进步思想教育的毕业生。九一八事变后,陈汝棠感到中华民族处于生死存亡的关头,自己应为抗日救亡出一份力。于是他找到陈勉恕征求意见,经过研究,决定在高明三小的基础上组建进步团体"力社",培养革命骨干,直接为抗日输送有觉悟、懂军事的骨干人才。他们从高明三小毕业生中把那些没能升学又没有更好出路的先进青年挑选出十多人作为"力社"首批社员,陈汝棠又把在他身边工作的高明三小首届毕业生梁国权派回高明三小协助办"力社"。这个团体的经费主要由陈汝棠自己捐出或出面找人赞助筹集,实行半耕半读,劳动所得补充"力社"经费。"力社"还配备枪支弹药进行军训,这些武器主要是由陈汝棠出面找他的好友海军中将陈策提供的。

"力社"办起来后,白天生产、军训,还组织到各乡村进行抗日救亡宣传,晚上学习,由共产党员陈权、进步教师杨锦虹、

刘汉英等传授社会发展史、哲学、经济学、新文学等，还安排学习马克思主义、社会主义的思想，教唱国际歌等。1933年，"力社"有了进一步的发展，经常联合高明三小革命师生，在合水街头进行反帝反封建和抗日救亡宣传活动。为巩固高明三小，发展"力社"，陈汝棠利用陈济棠主政广东、提倡地方自治、民选区长的机会，大力推荐共产党员阮贞元、进步人士李子成、廖秀岩等参选。后来，阮贞元当选高明三区区长，李、廖当选副区长，廖还当选民团团长。他们当选后，宣布支持反帝反封建和抗日救亡宣传活动。

1934年夏，参加过广州起义的共产党员李守纯在陈汝棠的推荐下，受聘于高明三小，陈勉恕不久也从香港回到高明三小任教。在他们的直接指导下，"力社"更进一步明确了前进方向，联合高明三小师生成立"沧江剧社""乳虎醒狮团""轰轰体育团"等团体，到本县以及新兴、鹤山、高要等地各个乡村进行宣传活动，同时他们发展"力社"组织和开展抗日救亡活动。这段时间，他们先后在三县农村圩镇建立了80多个"力社"分社，"力社"社员发展到3200多人，成为一支有组织、政治方向明确的革命队伍，并形成一个横跨四个县一百多条村的革命活动基地。

1935年，抗日救亡活动随着民族危机的加深进一步深入开展，陈勉恕和李守纯认为恢复建立中共组织的时机已到，便在整顿"力社"组织、推动抗日救亡活动开展的基础上，着手党组织的恢复重建工作。他们首先恢复了陈权的中共组织关系，之后在"力社"的骨干和高明三小进步师生中培养和发展了黄仕聪、阮以义、阮海田、刘曼凡、廖举安等6人加入中共组织。1936年8月，中共高明县立三小支部成立，有党员9人。陈勉恕担任书记（后由李守纯接任），这使中断了九年的中共高明县组织得到了恢复。这是中共南方组织恢复时期粤中最早恢复重建的一个正式的地方党支部。党支部成为高明三小、"力社"的主心骨，在党支部的带领下，高明三小革命师生和"力社"社员的抗日救亡活动更加有声有色地开展起来。两个月后，中共南方组织决定以高明三小党支部为基础，成立中共西江工作委员会。

之后，由于反动分子的告密，国民党当局动用军队包围了高明三小和"力社"总部，企图逮捕陈勉恕和李守纯，但他们拿不出确实证据，未能得逞。之后，国民党反动派有意派来右派校长，同时派军警逮捕了5名革命师生，企图破坏高明三小和"力社"。高明三小党支部又及时带领革命师生以罢课、示威游行等形式开展了针锋相对的护校斗争，迫使反动当局释放被捕师生，同时撤换了反动校长。

1936年9月，中共中央北方局派特派员薛尚实来两广地区恢复和发展党组织，他到高明三小找到了陈勉恕和李守纯。陈勉恕向薛尚实汇报了这几年的工作情况，薛尚实对陈汝棠、高明三小、"力社"和高明三小党支部给予高度评价，并说早就听说过陈汝棠"不是共产党的共产党，是党外的布尔什维克"。他要求"现在要进一步发展你们开创的好局面，要以高明三小党支部为基础，成立中共西江工作特别委员会，继而全面恢复广东西江地区中共组织和工作"。陈勉恕在党支部会议上传达了薛尚实的指示，大家大受鼓舞，振奋精神，一扫往日心中找不到上级党组织的烦闷，他们的工作底气更足了。

根据薛尚实的安排，陈勉恕拟调回香港工作，中共西江特别委员会由刘曼凡担任书记，李守纯任高明三小党支部书记，阮海田担任组织委员，陈权担任宣传委员，黎进友担任妇女委员。薛尚实不愧是一个社会活动家和党的卓越组织领导者，这之后他只用了半年时间，不断进行联络活动，先后成立了中共广西省工作委员会、香港工作委员会、韩江工作委员会、大埔县委、广州市委和香港海员工作委员会。其中的中共广西省工作委员会，是由中共"南方临时工作委员会"派出李守纯到广西南宁，与几个虽然与上级党组织失去联系但仍然坚持活动的地方党组织取得联系后，11月在广西贵县召开党员代表大会，经过正式程序而建立起来的。

在中共西江工作特别委员会的指导下，高明二区五六条村的党组织陆续恢复了活动，吸收了一批进步人士加入中国共产党，成立了一批农村党支部。在这些党组织领导下，抗日救亡运动在高明逐渐开展起来并渐入高潮。

第三节 高明青抗、妇抗的抗日救亡活动

1927年4月,谭植棠辗转回乡后,家人用尽一切办法为他治病,他自己也以坚强的意志和毅力配合医生,吃药治疗和做适当运动,与病魔作斗争。就这样一晃就是十年,病体终于慢慢好转起来,可以说是从死亡线上挣扎着回来了。他平时在村里一有机会就向村民特别是青年人宣传革命道理,宣传共产党的主张。1937年卢沟桥事变后,日军发动了全面的侵华战争。共产党提出了国共合作共同抗日的主张,西安事变的和平解决,迫使蒋介石承认中国共产党的合法地位,同意两党合作抗日,就这样,在中国形成了以第二次国共合作为标志的抗日民族统一战线。

1937年9月的一天,谭植棠的家里来了一位久违的客人、朋友、亲密兄弟,他就是谭天度。原来谭天度自从"四一五"反革命政变离开广州后,辗转几个月到武汉寻找党组织,当他乘船到达上海时,竟然在上海街头遇见了陈延年,使他着实高兴了一阵子,但没过几天,陈延年就被国民党反动派逮捕并杀害了,这使谭天度极为悲痛。上海仍被白色恐怖所笼罩,谭天度没有停留太久,很快就离开上海,到了当时的党中央所在地武汉。他首先遇见了当年退出共产党,到美国留学后回国,投入国民党的怀抱,并受到重用的陈公博。陈公博专程找他谈话,劝他退出共产党加入国民党,与他一起共事,并答应安排他在国民政府担任职务。谭天度坚持道不同不相与谋,坚决谢绝了陈公博要求他退出共产

党加入国民党的邀请，找到了当时在武汉的同志，与谭平山、邓中夏等联系上后，便与他们一道共同研判时局，思考共产党的出路。当他知道中共准备举行南昌起义之后，立即决定寻找起义领导机构参加起义，于是他又辗转经九江到了南昌，参加了南昌起义，并在以谭平山为领导的国民党革命委员会政治部保卫处当秘书。在李立三的领导下，与李立三、郭沫若一起参加起义军保卫部工作。南昌起义失败后，谭天度与周恩来等领导人一起退到广东，之后搭乘一艘民船到了香港。此后，谭天度多次入狱。先是由党组织安排在一家进步的绿波书店当经理，被港英当局的军警查封而被捕入狱，在狱中被关了一年后，他被港英当局驱逐出香港；之后他到了上海，在中共江苏省委工作，两年后调到中华全国总工会搞宣传工作，不久被国民党反动派逮捕，1933年4月以"危害民国罪"被判了10年徒刑。他在南京军人监狱被关押了整整4年，受尽酷刑，得了不少疾病，正如他自己说的"几乎死于狱中，只剩半条人命"。第二次国共合作共同抗日的协议达成后，国民党同意释放政治犯，谭天度于1937年8月被释放出狱。出狱后，谭天度先到香港找到党组织，然后按照党组织的安排，经澳门回乡治病休养。

谭植棠与谭天度见面后，各道别情，两人都觉得宛如隔世，感慨不少，但很快就把话题集中到研究怎样为高明的抗日救亡运动尽自己的力量上来。是金子不管放到哪里都会发光，革命者，人生不管遇到多么的曲折，但一息尚存仍然不忘初心，仍然首先想到自己如何为革命做力所能及的工作。

他们商定，可以利用国共合作的机会，公开办青年和妇女抗敌同志会，开班讲课，宣传抗日救国的道理，开展抗日救亡活动。他们决定先在谭天度家里办起来再逐渐推广，谭植棠还提出要求恢复党籍，接上组织关系。谭天度认为谭植棠是党早年的高层人士，恢复党籍可能要经党中央批准，两人决定先投入工作再说。这时党组织派李守纯与谭天度联系，于是"两谭"就在党组织的指导下发展青年抗敌同志会和妇女抗敌同志会的组织和开展抗日救亡工作。谭天度首先把来他家中探病的乡亲一个一个发动起来并召集他们座谈抗日救国道理，然后这些人又到谭植棠所经营的裕丰号酒米铺进行座谈交流，主题都是抗日救国。这样越座谈越多人，一批来一批走，大家都接受他们所讲的道理，认为必须团结起来，组织起来，大家一起参加抗日救亡活动，才有声势和力量。在他们的发动下，经过一段时间的串联组织筹备，在国民党党部特派员陈汝芳（国民党左派，后加入共产党）的支持下，高明一区（明城）妇女抗敌同志会于1938年3月在明城圩成立，还召开了成立大会，300多名妇女参加了大会，并一起加入了这个组织。谭天度、阮贞元、谭八姑等中共党员到会并讲了话，选举谭德为主席，谭八姑等为委员，平时受谭植棠影响较深的壕基村10多名妇女率先加入了这个组织。妇抗在明城组织了少年抗日服务团，有团员500多人。他们到各村以贴标语、唱抗日歌曲等形式开展抗日救国宣传活动。

在他们的发动组织下，高明一区青年抗敌同志会也于1938年4月在明城圩成立。开始时有200多名会员，多为乡村小学教师和农村知识青年。成立大会上，谭天度、谭植棠、陈汝芳、梁中心等中共党员讲了话，通过了青年抗敌同志会的章程，选举谭知平为会长，选举出四名委员。在谭植棠教育影响下的壕基村青年10多人参加了该组织，其中裕丰号的子侄就有六七个人。稍后于同年5月，高明二区也成立了妇抗和青抗组织，其中二区妇抗开始时有300多人，二区青抗一开始也有200多人。至此，全县青抗妇抗的组织普遍建立起来，抗日救亡活动也能广泛开展，全县的抗日救国氛围日益浓厚，人民群众的抗日热潮逐渐调动起来。

这时，中共广东省委发出"党员学军事，开展抗日武装斗争"的指示，时任中共高明工委书记的李守纯在明城办了一个男女青年骨干的学习班，参加学习的有20多人，主要学习"抗日民族统一战线""抗日游击战""群众运动"等内容，谭植棠、谭天度和张迈前等授课。

高明一区的青抗妇抗组织由谭知平、谭德等主持工作，在谭天度、谭植棠的指导下，编写抗日救国宣传提纲，号召青年人要当抗日先锋，妇女也要在抗日中发挥应有作用。这个宣传提纲印发给每个会员，他们分组下乡到群众中宣传，宣传形式有口头演讲、歌咏、独幕话剧、贴标语等。谭天度和谭植棠还指导他们编辑油印《警钟》《号角》两份宣传小册子，逢圩日到圩镇上张贴，还分发到各村。他们还在各村利用小学、祠堂等场地开办夜校、识字班。受到宣传教育，群众的觉悟普遍得到提高，青抗妇抗在此基础上积极发动青年参军抗日。这个时期，高明一区有20多个村庄开办了夜校和识字班，并在各村发动了50多名青年参军抗日。青抗妇抗还用演戏等方式发动群众参与抗日募捐，9月，他们在谢家祠连续演了三晚戏，筹集了600多元资金，提供给高明抗日自卫团作经费。1938年广州沦陷时，高明青抗妇抗按照党的部署，与到达高明的广东抗先队130、131等广州青年抗先分队及旅澳青年回乡抗日服务队联合行动，编成四个分队，白天学习，晚上到各村开展丰富的宣传活动。他们坚持活动四个多月，走遍了一区和三区40多个村庄，所到之处人民群众敲锣打鼓欢迎，宣传活动收到很好的效果。高明的抗日救亡群众运动逐渐进入高潮，形成万众一心团结抗日的浓厚氛围。

第四节 中共高明县委的成立

1938年10月,日军飞机多次轰炸高明明城、三洲等地,还派60多艘铁甲鱼雷艇、摩托艇准备在富湾西江河堤登陆,遭到高明抗日自卫队和民众带武器埋伏在河堤抵抗,抗日自卫队用密集的子弹迫使想登陆的日军回到艇上掉头逃走。一股100多名的日军从南海九江过西江登陆到高明进入海口村烧杀抢掠,捉走了60多头生猪,还强奸了两名妇女,致使她俩投西江自尽。日军的滔天罪行更激起人民的抗日决心。1938年秋,谭植棠在农讲所时的学生陈春霖受中共广东中区组织的委派来到高明联络工作(他在大革命失败后被国民党逮捕入狱10年,国共合作抗日才得以释放出狱,他到过延安学习并工作了一年半)。谭植棠十分高兴,两人简单交谈了抗战的形势和大局,交流了各自现在的工作,谭植棠知道陈春霖现在的主要工作任务是联络党员和基层组织及抗日力量,准备扩大党的组织,建立中共高明县委,同时组织开展抗日武装斗争。陈春霖高度评价了谭植棠和谭天度开展妇抗和青抗工作的成效,当谭植棠了解到陈春霖开展工作经费紧缺时,立即从家中拿出20个银元交给陈春霖,作为他个人对党的活动经费的支持。

这年冬,就在壕基村,谭天度主持召开了有中共高明县工委负责人参加的抗日形势分析会,谭天度和谭植棠都认为日军可能进犯高明,大家要做好准备迎击日伪军,必要时把抗日武装队伍撤到更楼、大幕、版村一带山区开展抗日游击战。

1939年三四月间，中共中区特委书记罗范群到高明指导党的建设工作。他认为高明成立县的党委会条件已经成熟，于是由他牵头，经过周详准备，在合水小洞文选楼召开了全县党员代表大会，中区特委组织部部长陈春霖也到会指导，罗范群在会上传达了党中央六届六中全会精神，传达了毛泽东《论持久战》的抗日战争战略思想，代表们受到巨大鼓舞。出席这次党代会的代表有黄仕聪、李利、黎树泉、严权发、谭宝荃、陈革、李守纯等20多人，代表全县10个党支部（分别是合水洞心、水井、合水圩，更楼的屏山、平塘，明城的冲坑坪、大简，明城妇女，还有国民自卫军党支部等）共80多名党员。大会选举产生了中共高明县第一届委员会，李守纯任书记。会议决定进一步发展党员，发动群众，加强对青抗妇抗的领导，建立革命武装，加强党对统一战线的领导。

几个月来，日军飞机对明城、三洲、富湾、合水圩镇和十多条村庄进行轰炸，死伤多人，炸毁民房数十间。党领导的人民抗日活动更加高涨，青抗妇抗和民众救国运动更普及开展起来。中共高明县委派出人员打入县国民抗日武装大队，成立党支部，掌握了武装力量。中共高明县的组织进一步得到发展。这一年，高明县委分设了3个区党委：明城区委，书记谭德，委员谭秉国、李参；更楼区委，书记黄仕聪，委员叶衍基、梁板；合水区委，书记谭宝荃，委员黎树泉、陈汝箐。1939年4月后，中共高明县委一直坚持活动，党的组织比较健全，即使在国民党反动当局对党的活动和工农运动加强镇压的白色恐怖环境下，中共高明县党组织虽转入地下，但也没有停止活动，至新中国成立。自李守纯后，先后在高明担任过中共县委书记的有李冲、龙世雄、黄文康、郑桥（特派员）、陈春霖、冯华（特派员）、梁卫华（特派员）、李法（边工委）、温流（边工委）、郑靖华（工委）、李牧（边工委）、郑靖华（工委）。中共高明县组织没有中断过活动，带领人民群众根据各个时期的形势和任务，及时提出不同的方针政策，把高明的抗日救国运动和人民民主革命运动不断向前推进。

第五节 高明人民"倒钟运动"的胜利

1943年,高明地区普遍发生了大旱,农作物严重减产。中共高明县委在全县发出"二五减租"号召,更楼、合水多个村庄的农民纷纷起来响应,各村的党组织主动组织领导,全县掀起了一场声势浩大的减租运动,广大农民在减租运动中得到了实惠。根据抗日武装斗争的需要,中共高明县组织指导各地建立共产党领导的农民抗日武装自卫队。1944年秋,更楼地区的平塘、屏山,合水地区的瑶村、水井洞、布社等村庄先后成立了由共产党领导的抗日武装自卫队,并设常备队,准备开展抗日武装斗争。

1944年9月初,日军进犯鹤山,逼近高明。国民党高明县长钟岐"没日喊抗日,有日就匿密,终日枪头屹屹,到处欺人欺物"。他为了躲避日军,强征民船18艘,满载官员、家眷、财物、武器和文件档案,连夜沿高明河上游向合水西部的老香山方向逃匿。船到合水瑶村村前河面时搁浅,钟岐令人把枪支、文件、档案等物品搬进瑶村的房屋,令该村保甲长协同他留下的几名兵丁保管。自己领着家眷和随从、武装人员逃到老香山躲避去了。瑶村的抗日武装自卫队为使这批物资不落入日军手中,便将存放于该村的50多支步枪和一批子弹收管,并烧毁了壮丁册、田粮册和其他文件档案。与此同时,小洞武装自卫队也收管了县政府藏在黎碧塘村的20多件武器,而县政府设于蛇塘、平塘、泽河、朗锦、歌乐的粮仓被当地群众全部打开,把粮食分发给缺粮的农民渡荒。

9月11日,日军分两路入侵高明。其中一路从鹤山古劳登陆,经南海西岸进犯杨梅,进占明城;另一路次日从开平水口镇经鹤山合成入侵高明,沿田村、巨塘进占合水。日军经过田村时,遭到常安乡和水井洞抗日自卫队伏击,自卫队伏击之后立即撤离。日军所到之处,烧杀抢掠,强奸妇女,并强拉民夫数百人。9月12日,日军在富湾大顶岗登陆,并盘踞大顶岗7个多月,其间到附近村庄强拉民夫修筑炮台,抢掠粮食、财物,强奸妇女,当地人民惨遭蹂躏。

日军对高明过境式入侵后很快就撤离,国民党顽固派县长钟岐从老香山返回明城,宣布"收复"明城并召开"庆祝光复"大会。之后立即下令"清乡","捉拿奸匪",派县自卫大队一个中队到合水瑶村,以缉拿"奸匪"为名进行敲诈,声称失物价值800万元,限期瑶村如数赔偿,否则,男女老少都要问罪。同时,钟岐也压迫平塘等村如数赔偿粮仓失去的稻谷,并拘捕群众数人作抵押。中共高明县组织抓住这一"官逼民反"的时机,因势利导,发动群众开展反对钟岐的斗争。首先派出黄仕聪、黄之锦、叶衍基、陈厉生等人多次深入平塘、小洞、瑶村、泽河等村庄揭露钟岐的罪恶阴谋,并指出只有组织起来,拿起武器开展斗争,打倒钟岐,才有生路。接着,党组织在小洞文选楼召开上述四村乡绅座谈会,决议四村联防,不管钟岐来打哪条村,其他三村立即前往救援。

9月30日,钟岐又派国民兵团副团长潘继茏率一个中队和江防队(水雷队)第三中队坐镇合水进行"清乡""清匪",准备"围剿"瑶村、平塘等村庄。

10月16日,中共党员黄之锦、黄仕聪、陈厉生等人在更楼圩永栈米铺主持召开了有各阶层代表参加的商讨"倒钟"具体部署的会议,会议决议成立"高明县二区联防委员会"(实际上是"倒钟"委员会),推选12名委员,曾襄廷为委员会主席,曾日如任联防总队长,黄仕聪担任副总队长。

10月17日,由中共粤中区副特派员郑锦波主持,在合水水井沙庭庙召开合水地区中共党员和积极分子会议,布置"倒钟运动"相关事宜。第二天,全县各地张贴出声讨钟岐"十大罪状"的檄文。10月21日清晨,西江江防大队合水第三中队的30多名官兵,在中队长沈鸿光以及劳光的指挥下,逮捕了国民兵团副团长潘继莞和县自卫大队大队长兼稽侦处主任姚某以及区长钟振东,并当即将姚、钟处决,之后携带机关炮1门、机枪2挺、长短枪数10支,宣布就地起义。当天下午,中共派黄之锦、梁佐明与沈、劳联系,晚上,中共粤中副特派员郑锦波前往沙帽岗会见沈鸿光,沈表示愿意在中共领导下抗日。次日,沈鸿光率领部众按照党的安排转移到合水小洞。这支原国民党武装部队的起义,增强了高明中共组织领导的武装力量。

10月23日,由中共党员罗敏聪等率领的精干武装力量于凌晨5时分别袭击更楼、新圩警察所,全歼警察及税丁100多名,缴获长短枪近百支,为攻打明城、打倒钟岐扫清了障碍。当日下午,3000多名武装农民及沈鸿光部一个全副武装的中队,集中在新圩待命。晚上,各乡领队在太源当铺通宵研究攻打明城的作战部署,一致推举黄仕聪担任"倒钟"武装起义的总指挥。

10月24日破晓时分,倒钟队伍分四路向县城进军。在中共明城组织的配合下,很快就攻破了县守兵的前沿阵地。谭植棠还从裕丰号酒米铺拿出3000多斤大米慰劳"倒钟"义军。钟岐见势不妙,率领身边部分兵丁退出县城,在谭边村负隅顽抗。后向高要逃离。"倒钟"队伍攻占县政府,烧毁壮丁册和田赋籍册,打开监狱,救出被关押的抗日义士和无辜群众50多人。下午5

时，在文昌塔下会师。

倒钟斗争的胜利，高明许多革命老区村都作出了很大的贡献，例如革命老区村瑶村的抗日壮丁队就很值得特别介绍。

瑶村位于县境西部山区，东距高明荷城中心城区 37 千米，东北距合水圩 4 千米。有 198 户，827 人。村民向来过着耕樵生活。抗战时期，由于国民党当局实行假抗日真反共政策，发国难财，苛捐杂税多如牛毛，加上日机经常轰炸，驻南海九江的日军对高明时有袭扰，人民生活在水深火热之中。1944 年 8 月，日军过境高明，反动县长钟岐弃城西逃，带着家属和随行人员的船队经过瑶村河段时搁浅，便把一些随行物品在瑶村卸下。这些物品计有步枪 65 支，子弹 3500 发，手榴弹 15 箱，刺刀 50 把，棉衣 100 件，还有壮丁籍册、田赋籍册等。当晚瑶村的共产党员和村中进步村民陈良柏、熊水、苏鹤年、黄家荣等召集村民开大会，300 多人到会，决定了三件事：一是成立瑶村抗日壮丁队，选出熊水为大队长，苏北带、熊芬妹为副大队长，陈良柏、黄家荣为参谋，陈海棠为军事教官，苏鹤年为军需。二是筹划抗日壮丁队的军需款项，各姓氏公尝每年提取 25% 租谷，自耕田每亩每年缴稻谷 5 斤，佃耕田每亩每年交稻谷 3 斤，耕牛每年每头交稻谷 10 斤，每个男丁每年交稻谷 3 斤。三是处理国民党县府留下的物资，把档案文件、壮丁册、田赋册全部烧毁，其他武器物资由壮丁队点收。当时，壮丁队在瑶村的后山搜出国民党留下的兵役科长和五名县府职员。深夜时分，壮丁队放走了 5 名县府职员，而把平时作威作福，专拉壮丁中饱私囊的兵役科长押去黄沙坪石骨咀处决了。9 月 5 日，瑶村壮丁队召开全体人员会议，决定大队部设在黄家祠，分编为 25 个班，每个班 5 个人，设流动岗哨两个，加固各条路口闸门，准备石块松木、簕竹等防御物资以备抗敌。日军过境后，钟岐回到明城，知道瑶村人民收管了他的物资，非常恼火，欲派兵血洗瑶村，但顾忌瑶村有强大的壮丁队，且与平塘小洞等村有互相支援的默契，故不敢轻举妄动。最后派人来瑶村，说要赔偿800万元才能免除灾祸。当晚，壮丁大队长熊水召开全体村民大会，会上人人痛骂贪官污吏，表示坚决不赔偿，要同他们拼到底！会议决定：一是联络更合附近村乡做好联防御敌准备；二是加强岗哨，日夜巡逻；三是抗日壮丁队每天下午集中练兵备战。之后，钟岐又派人来过几次，说可以分多次交款赔偿。瑶村人民此时生活都十分贫困，那来款项赔偿？表示"宁愿灶头生草，也绝不会赔偿一分一毫！"表示了瑶村人民与国民党顽固派抗争到底的决心。中共高明组织坚决支持人民群众，决定发动一场倒钟运动。1944年10月23日，高明人民武装倒钟运动爆发了！瑶村抗日壮丁队由大队长熊水、副大队长苏北带、熊芬妹率领，136名队员各携带武装，雄赳赳气昂昂步行到达新圩向倒钟指挥部报到。瑶村抗日壮丁队编成3个排，编入高明倒钟武装大队第一路部队。他们沿着新圩公路向明城进发。到了明城边，前面已有部队与守敌开火，攻城部队的哨子声、铜锣声、喊杀声汇集成一片。熊水一马当先，带领壮丁队进攻。30多支步枪和几十个手榴弹对准国民党军的阵地猛烈开火，把敌人机枪打哑，国民党兵纷纷后退。钟岐吓得带着家眷和一些随身卫兵逃跑了，倒钟斗争的几路大军在明城文昌塔下胜利会师！

"倒钟运动"的胜利震动全省，这是国民党顽固派掀起反共高潮以来，中共高明组织领导人民进行反抗国民党顽固派的武装斗争的一个重要战果。这支经受"倒钟运动"锻炼的人民武装，后来成为高明人民抗日游击队第三大队和后来的广东人民抗日解放军第三团的基础队伍。"倒钟运动"的成功，迫使广东省国民党政府不得不宣布撤销了钟岐的县长职务。至此，高明的"倒钟"斗争取得了完满的胜利。

第六节 高明抗日根据地军民艰苦卓绝斗敌顽

"倒钟运动"的胜利大大鼓舞了高明人民拿起武器与日寇及国民党顽固派斗争的勇气。1944年11月10日,高明人民抗日游击队第三大队宣布成立,黄仕聪担任大队长,郑锦波担任政治委员。沈鸿光担任副大队长,劳光担任参谋长。这支部队的基础,是参加"倒钟"斗争取得胜利的农民起义队伍中的骨干力量,这是在中国共产党领导下的一支抗日人民武装。这支武装部队开始时由140人组成,配备机关炮1门、机枪2挺,步枪60多支。第三大队下设"长江""黄河"两个中队。第三大队成立后向全社会发布《建立抗日游击武装,建设自由幸福的新高明》的公告。人民群众欢欣鼓舞,敌伪闻之胆寒。

同月,党领导的广东人民抗日游击队中区纵队主力400多人,在林锵云、罗范群、谢立全、谢斌、刘田夫等领导人的率领下从五桂山挺进中区,会合新会、鹤山的人民抗日游击队第二大队和高明人民抗日游击队第三大队一起成立中共中区总队,之后发展为广东人民抗日解放军总队。其中高明人民抗日游击队第三大队后扩编为广东人民抗日解放军第三团。中共中区抗日武装总队建立了以皂幕山为中心的革命根据地。国民党顽固派对广东人民抗日武装总队的建立和高明抗日革命根据地的建立极为仇视,他们恨不得立即将人民武装力量扑灭,将共产党领导的革命根据地摧毁。于是,国民党当局不断纠集反动武装向共产党抗日武装和抗日革命根据地发动进攻。

11月中旬，国民党反动当局乘高明人民抗日游击队第三大队刚建立，便派高要县自卫大队廖强部300多人到高明合水进行"围剿"，企图消灭共产党游击大队。三大队侦知敌情后，立即部署进行反击，他们在沙帽岗与塘花村之间的山岗上对来犯之敌进行阻击，打死打伤多人，廖部受挫后，退回高要东叩村驻防。三大队乘胜连夜突袭其驻地，歼灭廖部前哨班，俘敌8名，缴获步枪8支，迫使廖部向高要白土方向逃窜。

12月22日，广东人民抗日武装中共中区总队政治部在合水小洞军屯梁家祠召开高明二区军民代表大会，出席大会的有各阶层代表200多人，选举产生了高明二区抗日民主政权——高明二区人民行政委员会，选举阮贞元担任主席（区长），陈权担任副主席（副区长）。会议通过了"抗日、团结、民主和进步"的施政纲领、区行政委员会章程以及领导人民发展生产等决议。高明二区人民行政委员会成立后，所管辖村庄普遍建立了村级民主政权（称村委会）和民兵组织。在村委会的领导下，带领农民反对"硬租""铁板租"，实行按收成议租或"二五减租"。

这时，高明县长陈斗宿慑于人民武装力量的不断壮大，便派出县国民自卫团的负责人谭瑞初为代表，到游击队根据地平塘村的同善书房与共产党代表郑锦波谈判，双方达成口头协议，实行划地而治：以新圩为界，新圩以上（更楼合水等地）归共产党管治，新圩以下归国民党管治。

但是国民党顽固派不甘心失败，灭我之心不死，口头协议刚达成没几天，陈斗宿就推翻协议，于12月30日，纠集国民党六十四军一五八师、县国民兵团及鹤山县何柏森部、高要自卫大队廖强部共2000多人，进犯瑶村、小洞、平塘等革命根据地。这些村的自卫队登山抗击，掩护群众撤离村庄。人民抗日游击队第三大队避敌之锐气，主动转移至千岁、蛟塘等村庄。国民党军队的这次进犯犯下滔天罪行，小洞村被烧毁的房屋300多间，被抢、杀的耕牛26头，抢走的大小生猪300多头，被打死烧死的民众4人，被轮奸致死的妇女1人；瑶村被打死和烧死的4人，被抢走的稻谷300多吨、耕牛36头、生猪50多头。

1945年1月1日，国民党一五八师四七三团以及地方部队共1000多人，分四路围攻我抗日游击队千岁村等驻地，游击队一、三两个大队在癫狗山与来犯之敌进行了激烈战斗，我游击队击溃了来犯之敌，这就是抗日战争时期发生在高明的一场较为激烈的"癫狗山战斗"。

1月5日，国民党一五八师四七三团团长黄导尊率部100多人，经合水开往新兴。人民抗日游击队闻讯，即派一大队和三大队共400多人，由大洞移师合水布社村埋伏阻击，结果大获全胜，活捉敌团长黄导尊。

1945年1月上旬，广东人民抗日游击队第三大队约300人，乘夜色从更楼千岁村、云良村出发奔袭明城，驻守县城的保警队顽抗了30多分钟，便向城北一带逃命。游击队进城后，打开粮仓赈济贫困老百姓，同时打开监狱救出50多名被监禁的游击队员和无辜百姓。

1月10日，广东人民抗日解放军总队通电成立，并于29日在鹤山宅梧召开成立大会。司令员是梁鸿钧，副司令兼参谋长是谢立全，下辖三个团。高明人民抗日游击队第三大队改编为广东人民抗日解放军第三团，团长黄仕聪，政委郑锦波，副团长沈鸿光，参谋长劳光。第三团主要活动区域是高明、高要南部、新兴东部、鹤山宅梧一带。

1月上旬，国民党省保安队第八团陈座部突然洗劫合水巨泉村，强行拉去青年20多人当民夫。1月14日，国民党一五八师四七三团要报前几天在布社村被伏击惨败之仇，对布社村连续7天进行报复性烧杀抢掠，杀害群众1人，奸污妇女12名，烧毁房屋440多间，烧毁及抢去稻谷200吨，抢去牛和猪350多头。

1月23日，广东人民抗日解放军为挫败国民党顽固派的气焰，出动300多名指战员，袭击明城，县长陈斗宿仓皇逃窜，战斗半小时后，人民抗日解放军攻破县城，从监狱中救出被捕战友和群众200多人。接着在县城召开群众大会，到会群众超过千人，抗日解放军令之前被俘的国民党军队的团长黄导尊在会上揭露国民党反动派消极抗日、积极反共、残害人民的罪行。为此，陈斗宿被国民党当局撤销了县长职务。

1月24日，广东人民抗日解放军第三团80多人袭击杨梅警察所，缴获步枪20多支，俘虏警察20多人。1月28日，广东人民抗日解放军三团一连（长江连）在新圩独岗村驻防，当晚与群众举行联欢会，动员青年参军，至深夜，遭国民军一五八师300多人偷袭，长江连即组织突围，两位战士不幸中枪牺牲，被俘的敌团长黄导尊被抢走，次日国民党军再度搜村拉去当地群众21人。勒索巨款后才把群众放回。

2月4日，广东人民抗日解放军第三团二连（黄河连）沈鸿光部100多人从新兴县石龙岗转移回高明，途中在鹤山县旱冲村驻扎时，被国民军一五八师四七三团及地方武装400多人跟踪包围，在突围战斗中二区副区长陈权不幸中弹牺牲。

2月7日，国民军一五八师陈定海部1000多人窜到合水、更楼地区进行"扫荡"，广东人民抗日解放军一团秦炳南率四个中队共300多人，在凤凰山与敌展开激战，秦炳南受重伤被俘，排长郑成及战士20多人牺牲，国民军死伤30多人。2月19日，广东人民抗日解放军700多人在新兴焦山被国民军一五八师四七三团突袭，司令员梁鸿钧，领导干部谭本基、林源，第三团参谋长劳光和一批战士共 62 人在突围战斗中壮烈牺牲，国民军被击毙 20 多人。这是一次极为惨烈的战斗。国民党反动军队在日本侵略者面前不堪一击，遇"日"而逃，而对一心抗日的人民抗日解放军及人民群众则极尽"围剿"、枪杀、抢掠之能事，由此清楚看出国民党反动派消极抗日积极反共反人民的丑恶狰狞的面目。

2 月 23 日，广东人民抗日解放军第三团从新兴洞口车岗返回高明县途中，在高要横江村，与高要县自卫队廖强部遭遇，发生激战，廖部一个连被打散，余部逃遁。

3 月中旬，国民军一五八师及"挺三""挺五"等杂牌军连续袭扰我军，广东人民抗日解放军二团独立营从新兴、鹤山前来高明与三团会合，合击明城，缴获重机枪一挺和驳壳枪等，牵制了反动当局的"围剿"和袭扰。

4 月 7 日，广东人民抗日解放军第二、第三团一部共 300 多人，从明城松木塘村星夜远途奔袭高要自卫队驻白土圩的梁恩部，全歼其一个中队，俘敌 80 多人，缴获轻重机枪各 1 挺，长短枪 30 多支，解放军战士陈民生在战斗中牺牲。

4 月 8 日，广东人民抗日解放军第三团又乘胜开往肇庆西江河边的羚羊峡，居高临下截击水路经过的日军电船，敌船受到重创，之后在高要金利的西江河面沉没。这是广东人民抗日解放军第三团直接对日军的一次战斗，并取得了预期的胜利。

5 月 2 日，广东人民抗日解放军第二、第三团和独立营共 300 余人，由严尚民率领从泽河村开往鹤山宅梧白水带，围歼盘踞在这里的鹤山县自卫队黄柏森部，敌人龟缩在联昌、厚福两座炮楼中进行顽抗，我军火攻厚福炮楼，迫使敌人跳楼就擒，俘敌官兵 20 多人，缴获机枪 1 挺，步枪 20 多支，弹药一批。

5 月 11 日，新（兴）高（明）鹤（山）军事督导员严尚民率领广东人民抗日解放军第二、第三团和独立营共 500 多人，从新会移师开平县水井时,在狮山被国民党一五八师四七三团袭击,造成原第一团二连连长黄和负重伤,第三团一连连长谢汝良负伤。同日,严尚民率第二、第三团和独立营出狮山,当晚转移到皂幕山,召开团营领导人战地会议,总结经验教训,决定分散活动。会后,严尚民、黄仕聪、陈春霖率第三团返回高明。5月12日,广东人民抗日解放军第三团在向高明转移途中,因向导失误,致整夜行军仍未走出皂幕山区,遭到国民党一五八师及反动自卫队共700多人截击,于龙潭坑发生激战,黄仕聪团长和一连副指导员伍真突围后回到高明更楼,严尚民、陈春霖等在当晚向鹿湖顶方向转移,第三团团部人员和第一、第三连指战员大部分失散。5月13日,广东人民抗日解放军第三团撤至鹿湖顶时,遭到国民党鹤山县自卫总队截击,三团因连日作战转移,十分疲惫。这场战斗,第三团损失惨重,政委陈春霖在战斗中牺牲。

5月14日,广东省保警团纠合高明县自卫团曾日如部共300多人企图到合成围攻我抗日武装部队,没有碰到我武装部队,便转而包围我西坑医疗总站,致使该站医官刘永常在紧急转移伤员时中弹牺牲。

5月19日,东南乡联防大队何维率队突袭广东人民抗日解放军驻明城大简村的地下交通站,站长邓少珍被杀害,大简村被洗劫。同日,三洲自卫队长区松春率队洗劫革命根据地歌乐村,将全村群众拘禁在谭家祠堂,然后逐户洗劫,抢去粮食50多吨,耕牛14头,拘捕我战士黄秉超和抗日积极分子潘应忠及群众10多人。

6月24日,广东人民抗日解放军政治部主任刘田夫率一个主力连和第三团一个暂编连共300余人从恩平朗底转移回高明老香山开干部会议,途中被国民党广东保警八大队及县自卫队共700多人分两路偷袭,广东人民抗日解放军即占据高地掩护非战斗人员向山顶突围，并向高要方向转移。战斗中，人民抗日解放军部队干部严德光、罗伦负伤。省保警死伤5人。

8月15日，日本宣布无条件投降。中国人民的抗日战争终于取得了彻底胜利！广东人民抗日解放军完成了在中区新高鹤地区抗击日本侵略者的历史性任务。尔后，他们的基本任务是为争取人民解放、实现人民民主、建立人民当家作主的新中国而奋斗。

第七节 抗日战争中陈汝棠领导的"护干班"和救济总队

1931年"九一八"事变后,时刻关注共产党和民族命运的陈汝棠意识到现在国难当头,民族矛盾已经上升到主要矛盾的位置,国内的阶级矛盾应该降到次要位置,自己应当在争取释放政治犯、使他们成为革命有生力量这个问题上发挥作用。他考虑,以自己的国民党员身份,可以出钱出力担保那些政治犯出狱,让他们在抗战和民主革命中大显身手。于是陈汝棠主动与共产党组织联系,由党组织提供被国民党当局关押的政治犯名单,加上自己所掌握的名单,在夫人李素真支持下,筹钱出钱,大义凛然地出面向国民党当局担保了70多名共产党员和革命人士出狱。他们大部分是1927年"四一二"和"七一五"反革命政变中被逮捕关押以及参加广州起义被捕的共产党员和国民党左派,其中有不少是共产党的领导干部。为了筹集担保资金,李素真四处向亲友借钱,支持丈夫出面担保。陈汝棠此举为党和革命事业作出了重大贡献。

1936年,抗日救亡运动日益高涨,5月31日至6月1日,由沈钧儒、章乃器等知名人士发起在上海召开全国各界抗日救国联合会成立大会,出席大会的有全国20多个省60多个抗日救国团体的代表70多人。陈汝棠代表广东各界抗日救国会出席了会议。会上,陈汝棠被推举为全国各界抗日救国联合会华南区总部(简称"南总")主席兼广州抗日救亡工作者联合会(简称"救协")主席。全国各界抗日救国联合会一致赞同共产党提出的"停止内战，一致抗日"的主张，要求国民党当局联合红军共同抗日。救国会的主张得到中国共产党的高度评价。毛泽东亲自致函沈钧儒等召集人，表示中国共产党愿同抗日救国会在各方面更广泛地合作。全国各界抗日救国联合会到年底总人数达到60多万人。以陈汝棠为主席的"南总""救协"面向中南五省、港澳和南洋同胞，工作面很广，中共组织的许多负责人如陈勉恕、何思敬、饶彰风、连贯、杜军慧、周楠、杨康华、龙世雄、尹林平、梁威林等人都在"南总""救协"中担任重要职务。这两个组织实际上已成为以共产党人为主心骨的抗日民众团体。在中共组织的支持帮助下，陈汝棠努力工作，经常召集各界人士开会，发动学生和市民参加抗日罢课、示威游行、抵制日货、要求政府出兵收复东北三省等运动，有力地推动了抗日救亡运动的发展。西安事变后，抗日救国会对国共第二次合作，对中共提出的抗日民族统一战线的建立，作出了很大贡献。

1937年，为适应抗日战争战时救护的需要，陈汝棠依照中共的意见，主动找到当时主政广东并担任第四路军总司令、第四战区副司令长官兼第十二集团军总司令的余汉谋，提出广东不久就会面临与侵华日军全面作战的局面，我们必须为大战做准备，而战时最需要的是及时抢救受伤的官兵和人民群众，故建议开办第四路军看护干部训练班，培训一批有一定能力的战时看护人员，这是保持军队战斗力的需要。余汉谋是早年曾与陈汝棠在同一间广州陆军小学读过书的校友，老相识，他觉得陈汝棠虽然被某些人说成是赤化分子，但陈是孙中山挚友，全身心为国民革命奋斗，现在是国共合作共同抗日，陈说得有理，应该听取陈的建言。况且，陈是军医高手，搞医疗后勤是不可多得的人才。于是余汉谋拨出专门经费，指定由陈汝棠负责筹办这个"护干训练班"。经过筹备，"护干班"于1937年10月开办了，首批学员350多人，中共组织动员在有"革命摇篮"之称的高明三小和力社受过革命思想教育的进步青年 50 多人参加了培训学习，陈汝棠负责具体办学的工作。陈汝棠与中共组织保持密切联系，坚决执行中共组织关于办好"护干班"的具体指导意见，坚持把思想政治工作放在第一位。陈汝棠亲自讲第一课《抗日人生观》，一连讲了三个下午，讲了人生观、世界观、认识论的基本问题，实际上是政治课。说了大敌当前，我们必须坚持抗日民族统一战线，团结一致把日本侵略者赶出中国，大家才能有美好的前途。陈汝棠讲课深入浅出，善于调动大家的情绪，充满战斗激情，感染力很强。这个"护干班"的宗旨是培养战地的初级医务、护理和急救人才。通过政治教育和系统专业培训，参加学习的人既有革命激情，又学到基本医学医疗知识和救死扶伤的基本知识技能。"护干班"成立了学生会，组织了各种兴趣小组，包括政治理论、哲学的学习研究小组，提高大家的政治觉悟。陈汝棠还支持学生们成立了抗日剧社、歌咏队等，利用星期天、节假日进行排练，到街道、附近农村进行抗日救亡宣传活动。他们排练了一批抗日宣传的小话剧，如《马百计》《张家店》《放下你的鞭子》以及一些歌舞节目，他们的演出受到群众的热烈欢迎，发挥了抗日救亡的宣传鼓动作用。中共广东省委非常重视"护干班"的工作，省委书记张文彬指示相关领导人要"关心'护干班'，支持陈汝棠工作，要使'护干班'成为党的一个工作阵地"。中共广东省委根据陈汝棠的要求，派尹林平负责指导工作，并派省委组织部部长冯扬武专门与陈汝棠联系，安排了一批共产党员参加"护干班"，专门成立了以云广英为书记的"护干班"党支部。省委要求"护干班"在一旦广州沦陷的情况下，立即分成若干个小分队，深入群众、深入敌后农村乡镇，广泛开办民众抗日救护训练班，配合各地方党组织广泛开展抗日救亡的民众运动，支持开展敌后游击战争，并在战斗中培养和发展党的组织，壮大党领导的革命力量。中共党支部在陈汝棠的支持下工作很有成效，很快就在实际上成为"护干班"的灵魂。

1938年10月，日军发动了对华南的进攻，武汉、广州相继沦陷，"护干班"分成三个中队行动。一中队在中队长梁国权（原力社骨干、中共党员）的带领下开往增城前线开展战地救援工作，第二中队开往从化前线，第三中队由陈汝棠率领留守广州。

梁国权带领一中队开往增城前线的途中，与日寇正规部队遭遇，因为国民党军队多数都一触即溃或不战而逃，所以"护干班"在没有正规军队的保护下，直面凶残的日军，只能手持步枪等随身轻型武器与日军进行了英勇的战斗，从枪战到最后发展到肉搏战！这些非武装战斗人员没有任何在战场上与敌人战斗的经验，他们宁死不屈与凶残的敌人战斗，结果梁国权与大部分同学都壮烈牺牲了。梁国权是高明儿女在抗日战争中直接与日军战斗而英勇献身的一个代表人物。在梁国权的指挥下，队员们作战勇敢，他们一共杀死了20多名日军。

在"护干班"和后来改编成以陈汝棠为总队长的广东省战时救护总队中，中共党的组织不断发展扩大，开始时中共广东省委调进一批党员，各地党组织也陆续调进了一批，在实践中中共党支部不断注意培养和吸收新党员，使党组织不断扩大。到后来，救护总队共有中共党员78人。这在当时是多么可贵的一支党的队伍啊！"护干班"在各地开展战地救护卓有成效。如"护干班"顺德分队先后在城镇乡村办了五个民众训练班，每个班30至60人，每个班都复制自己的做法，把政治学习和业务培训结合起来。在日军来袭和遭日机轰炸后，他们立即到现场展开战地救护。他们还组织歌咏队、演出队到街头和农村开展抗日救亡宣传活动。当时，顺德大良群众发生了火柴磷中毒事件，中毒者手腕手臂红肿发黑，群众说是日军放毒所致，医疗救护队设救护站对中毒者进行及时治疗，被治愈者达数千人。他们的工作受到群众交口称赞。一艘国军军舰被日机炸沉，舰上官兵都躲在岸上的甘蔗林里，医疗救护队一方面抢救受伤官兵，另一方面与官兵一起用重机枪向低飞的敌机射击，迫使敌机离开。

当日军从南海九江向鹤山进攻时，医疗救护分队在鹤山古劳圩设立救护站，为伤兵和受伤群众包扎、消毒，把重伤员送到鹤山同善医院救治。后来，该分队又转到中山开展战地救护工作。

"护干班"清远分队及陈汝棠率领的班本部派出若干小分队分赴番禺、中山、南海、台山、开平等县，他们每到一地，就与那里的党组织取得联系，一方面做好战地救护工作，另一方面开展抗日救亡宣传活动，还注意协助当地做好党组织的恢复发展工作。这些地方在大革命后，中共党组织大多停止了活动，陈汝棠的队伍中的共产党员为恢复所到之处党组织的活动做了大量工作。这些地方原来停止了活动的中共党员大多都出来参加抗日救亡活动，在"护干班"中共党支部的帮助下，这些地方的党组织也恢复了活动，并逐步恢复了生机和活力。清远分队有一次在花县白泥开展抗日宣传和战地救护时突然遭到日军的包围袭击，由于得到当地群众的掩护和引导，分队冲出了敌人的包围，脱离了险境。第七分队来到南海西岸和高明三洲活动时，他们冒着敌机轰炸的烟硝在火海中救死扶伤，为轻伤者包扎，把重伤者送到三洲医院救治。"护干班"的随队人员、广东著名作家紫风（秦牧夫人）写道："五叔（陈汝棠）是一个全心全意为人民服务的医生，又是抗日和革命的宣传员，以他诚恳朴素的品格感染、鼓舞着周围的人，他是我们的好长辈和好老师。"当时"护干班"在全省各地培训的总人数达5700多人，"护干班"是一支中国共产党领导的抗日救护和宣传抗日、宣传民主革命的较大规模的综合工作队。

1939年春，广东省政府领到一份由盟国拨给的救济款，并决定以此款为启动资金成立全省救济总队。省政府决定由"护干班"承担救济和救护总队责任，改编为广东省救护总队，陈汝棠被任命为省救济委员会委员兼救护总队的总队长，总部就设在韶关（当时省国民政府迁到韶关）附近的黄田坝。这使原"护干班"的工作得到进一步充实发展。中共广东省委对救护总队的党组织建设十分重视，八路军驻粤办事处主任云广英从广州市调来10名劳工干部（其中6名中共党员）安排进救护总队，陈汝棠又委托陈汝芳等中共党员从高明青年抗敌同志会中动员组织了30多名进步青年（其中中共党员10名）前来参加了省救护总队。这时，全队总人数已超过250人，其中中共党员80多人。救济总队经过集训，编成14个分队，分赴20多个县和广州郊区开办民众抗日救护班，培训了数千人。他们一边进行抗日战地救护知识的学习和实践，一边进行抗日救亡的宣传活动，还通过开办民众识字班、民众学校的形式吸引群众参加，从中广泛开展抗日救亡的宣传活动。

救护总队发挥"护干班"的优良传统，在前线和敌后赠医赠药、救济难胞、抢救难童。中共党组织在各地方党委领导下，深入农村开展抗日活动，发展党员充实党组织，为各地开展党领导下的抗日武装斗争发挥了推动作用。这里举两个例子：救济8分队在新丰沙田设难民收容所，收容了无家可归的难胞200多人；又转赴湛江开设难民收容所，收容了从敌占区逃亡而来的难民1000多人。

1939年冬，日军向粤北大举进攻，引发粤北大战。粤北九县人民惨遭日军蹂躏，生灵涂炭。陈汝棠立即调派数支救护小分队，奔赴战区进行战地施救。从化是重灾区之一，20多个乡镇遭到浩劫，有些七八十岁的老人和未满周岁的婴儿惨遭杀害。救护分队深入乡村了解真相，登记群众的损失，发放救济物品、救济资金，召开群众大会，控诉日军暴行，大家义愤填膺，誓死打败日军，保卫祖国、保卫家乡，为死难者报仇雪恨。救济队深入各村帮助群众恢复生产，重建被毁家园。

1941年12月8日，日军发动了太平洋战争，大批香港、澳门和南洋各地的同胞被迫逃亡，大多数从东江、西江、北江、中区和南路逃回内地。当时在各地活动的救护分队立即开展接待难侨难胞的工作，共接待难侨难胞数万人。其中救护一分队和十一分队在新会石咀设立收容站、接待站、医疗站、施粥站，不分日夜轮流值班，共接待了数千名难侨难胞。有一位难侨，从难民船一上岸，受到救济和工作人员的热情接待，禁不住热泪盈眶，高呼："祖国万岁！"救护9分队潜入敌占区三水马房救护难民难童时，受到汉奸维持会长的干扰，救护分队与游击队取得联系，游击队活捉了这个维持会长并给予应有惩处，保证了救护队工作的开展。这个分队在三水马房抢救难童送往曲江儿救院共300多人。救护二分队在三水芦苞开展工作时经常受到敌机的袭击，但他们冒着生命危险坚持抢救难侨难童，先后抢救出15批难童共1000多人。各救护分队在所到之处，以各种形式宣传抗日救国理念，协助各地党组织开展党的工作，卓有成效。例如一分队在阳江与当地抗日文艺宣传队联合排练演出了歌剧《黄河大合唱》，这出歌剧在饱受浩劫的战区公演，在饱受灾难的同胞中引起震撼人心的回响。第十一分队在鹤山的龙口镇和新会的大井头等地活动，中共西江特委和新会县委十分重视当地的党建工作，他们把在附近工作的五分队和七分队中的党员骨干调到十一分队来，还把地方一些党员调到队中来工作，使该队的中共党员增加到12人，成立了党支部，成为分队的战斗堡垒。分队在大井头举办了近百名进步青年参加的民众学校，党支部分工对进步青年进行培养教育，吸收了一批进步青年加入了党组织，并成立了大井头党支部。这样，分队既做好了救济工作，为受到战争涂炭的人民送去了关怀和温暖，还带动了地方党的工作和党组织的建设。

陈汝棠在救护总队工作期间，利用职务上的方便，在国民党右派掀起白色恐怖的两次反共高潮中，发挥自己的掩护作用，为党的工作提供了方便和支持。他在黄浪坝驻地工作时，曾利用运送医疗器材和食用蔬菜之便，及时帮助党组织避过敌人重重关卡的检查，把电台发报机从外地运到党在韶关指定的地点。

1939年11月，中共广东省委第五次全委会扩大会议在韶关黄浪坝救护总队的驻地召开。当时，陈汝棠和救护总队的中共党员对出席会议的代表食宿安排、安全保卫等工作作了精心部署，会议地点就选在黄浪坝村中共党员林明来家中，对外所称是召开救济分队领导会议。这次省委全会由张文彬书记主持，参加会议的有20多位中共广东省委的领导干部，主要内容是传达学习中共六届六中全会精神，总结省委近年来的工作，确定当前的工作方针和主要任务，选举产生出席党的七大代表。会议开了三天，这是中共广东省委的一次重要工作会议。在陈汝棠和救护总队党员们的密切配合和掩护下，会议就在国民党的眼皮底下举行。在会议结束前，省委还特意安排陈汝棠作了讲话，他深情地表达了只有共产党才是中国抗战胜利和建设新中国的希望所在。刘田夫后来感慨地说："我们共产党的一个省委会议，竟然能够在白色恐怖环境下国民党的一个机关中安全举行，全靠陈汝棠先生的帮助支持，他是一个党外的布尔什维克！"

1940年冬，在国民党顽固派掀起的反共高潮中，中共中央决定将当年为了统战抗日而设在国统区北江的八路军驻粤办事处撤退。陈汝棠利用自己的身份，以调动巡回医疗队人员的名义作掩护，把办事处主任云广英安排到救护总队担任视察员，办事处的其他人员也给予适当安排，很短时间内就掩护八路军驻粤办事处完全撤退。而他自己却因为掩护八路军驻粤办事处撤退事发，遭到国民党当局的长期追捕而身陷险境。

第八节 从土地革命到解放战争时期的革命老区村——高村

高明区更合镇高村，东距高明中心城区荷城51千米，东北距合水圩11千米，全村2008年有336户，1395人；以农业为主，有水田2164亩，盛产西瓜、黄姜、白鸽。这是一条典型的革命老区村。大革命失败后，原籍高村的陈汝棠在共产党人陈勉恕的启发指导下，以担任高明县地方警卫队编练专员职务之便，在家乡合水圩筹办高明三小，1929年开学。该校成为中共组织的立足点和开展活动的阵地。1933年，陈汝棠在共产党员陈勉恕、李守纯、陈权的策划支持下开办了我党的外围组织"力社"，进行反帝反封建和抗日救亡的宣传活动，1936年在高明三小成立了有六名共产党员组成的党支部。1938年春，中共党建工作扩展到高村、坪山、小洞、布社、洞心、水井洞、巨泉、冲坑坪、明城等村镇。

1932年，在陈汝棠的倡导下，高村冠玉学校（后改为高村小学）先后聘请了一批共产党员和进步教师任教，采用高明三小的教材，教唱革命歌曲，向学生灌输革命思想。并开办民众夜校，成立高村力社，组织师生宣传队进行抗日救亡的宣传活动。"七七抗战"以来，冠玉学校师生宣传队进一步扩大，高村青壮年陈慧贞、陈仙、黎佩英、廖少莲等参加力社活动。除了在高村宣传外，还到城村、船田、大洞、水井洞、五坑各村以及新兴县的石龙岗、黄坑村宣传抗日救国思想。这些村一些老人说："高村冠玉学校是传播革命思想的宣传部。"

1938年，张迈前从延安抗日军政大学回到广州，中共党组织派他来高明工作，他十分注重发展党的组织。三月，吸收了陈汝青等人入党。1939年，陈汝青回高村活动，与洞心村的黎树泉、黎纪等党员成立了中共党支部，陈汝青担任支部书记。同年10月，在合水成立区委，谭宝荃担任书记，陈汝青、黎树泉担任委员。

1942年，中共高明县主要负责人郑桥与谭宝荃、黎树泉在高村陈汝青家开会，决定争取国民党四乡（联安、仁安、常安、永安）政权为我所用，开展合法斗争。由中共党员阮贞元及有社会影响的进步人士李家球、陈勉群、罗学段分别牵头发动各村群众联名控告四个乡长侵吞壮丁谷，贪污征兵、征粮、征税款。联安乡长陈子贞自知罪大、民愤极大，妄图逃避惩罚，出走外逃，被高村群众追寻缉拿后召开大会宣布其罪状并将其处决！此举打击了国民党顽固派的气焰，为开展抗日游击战争创造了条件。

1944年10月21日，中共中区副特派员郑锦波与高明特派员冯华在田村召开"倒钟"会议，组织队伍和部署作战计划，联安乡指定由陈汝青、陈勉群、陈定魁三人负责召集，高村有陈枝、陈北、陈树等100多人参加倒钟基干队伍，携带从村中筹集的步枪、手枪、手提机枪、猪龙机枪、磨盘机枪等100多件武器参加。23日下午，倒钟队伍3000多人集中新圩，24日上午九时出发，兵分三路进攻明城，沿途群众手持刀叉参加起义，汇成万人之众，当日下午攻进县城，占领县府，取得胜利。在战斗中高村陈华庆负伤。

1944年11月10日，在小洞村成立高明抗日游击队第三大队，黄仕聪任大队长，郑锦波任政委。高村派了陈汝楷、李素真、黎佩英等多名代表到会祝贺，高村当时参加抗日游击队的有陈树、陈枝、陈有成等20多位青壮年农民。高村的游击队员们于1945年1月1日和5日参加了"马律战斗"和"布社战斗"，在战斗中，陈树负伤，回村医治。高村青壮年在解放战争时更踊跃参加游击队，最多时高村参加游击队的人数达到80多人。在游击队中就有"高村班""高村排"的建制。三打合水、二打更楼、二打鹤城、袭击石岩头、袭击东成警所等战斗中都有不少高村的战士参加。1948年5月在茶山战斗中，高村有陈枝、陈兆棠、陈柏年、陈柏强、陈柏鸾、陈柏开、陈桂开、陈柏忠、陈温仔、陈雄、陈来养等人参加了战斗，陈兆棠在与敌人肉搏时夺取了敌人的一门六〇炮；我部队以100多人的兵力冲出了敌人700多人的包围，顺利转移。战斗中高村籍的战士陈桂开、陈柏忠、谭桂长、区来四人英勇牺牲。高村参加革命的人员不少，据统计，到1983年，高村有离休干部40多人。

1945年2月20日，广东人民抗日解放军司令员梁鸿钧率主力一团近500人在高村康富祖祠集结，食宿问题由高村全部解决。另外高村人民借给梁鸿钧司令员三万斤大米作军粮，部队离开时又借出两千斤大米给指战员随身携带。部队向西进发途中，22日在新兴县蕉山村遭到国民党顽军一五八师的疯狂围攻。抗日解放军浴血抗击，突围中司令员梁鸿钧等59人牺牲，被俘70余人，损失惨重。

1946年2月，高明县中共特派员梁文华以单线联系方式接收了小洞、高村、水井、洞心、冲坑坪等地党组织。县区党组织派党员吴汀、谭颖群到高村学校任教，高村的陈汝青、陈全科与他们一道开展工作。高明县中共组织负责人郑婧华、郑锦波、李汉、陈古、刘良荣、阮明、梁生、何少霞等频繁到高村活动，陈全科把自己的一间房屋提供出来做活动地点和交通联络站。1947年，高村成立村民主政府、农协会、贫农团、妇女会等组织，陈汝青担任村长，陈雄桂、陈达权、李素真等担任村委，陈深元任农会长，陈连树任贫农团长，李素真任妇女主任。经过长期考察，先后吸收了陈全科、陈雄桂、陈达权、陈作英、李成入党。1947年11月7日，中共高村党支部正式成立，自此，高村的革命斗争以党支部为核心，村政、农会、妇委积极配合，减租减息、借粮救荒、发展生产、组织民兵、借粮借枪给游击队、发动参军参战，都开展得如火如荼。1949年1月，成立高明县工委和合水、更楼、明城三个区党委以及各乡人民政府，陈汝青担任合水区委书记，陈全科担任长安乡乡长。

1949年3月，粤中纵队新高鹤总队因缺乏卫生员，委托中共高明县工委举办卫生员训练班，高明县工委则决定在高村举办。高村党支部接受任务，培训了20多名卫生人员，办班的食宿由高村负责解决，卫生知识授课由高村的陈勉群负责。经过20多天培训，及时为部队增补了一批卫生救护人员。8月，粤中纵队四名主要领导人吴有恒、冯燊、欧初、谢创以及广阳二支队首长共同率领部队近五百人到高村宿营，次日往新兴皮村袭击伪武装联防队。高村派出十多名青壮年民兵当向导并参加战斗，取得胜利后，部队又回到高村宿营，晚上与高村群众一起召开军民联欢会。这支部队两次在高村食宿，都由高村解决给养。

2009年4月9日，本书主笔谭世荣采访了粤中纵队第六支队广州联谊会秘书长陈蒲芬，她是高明高村人。她说："高村早在第一次国内革命战争时期就有农会活动，著名的革命民主人士陈汝棠就是高村人，1929年土地革命战争时期，他回家乡高明合水办起革命'三小'，聘请共产党员和进步青年知识分子任教。1932年在高村创立与三小同样性质的冠玉学校，进行反帝反封建、社会主义民主革命思想的教育。1933年创办了革命团体'力社',高村也成立分社,开展抗日救亡宣传活动。高村是抗日战争时期很有贡献的革命老区村。高明老区人民为支持我党的游击战争,做了大量的工作,也作出了很大牺牲,没有老区人民的掩护、支持和参与,我们的革命事业就无法取得成功。"

她向采访者讲了三件当年经历的有关高村的事。

第一件是1948年秋,高村有一个叫陈西树的小青年,有一天他去新兴县捻村亲戚家喝喜酒,发现国民党保安团在捻村集中了一个连100多人,准备到合水执行重点清剿任务,而且知道他们主要准备去高村一带进行清剿。于是陈西树不动声色地把敌人的人数、携带武器的情况一一了解清楚,记在心里。之后,他喜酒也不吃了,说家里有急事,连夜赶了20多里山路,找到解放军粤中纵队新高鹤总队的驻地,把情况详细向解放军领导作了汇报。粤中纵队司令员吴有恒刚好在那里,他详细问明情况,立即派广阳支队司令员郑锦波带领广阳部队和新高鹤部队共600多人协同作战,于9月30日在新兴与高明交界的布辰岭(即高明塘面)伏击敌人,全歼国民党的这个加强连,这一战被中共华南分局誉为模范战例。

第二件事是我党1946年恢复武装斗争时,因为武装部队缺粮缺枪,就在群众中广泛开展借粮借枪活动。高村是我党武装部队借粮借枪最多的村庄。陈汝棠的妻子李素真与大伯陈汝楷共同借出机关枪一挺、子弹一箩;而李素真把家中的五百斤稻谷借给了游击队。整个高村一共向群众借得步枪70多支、机关枪两挺、稻谷十多万斤。陈蒲芬说:"老区的群众多好啊!革命部队一声呼吁,大家都积极响应,关键是老区人民相信、拥护和支持共产党与国民党反动派作斗争!高明老区人民是我党和游击队的靠山啊!"

第三件事是1944年11月,中共党组织领导了针对国民党反动派高压统治的"倒钟"运动,实际上是一场反对国民党反动统治的农民起义。革命老区高村出了100多人参加这次"倒钟"斗争。当时有一个思想上倾向我党、处处维护我党利益的国民党高村乡乡长陈勉群,他是一个"白皮红心"的乡长,默默为我党做了大量工作。他出钱出力帮助游击队解决给养问题,全力支持和参加了我党领导的"倒钟"运动,还多次出面保护了人民群众的生命安全。例如,有一个国民党军的连长陈堃,率领100多名士兵来高村执行"清剿"任务,上头指示他,要是高村人不供出游击队员来,便要他下令烧村。陈堃把村民集中在祠堂门口,要大家供出游击队员,过了近一个小时,村民没有供出任何线索,于是陈堃准备下令烧村。这时陈勉群站出来说:"军爷,你姓陈,高村人也姓陈,大家是兄弟呀!哪有自己兄弟烧自己同宗同姓兄弟的村庄的!你要什么?有话好说!"他说着叫人抬来两头烧猪和两坛好酒,送给陈堃的部队。就这样,陈堃这100多人抬着战利品回去了。就这样,陈勉群巧妙地用宗姓关系,避免了高村被烧。后来,游击队在布社村设伏,袭击了国民党顽军四七三团一部,俘虏了该团团长黄道尊。国民党军四七三团对布社村进行疯狂的报复,对布社新旧村进行了七天的烧杀抢掠,杀害了村民黎玲,烧毁房屋440多间,烧毁及抢去稻谷200多吨,抢去耕牛生猪350头。这是我党的革命堡垒村第三次遭到国民党反动派烧村了!国民党军队这次还抓了该村80多名青壮年男人,当众捆绑在村前空地上。布社村与高村属于同一个乡,乡长陈勉群被敌人押来现场,敌人用一把明晃晃的军刀架在他的脖子上威胁他,要他把游击队员当众指认出来。他脸无惧色,一个一个地指认:"这个是学生,在明城读书,他是放假回来的;这个是农民,他的田就在禾地岗脚;这个是在广州某厂打工的,现回乡探亲;这个是在乡公所当杂差的……游击队去年都按政府要求北撤了,前几天打仗的都是共产党的正规军,这里没有游击队。"他在敌人的军刀下,一个一个地把村民从敌人的眼皮底下解救了出来。

第九节 从抗日战争至解放战争时期高明的革命大本营——小洞村

更合镇小洞村东北距高明中心城区荷城38千米，西北距合水圩6千米。总面积20.6平方公里，其中山地1.6万亩，耕地3380亩，是高明地区较早的抗日根据地。小洞党组织成立于1938年。现设党总支部1个，下设军屯党支部和塘角党支部，党员113人。属于片村，下辖六条自然村，分别是麦边村、盘石村、军屯村、塘角村、悦塘村和新村，在册户数为620户，总人口2135人。经济向来以农业为主，主要农产品有水稻、西瓜、生姜、黄姜等。2005年后更合镇在小洞开辟了面积1000多亩的小洞工业园，引进规模以上工业项目30多家，走上工业化道路。小洞村是广东省著名的革命老区村，下辖的六条村都老区村，是抗日战争时期的革命根据地，可以说是抗日战争和解放战争时期高明的革命大本营，是中共领导下高明地区革命斗争的一个重要活动场所。

1925年6月，这里已成立了农民协会和农民自卫军，90%的农民参加了农民协会，农民运动开展得有声有色。1932年下半年，这里成立了进步团体"激鸣社"，宣传新思想，宣传反帝反封建，向土豪劣绅、贪官污吏作斗争。1935年9月，党的外围组织革命三小"力社"小洞分社在这里成立，并开办民众夜校，开展扫盲识字、宣传反帝反封建和妇女解放；并组织抗日剧社，进行抗日救亡宣传等活动。从那时开始，小洞便成为我党的抗日根据地。1938年12月26日晚，在一个伸手不见五指的黑夜里，陈耀聪（陈光）、黄之锦、陈励生（陈革）、梁清贵等聚在军屯村对面山岗（土名高地塘）的高脚秆堆下召开党员会议，会上黄之锦宣读了中共高明县工委批准中共小洞支部成立的决定，并推选陈耀聪担任支部书记。1939年2月，中共高明县工委为加快小洞抗日根据地建设的步伐，调整了小洞党支部班子，派谭宝荃负责小洞支部的工作，陈耀聪因在罗丹教书，不便开展工作，改任支部委员，陈革、梁清贵仍为支委。同月，吸收了梁景光、梁波、陈耀基3人入党。

1939年3月，中共高明县第一次代表会议在小洞文选楼召开，出席会议的有党员20人，其中小洞村有陈耀聪（陈光）、陈励生（陈革）、叶琪（叶衍基）、黄之锦四人。会议代表全县10个党支部共80多名党员。会上成立了中共高明县委，李守纯被选为中共高明县委书记。

1939年农历四月春荒时，陈革、陈定、梁板、陈松等组织小洞人民实行"封江自救，虎口夺粮"斗争，制止当局伙同更楼富商杏春园、同泰号强运大米出口牟取暴利的行为。坚持合情、合理、合法的斗争，截回运走的2000多斤稻谷；把部分分给了困难农户，卖了1000多斤，将所得款项购买了一批枪支弹药，装备到刚建立的小洞抗日武装先锋队。

1940年2月，在反共逆流的险恶形势下，小洞村党支部吸收了梁端、仇羡真、陈三娥、陈趁、陈灶、陈庆6人入党，并增补梁景光为支部委员。

1940年6月至1942年5月，国民党顽固派反共逆流猖獗，中共高明县工委采取"政治上反击，组织上撤退"的策略和应变措施，把已暴露的陈革、叶衍基、陈耀聪、梁景光、梁清贵等党员先后转移到外地。小洞党支部的工作由塘角小组长陈定和军屯小组长梁扳直接与县委书记陈春霖（后郑桥）单线联系。

1942年至1944年,小洞党组织带领农民群众开展抗租抗征运动。当国民党县政府派催收员来小洞时,全村男女老少都起来与他们进行说理和抗争,把这些催收员赶走。这场斗争取得了经济和政治双胜利,既保证了农民的佃耕权,又实现了减租减息、拒缴田租,巩固了党的组织和农会的组织。据统计,更楼清平堡(一个由更楼十个乡村自发组织成立的自卫防盗组织)在小洞的租田有800多亩,以一造一亩60斤租计,一年两造共拒交租谷96000斤,这些粮食都用以解决租户的粮食困难和人民武装队伍的粮食供给。

1944年9月,日军过境高明,抗日斗争进入高潮。11日,共产党员、抗日骨干黄仕聪来到小洞,找黄之锦、叶衍基商量,决定成立抗日武装部队。当晚,小洞成立了有300多人参加的抗日武装自卫大队。日军过境后,建立了一支21人的常备武装——小洞武装常备队,将抗日武装斗争经常化,并对常备队加强政治教育和军事训练,得到了高明党组织的充分肯定。10月,中共高明地方组织在此开会,研究决定举行"倒钟"运动。由黄仕聪担任总指挥,组织各村农民3000多人参加这场"倒钟"斗争,最后取得了胜利。"倒钟"义军赶走了反动县长钟岐,占领了县政府,烧毁了壮丁田赋籍册,打开监牢救出了50多名被关押的游击队员和无辜群众。1947年2月恢复公开武装斗争以来,小洞人民积极开展反"三征"斗争,积极参加了"破仓分粮、借粮救荒、借枪自卫、减租减息、巩固老区"等一系列斗争,直至最后推翻了国民党的反动统治获得彻底解放。小洞是远近闻名的革命老区村,中共高明组织历史上的很多第一次在这里发生,抗日战争和解放战争时期涌现出大批革命志士,是高明作为全省革命老区县之一的代表性老区村。

1944年九十月间,党组织召集各界群众在小洞召开大会,成立高明县二区人民行政委员会,有200多名代表参加大会。大会选举阮贞元为二区行政委员会主席,陈权为副主席。小洞党员黎丽英、阮香等发动妇女拿出米粉、柴草,通宵达旦煮濑粉招待代表们。大会所需粮食由公尝筹集,抗日游击队就在小洞驻扎。这时的小洞已经成为我党领导高明人民进行抗日斗争的中心。

1944年11月10日,我党以小洞武装常备队和倒钟武装骨干为基础,成立了高明人民抗日游击队第三大队。一直在小洞领导开展抗租抗征斗争和担任倒钟斗争总指挥的黄仕聪当了大队长;该大队的成立地点是小洞梁家祠(后改建为革命烈士纪念堂)。高明从此有了一支由我党领导的抗日武装部队。1944年农历十一月十六日,国民党一五八师四七三团及地方团队2000余人大举扫荡小洞村,在五天的疯狂洗劫中,小洞损失极为惨重。

1945年6月,中共高明县组织追认被国民党杀害的小洞女青年陈妹为中共党员。在抗日战争期间,小洞党支部发展党员32名,其中女党员10名。

1946年初,革命处于低潮,全县地方党组织活动困难,小洞党支部与上级组织失去了联系。九、十月间,中共高明特派员郑靖华来到小洞接收组织关系,恢复了小洞支部的活动,健全了组织,改选了支委,梁扳任支部书记,梁景光、陈松、陈会群为支部委员。

1947年6至8月,小洞支部吸收了罗瑞莲、梁就入党。党员陈松调往高汊、万屋任交通站站长。

1948年1月,小洞支部吸收了梁植森入党;2月,梁景光被派到界村教书,并以教师为掩护,发展党组织;4月吸收了罗邦、罗仲辉、罗学殷入党,成立了介村党小组,后又吸收多人入党;8月成立了界村党支部,梁景光任书记。

1948年下半年,小洞党支部从反"三征"、破仓分粮、借粮救荒、借枪自卫、减租减息运动涌现出来的一批积极分子中，分批吸收了陈祐、陈添、陈大新，李开、陈新、陈森、陈元基 7 人加入了中共组织。

1948 年，中共粤中组织决定恢复大搞公开武装斗争，新高鹤人民解放军总队成立，小洞热血青年 80 多人踊跃报名参军，他们在战斗中英勇杀敌，部分表现突出的光荣加入了党组织，在部队担任中队长的陈松、梁光明大胆发展英勇顽强的战士入党，把支部建在连上，提高部队的战斗力。在部队入党的小洞籍干部、战士有陈荣、陈少、梁星、梁娥、陈财、麦三、陈兰、梁拉、梁国元、梁秋、梁庆祥、梁芳、陈容、陈登、陈恒、梁照 16 人。至 1949 年 10 月 18 日，高明全县解放，在解放战争期间，小洞入党的人数有 27 名，其中女党员 4 名。

在抗日战争和解放战争中，小洞有百分之八九十的群众直接或间接地参加了革命斗争。先后有 59 人加入了中国共产党（其中抗日战争时期 32 人，解放战争时期 27 人），147 人参军上战场（其中抗日战争时期 50 多人，解放战争时期 90 多人），涌现出了许多英雄人物和英雄事迹，他们为祖国的解放事业作出了很大贡献，村里至今还有 3 名在世的抗战老兵。在那艰苦卓绝的革命斗争年代里，小洞人民作出了巨大的牺牲，据统计，小洞先后遭到国民党反动派数十次"围剿"和"扫荡"，饱受烧、杀、抢"三光"政策的残害，10 多人被枪杀或烧死，40 多人入狱受刑，20 多人被打伤致残，200 多人被羁押审讯，300 多间房屋被焚毁，一大批粮食、财物、家禽牲畜被掠夺，损失极为惨重。小洞人民为我党领导的革命斗争作出了很大的牺牲和贡献。

1957 年，小洞村被县人民政府评划为"抗日根据地村庄"。

小洞村人物简介：

1. 陈耀聪（又名陈光）（1907—1952） 字蔚铨，小洞新村人。中共党员，革命烈士。中共小洞支部首任书记，小洞人民革命斗争的发起者、组织者和领导者之一。1932年，小洞陈姓在文选楼办起了和平学校，陈耀聪被聘为首任校长。他对旧社会制度极为不满，愤世嫉俗。当年，他牵头与陈励生、叶琪、黄之锦等发起成立了小洞"激鸣社"，自发地走上了反抗黑暗统治的道路。他们采取各种形式和方法，开展反帝反封建宣传活动，揭露国民党反动派的反动本质，抨击国民党统治下的黑暗、腐败与无能，向恶势力开火，向旧社会宣战。1934年4月他参加力社，成为分社领导，1938年8月加入中国共产党。

1941年1月，国民党顽固派四处搜捕革命人士。党组织为了陈耀聪的安全，把他调离小洞，安排到新兴县水台杜村小学隐蔽任教。改名陈光。

1947年，陈耀聪是中共更楼区的领导人，同年七月任中共合成、水台区负责人。次年2月，恢复公开武装斗争，国民党实行"三征"暴政，粮荒严重，民众要求破仓分粮，解决饥荒。中共高明组织决定攻打水台粮仓，开仓分粮，帮助群众渡荒。陈耀聪参与组织攻打水台粮仓的战斗，他出谋划策，严谨组织，并勇当先锋，6月15日深夜，一举攻破水台粮仓，打响了恢复公开武装斗争的第一枪。1948年3月，陈耀聪任水台区委负责人。3月27日，新高鹤人民解放军总队在陈耀聪建立的基地良田小学成立，陈耀聪带领水台人民开展以反"三征"为中心的武装斗争，先后成立奄村、布凌党小组和水台区武工队，在区内陆续建立农民协会和民兵组织。到8月，全区建立农会28个，入会农户1250多户，占总户数80%，民兵总人数约450人。7月16日，他发动和带领水台人民积极支援三村（奄村、棠下、布茅）战斗，削弱了国民党在水台地区的统治。同时，陈耀聪带领水台人民大力开展减租减息运动，使反"三征"斗争更为活跃，更有成效。

1949年2月,水台地区划归中共新兴县东北区委领导。陈耀聪仍为中共水台区负责人。1949年10月,新兴解放,陈耀聪先后担任二区区长、具民政科副科长兼一区区长、民政科科长等职务。

1952年5月,陈耀聪因长期为革命工作积劳成疾,医治无效,在新兴县卫生院去世。陈耀聪从1941年3月到杜村,直至1949年10月解放,在水台地区开展革命活动长达九年,与水台人民建立了深厚的感情,在群众中享有极高的威望,深受水台人民的爱戴。水台人民得知陈耀聪去世,极为沉痛,强烈要求政府追认陈耀聪为革命烈士。新兴县人民政府具文报备上级获得批准。

陈耀聪逝世后,新兴县人民政府派员护送陈耀聪烈士灵柩返回家乡。途经水台布茅村时,应水台人民的要求,把陈耀聪烈士灵柩停放在布茅小学,供水台人民瞻仰。小洞人民得知陈耀聪去世,十分悲痛,200多人前往约四里地外的鸡公坪迎接陈耀聪烈士魂归故里。小洞党支部、乡政府和人民怀着悲痛的心情,为小洞革命的发起者、组织者、领导者陈耀聪烈士举行隆重的葬礼,以慰革命先烈英灵。

2. 陈革(1907—1988) 字会光,又名陈励生,曾用名陈之铭。塘角村人。中共党员,小洞村革命宣传工作主将,广东人民抗日解放军第三团政工队队长,小洞人民革命斗争的发起者、组织者和领导者之一。

他光明磊落,为革命忠心耿耿,有较高的政治觉悟和理论水平,有较强的组织能力。在抗日战争和解放战争期间,他的直系、旁系亲属中,多人先后走上了革命道路,其中10人加入了中国共产党,占小洞党员总数的六分之一。

他离休后,热爱家乡建设,关心青少年成长,不辞劳苦,曾两次主持编写小洞革命历史,提议并参与了小洞革命烈士纪念碑建设，捐献了一万多元建成小洞小学图书馆，并为该图书馆捐赠了一批图书。

3. **陈定**（1887—1945）（详细介绍在 P132）。

4. **陈妹**（1922—1945）（详细介绍在 P134）。

5. **梁金**　抗日战争时期，中共党组织在小洞村设立了一个地下交通站，村民梁金是我党及游击队多年的老交通员，后来当了交通站长。有一次他被叛徒告密，国民党兵把他家包围起来，要逮捕他。但是他熟悉周围环境，成功地逃脱了抓捕。但是他家被抄了，家里仅有的一点粮食都被抄走了，他的老婆和孩子也被国民党兵抓进了监牢。可是梁金并没有变心，还是坚持做好交通员的工作。后来游击队从监狱中把他的老婆和孩子救了出来。他更积极地做好交通员的工作，被游击队誉为"铁脚交通王"。

第十节 革命老区人民和共产党心连心

从抗日战争到解放战争,高明革命老区村的人民群众与中国共产党及其领导的人民武装部队的关系十分密切,革命老区人民群众与共产党心连着心。革命老区人民为革命事业作出了巨大的牺牲,涌现出许多可歌可泣的人物及事迹。有了人民群众的拥护和支持,共产党领导的革命事业才能取得胜利。这方面的故事在高明革命老区村数不胜数。

抗战时期曾担任中共更楼区委书记的罗航在《她们的革命行动使我难忘》一文中介绍了几个革命老区村妇女与共产党心连心的故事——

"革命老区村冲坑坪有一个叫梁秀英的妇女,她在夜校表现很积极,带头参加各种社会活动,参加合作社,发动群众为抗日募捐,慰劳抗日军队,救济难民等。她还经常到女青年聚居的屋子(俗称女仔屋)发动她们参加抗日活动。我和谭德等'妇抗'的同志常到她家与她联系工作,她经常留我们在她家食住。她家并不富裕,只是勉强维持生活,可她为了帮助我们的工作,总是十分热情,宁愿自己节衣缩食,也坚持接待我们。她政治立场坚定,进步很快,1938年12月由谭德同志介绍加入了中国共产党,成为一区农村中较早加入组织的女共产党员。不幸她在1944年日军侵略高明的时候被日军杀害了。

"冲坑坪村的程少莲是高明一区区委书记严权发的妻子,她善良忠厚，纯洁勤俭。我常到她家与严权发联系工作，青年抗敌同志会的许多同志以及外地来高明工作的地下党领导人经常出入她家与严权发联系工作，她都热情接待。党组织决定在冲坑坪建立据点，还在她家设立了交通联络站，她都全力支持。1947年，国民党反动派在明城疯狂搜捕中共党员和进步群众，冲坑坪长期受到反动派的监视和搜查，但程少莲并不害怕，仍然热情接待到他家联系工作的同志，并设法加以掩护。1948年春的茶山战斗后，组织上让我和郑靖华到她家掩蔽，她每天为我们送茶饭，夜深时挑水给我们冲凉。我们在她家掩蔽了20多天，她不辞辛劳照顾我们，直到我们安全离开。

"1947年秋，我转到革命老区村高村工作，主要与陈汝青联系党的工作。但由于国民党对陈汝青的家监视很严，所以到深夜才能谈工作，陈汝青把我带到陈汝棠的夫人李素真（五婶）的家，五婶在家里接待了我。她40多岁，仍然亲手为我做饭，还为我烧水冲凉，我非常感动。李素真说她支持共产党带领人民闹革命，为革命做点事是她应该做的。深夜，她带我到她家的草屋阁楼上住下来，我在那里掩蔽了七天时间，五婶每天给我送茶送饭。在她的支持下，我完成了工作任务，安全地离开高村。她是一个在群众中威信很高的革命妇女，她发动群众开荒生产渡荒，她发动群众腾出房子给革命部队住宿，她带头献枪献粮给革命部队。人们都敬佩她，学习她。"

2009年4月，谭世荣采访了原解放军粤中纵队的副司令员兼参谋长欧初和粤中纵队第十二团政委李法。他们向我介绍了几条革命老区村的事迹——

革命老区堡垒村更合镇布社村。在抗日战争和解放战争时期，中共党组织经常安排工作干部和游击队员在革命老区堡垒村更合镇布社村群众家中搭吃，还经常在群众家中过夜。群众对我们的同志极为热情。当时物质条件极为缺乏,但是群众还是十分关心我们干部战士的生活,当时有一名中共高明县委副书记陈古,就经常在布社村的堡垒户家中搭食和居住,还经常在堡垒户家中开会研究工作。堡垒户吃什么他就吃什么。该村有一名村民名叫黎雄才,游击队员都亲切地称他为"叔公",经常有游击队员在他家里搭吃。有一次,有两个游击队员在他家搭食,他知道游击队缺粮,便把家里仅有的两袋存粮,合起来共有 120 斤,拿出来交给游击队员带回去应急使用。游击队员问他:"我看到你家里也没有什么粮食了,我们怎能全部拿走你家的粮食呢?"叔公说:"游击队人多,要应急,也没有其他吃的,怎么打仗?我家里人少,没有主粮可以吃杂粮,你们不用担心,拿去吧,救急要紧!"两名游击队员十分感动,背起他家送的两袋粮食,赶回部队应急去了。

1948 年夏,粤中区游击队接收了一位组织上从香港调回内地工作的女共产党员,名叫邓怡庄,组织安排她住在革命老区老香山下老区村布社村的一个农民家中搭食和居住。有一天,敌人突然来布社村"清剿",邓怡庄来不及转移,于是这位农民就把她藏在他家的一间草屋中。敌人到处搜查,眼看就搜到她所匿藏的草屋,这时候,这位农民急中生智,突然装作与另一个农民发生口角,互相大骂对方,还做出要动手打架的样子,把准备进草屋搜查的敌人吸引过来劝架。敌人的注意力分散后,搜查就没那么认真,劝开了就要动手打架的两个农民后,一会儿就撤走了。这样就救了邓怡庄同志免被敌人抓住。这件事,邓怡庄在多个场合都讲过。她说:"没有老区人民的保护,我早就被敌人杀害了。"

1979 年 6 月,当年在高明担任武工队队长的沙朗在《难忘的战斗历程》一文中写了这样一件事情:"高明是革命老区,人民群众对共产党领导的革命斗争是真心实意拥护和支持的。合水井坑村有个叫基哥的人，对革命忠心耿耿，人虽然穷，但也尽力从经济上、生活上关心和支持我们。我经常在他家出入，1944年12月，因武装斗争需要，要将我们以前交由革命堡垒户收藏的枪支起出来组织武工队开展敌后武装斗争。那天，部队副团长吴新派我独自一人到基哥家里起枪。虽说之前是我亲手把一支步枪交到他手里，但我却不知道他把枪收藏在什么地方，但我信得过他，相信他一定能保管完好。他说：'枪是你们部队的宝贝，我肯定收藏在最秘密、最安全的地方，否则保管不好生了锈，枪坏了就是对革命事业的损失啊！'我看着基哥取枪，原来他在碗柜的后面专门搞了一个夹缝洞，枪就放在洞里面，外人怎么也不会看到。在革命低潮时，人民群众冒着生命危险为部队掩蔽枪支弹药，没有对党的一片忠心是做不到的。基哥的革命立场很坚定，尽管革命处在白色恐怖之中，也不会改变他对革命的忠诚。我想，如果没有群众的支持，我们是不能站住脚的，患难见真情，群众的革命精神，在革命低潮时尤为难能可贵。"

当年担任中国人民解放军粤中纵队第十二团政委的李法2009年4月3日接受谭世荣采访时说："1949年初，我在革命老区村高明杨梅公田村刘祥婶家搭食了几天，当时群众粮食不足，主要是吃苦麦菜粥，能吃上番薯芋头杂粮就算是好的了，几天才能吃上一顿米饭。群众生活那么苦，国民党还横征暴敛，所以人民群众对国民党统治那么憎恨；而我们党与群众同甘共苦，引导群众搞好生产，开展减租减息，所以人民群众就真心实意拥护我们。当时，我们的部队平时都在革命老区村驻扎，指战员们都分散到各家各户去搭食，同时也在农民家中搭一个临时床铺住下来。部队与老区人民好像鱼与水的关系一样。有了老区群众的支持，我们才能坚持斗争，直至取得彻底胜利。"

李法还讲到，老香山下有一条坐落在山腰坪地上的村庄叫石岩底村，那里地势险要，群众主要靠耕种梯田和砍柴卖柴度日，生活很苦，但对我党在那里开展地下斗争却极力支持。当时粤中纵队的领导人之一刘田夫及其妻子就住在石岩底村，群众把他们安排在一间比较清爽的青砖单筒屋里居住。这条村子很小，但还是有几个人参加了游击队。农民虽然生活苦，经常吃杂粮，但是村民经常送一些谷米给刘田夫夫妇吃，使他们在艰苦的条件下并没有挨饿。有一次刘田夫生病了，一个姓赖的村民跑了七八公里从山外面请来医生给刘田夫看病，还为刘田夫上山采草药，熬药汤给他喝，使他能及时治好疾病，重返部队。

2009年4月4日，谭世荣在广州陆军医院采访了住院治疗的94岁副军级离休干部郑锦波，他是1944年底成立的高明抗日游击队第三大队的政委。他讲了革命老区更楼屏山村的故事：更楼屏山村在抗日战争时期就已经成立了中共党支部，党支部书记叫罗湛元。他为了帮助我党领导的抗日游击队第三大队解决给养问题，把自己家里的两头耕牛都卖了，把卖得的款项全部送给了抗日游击队使用。后来罗湛元自己也参加了游击队，并担任了武工队长，一直坚持到解放战争结束。1949年10月中旬，他带领武工队在更楼袭击正在逃跑的国民党军队，俘虏了80多个国民党的逃兵，缴获了大批武器弹药交给部队。

革命老区高明在抗日战争和解放战争时期十分重视在革命斗争中发展和巩固党的组织，据1948—1949年担任中共高明县工委书记的郑靖华在《解放战争时期高明革命斗争的概况》一文中回忆："高明县是名副其实的革命老区，不仅有许多老区人民和共产党同心同德进行革命斗争的故事，当时高明老区的党建工作也很有成绩。当时高明十分重视抓党建，重视吸收合乎条件经过考验的革命群众加入中国共产党，增强党组织的战斗活力。高明当时主要是面向革命老区村的贫雇农，发展农村中的无产阶级加入中国共产党组织。入党的主要条件，一是出身贫雇农。二是经过革命斗争的锻炼和考验。三是在农会斗争中表现积极的分子。四是经过短期的党纲党章党性教育或培训，表现出较高的政治觉悟。当时新高鹤地区发展党的组织采取的方式有六种：一是'鸡执谷'方式，由组织挑选发展对象。二是个别审查、集体研究、分别吸收。三是轮流上党课培训教育，成熟一个吸收一个。四是办入党对象训练班吸收一批。五是介绍人推荐入党。六是志愿申请入党。在具体执行过程中，往往是几个方式结合进行。高明培养新党员主要是以'鸡执谷'方式。即组织挑选，个别审查，培养教育，考验合格，逐个吸收。据统计，1948年底至1949年7月，高明新发展中共党员307人。这个数字比较可靠。"

第十一节 抗日战争中在高明牺牲的革命烈士

革命老区高明在抗日战争时期,在中国共产党领导下,不少英雄儿女在与敌军和顽军艰苦卓绝的斗争中不惧艰险、不怕牺牲、浴血奋战,为打赢这场反侵略的战争献出了自己宝贵的生命,可歌可泣,他们与敌人殊死战斗而牺牲的英雄事迹永远值得我们铭记。这些抗战期间牺牲的革命烈士代表人物是:黄仕聪、陈权、梁国权、陈勉恕、李守纯、陈春霖、陈定、谭宝荃、谭维均、陈妹。

黄仕聪,又名黄波,字绍忠,高明县更合镇平塘村人。1914年8月9日出生。父亲是个勤劳的木匠,母亲是个温顺的农村妇女。黄仕聪少年在家乡读私塾,1931年到著名的革命民主人士陈汝棠创立的进步学校高明三小读书。该校由共产党人和进步人士任教,实行新文化教育,向学生灌输新民主主义和社会主义思想,并进行共产主义思想启蒙教育,组织学生开展反帝反封建的斗争。黄仕聪在校期间参加反帝反封建的斗争活动,阅读了许多进步书刊,逐步认识了一些革命道理。1933年夏,黄仕聪在三小毕业后参加了青年革命团体"力社",投身于反帝反封建和抗日救亡活动。在共产党人陈勉恕、李守纯、陈权的培养教育下,成为"力社"的骨干、抗日救亡运动的宣传者和组织者。1936年8月,党组织在三小发展了一批共产党员并成立中共三小支部(之后以三小支部为基础成立中共西江工委),黄仕聪就在此时参加了中国共产党。之后国民党反动当局为扑灭三小的革命火种，下令撤销了陈汝棠的校长职务，另派一个反动校长来校。中共西江工委为保住三小这个革命阵地，发动师生开展护校斗争，反动警察逮捕了5名学生。黄仕聪率领数百名学生和群众到街上示威游行。警察被迫释放了被捕学生。西江工委还组织了请愿团，黄仕聪带领请愿团赴肇庆，经过两个多月的斗争，国民党当局不得不任用进步人士李家球替换了反动校长，护校斗争取得了胜利。1938年春，高明县民众抗日自卫团成立，黄仕聪在党组织安排下参加了这个抗日自卫团的工作。他利用合法身份开展抗日救亡宣传活动，培养发展中共党员。1939年8月，黄仕聪参加中共高明县委在小洞举办的党员训练班，学习共产主义理论和抗日游击战战略战术。之后，他担任中共更楼区委书记，并被派往东江游击区干训班受训，培训期间，他参加了敌后武装斗争实践。1940年7月，黄仕聪回到高明。此后黄仕聪在更楼带领群众进行抗租斗争，同时带领群众进行开渠引水抗旱斗争。为了引水，他带头挖开自家的田来开渠，群众十分感动。抗租、抗旱斗争都取得了成功。

　　1944年9月至11月，高明发生了震动全省的"倒钟"斗争，这实际上是一场农民起义（上文有详细介绍）。起义的原因是官逼民反，起义的口号是"打到钟岐！"参加起义的武装农民3000多人，加上没带武器的民众共1万多人。起义的总指挥是黄仕聪，总策划是中共中区副特派员郑锦波。起义队伍占领了县城，烧毁壮丁册、征粮籍册，钟岐败走，起义军救出被关押的同志和无辜群众。"倒钟"的武装骨干后来不少成为1944年底成立的以黄仕聪为大队长的高明人民抗日游击队第三大队的指战员。黄仕聪带领部队经过多次战斗，粉碎了敌顽军的多次进攻，他的队伍经历了大小几十次战斗，越战越强，后来发展为广东人民抗日解放军第三团，他担任团长，继续出生入死英勇奋战，与敌人周旋，直至取得了抗日战争的胜利。抗战胜利后，1945年10月，黄仕聪带领第三团冲出敌人的重重封锁，离开老香山与第二团会合，向云雾山根据地转移。当时黄仕聪患有肝病和脚病，不能随部队长途行军，组织上安排他带警卫员回高明隐蔽。10月25日，黄仕聪他们行至新兴东成，因天太黑，情况不明，误入敌营，黄仕聪与警卫员失去联系，次日在新兴森村被反动自卫队逮捕，押送江门国民党第六十四军司令部。不管敌人如何软硬兼施，用尽各种酷刑，黄仕聪坚贞不屈。最后，敌人终于下了毒手，1945年12月13日，黄仕聪在高唱《国际歌》、高呼"中国共产党万岁"的口号声中被国民党反动派杀害，牺牲时年仅31岁。

陈权，又名陈殿钊、陈铁，高明区更合镇城村人，1901年3月27日出生。父亲是泥水工，母亲是农村妇女。主要靠佃耕，一家人生活艰辛。陈权少年勤奋好学，1919年考入高明县立第一高等小学（东洲书院）。五四运动后，谭平山、谭植棠和谭天度经常把《向导》《广东群报》《青年周刊》等革命报刊寄回高明母校东洲高小供师生们阅读，在家乡开展社会主义思想启蒙教育。在新文化思潮的影响下，陈权初步确立了为国为民奋斗的思想。他积极参加反帝反封建的活动。1922年后因家贫无力升学，便回乡在村中小学教了几年书。1925年，陈权到了大革命的中心地区广州，参加了由谭植棠主办的第四届农民运动讲习所学习，受到谭植棠的直接指导，同时结识了广东省农民协会执委周其鉴。陈权积极参加大革命运动，党派他到广州郊区琶洲从事农民运动，他在斗争中经受了考验，加入了中国共产党。其时，他化名陈铁，表示铁石心肠闹革命。1925年春，阮贞元在高明蛇塘村建立了高明第一个农民协会并成立了农军，之后，共产党员冯从龙被派到高明加强对农运的领导，11月陈权被委任为广东省农民协会西江宣传员。他回高明后，协同阮贞元、冯从龙到更楼的泽河村开展农民运动，他发动群众与封建势力作斗争，建立了农民协会和农民自卫军。之后，他会同从广州回来的共产党员黎汝高和李家球到三洲、西安等地深入群众开展农民运动，组织农会和农军。这时，高明的农民运动如火如荼，农军的犁头旗插遍半个高明。1926年春夏间，高明地方党组织建立起来，首任负责人就是陈权。在党组织的领导下，有32个村庄成立了农会和农军，还在三个圩镇建立了理发、舂米、茶楼的工会，工运和农运逐渐高涨。1926年，陈权与中共广东省工人运动委员会委员谭毅夫一起调任国民党三水党部筹备员，他们紧密依靠工农群众和革命左派重新组成了以共产党人和革命人士为核心的新党部，形成了真正的革命统一战线，出色完成了任务。

1927年，大革命失败后，陈权接受党组织的安排，到广州参加了广州起义。起义失败后，陈权回高明家乡隐蔽，在广益小学任教。1929年陈汝棠回合水创办高明三小，陈权大力支持，他动员群众同意把广益小学全部学生合并到高明三小读书，使三小及时开学。陈权作为开校教师，大力支持陈汝棠的办学宗旨，对学生进行社会主义、爱国主义、反帝反封建新思想新文化教育。1930年，陈权随陈此生到东莞石龙任教，并于次年考入师范高中部学习，毕业后又考入广西师专学习。由于日本侵华，陈权与广西师专爱国师生一起投入到抗日救亡的运动中去。1934年，陈权从广西师专毕业，毅然回到高明三小担任教导主任兼地理教师，他积极协助李守纯主持"力社"的工作。1935年后陈勉恕回高明三小工作，"力社"走向农村，走向民间，发展迅速，第二年发展到在4个县边区成立了80多个分社，有社员3200多人，陈权还自编教材对学生进行社会主义、马克思主义思想教育，使高明三小、"力社"进一步革命化。1936年中，陈权恢复了党组织关系。同年8月，中共高明三小支部成立，两个月后以高明三小支部为基础，成立中共西江工委。陈权担任高明三小支部和西江工委的宣传委员。1937年至1943年初，陈权受党的派遣先后到怀集县和广西工作，1943年春转回高明，继续开展抗日斗争。他于1944年11月带领农民参加了"倒钟"的武装起义。同年12月22日，高明二区人民行政委员会成立，阮贞元当选主席，陈权当选副主席。他带领农民开展减租减息运动，大力发展生产，支持抗日武装斗争。1945年2月4日，陈权随广东人民抗日解放军第三团二连（黄河连）沈鸿光部100多人从新兴县石龙岗转移回高明，途中在鹤山县旱冲村驻扎时，被国民军一五八师四七三团及地方武装400多人跟踪包围，在激烈的突围战斗中，陈权壮烈牺牲，时年44岁。

梁国权，高明合水八宝坪村人，1912年出生。自小在家乡私塾读书，1929年进入陈汝棠创办的高明三小学习。他勤奋好学，思想进步，积极参加学校组织的反帝反封建的革命宣传活动。高明三小是一间学习革命、学风良好、催人进步的学校，从高明三小的历届毕业生中，先后有300多人参加了共产党领导的抗日救亡工作和武装斗争，因而高明三小被誉为"革命的摇篮"。梁国权1933年在高明三小毕业后，身体健壮，思维敏捷，喜欢练武的他被陈汝棠看中，经常带他在身边协助工作。陈汝棠将高明三小大部分没有更好出路的毕业生组成了一个自食其力、半耕半读、学习革命理论和进行军训的进步团体"力社"。"力社"办起来后，陈汝棠通过他的好友、海军司令陈策搞到一批枪支弹药，便派在身边工作的梁国权把这批枪支弹药带回高明，交给"力社"作为军训使用，通过军训培养一批武装骨干。当时已经具备一定军事素质的梁国权受陈汝棠指派，留在"力社"当了一段时间的军事教官。通过一段时间的努力军训，提高了"力社"社员的军事素质，很多人后来成为抗日游击第三大队的指战员。梁国权的政治军事素质得到很大的提高。1936年高明三小党支部成立后，梁国权次年被吸收加入了中国共产党，之后的多数时间，梁国权都是留在陈汝棠身边工作。1937年卢沟桥事变后，陈汝棠主办的第四路军看护干部训练班成立了，梁国权参加了这个"护干班"并成为骨干。中共广东省委十分重视这个护干训练班，省委书记尹林平亲自与陈汝棠保持密切联系，动员组织海内外爱国进步青年参加"护干班"的学习训练，同时派出几十名共产党员、领导干部参加"护干班"，使"护干班"保持在党的领导下开展活动。1938年7月，"护干班"学习期满，组成战地救护团，陈汝棠任团长，下设三个中队，分赴敌后担任战地救护任务。梁国权担任第一中队的中队长。

1938年10月，日军大举进犯广东，迫近广州，在日军进犯广州的紧急关头，陈汝棠宣布派出第一中队首先开赴增城前线执行战地救护任务，第二中队启程从化，第三中队作为后援，同班本部留在广州随时接应。10月17日，第一中队首批奔赴战场，第一中队长、共产党员梁国权率领全队80多人，穿着统一的军装，步伐整齐地沿着广增公路日夜兼程前进，19日到达增城，还未安顿好驻地，就有大批伤兵和受伤群众送来，大家当即全力投入到救护工作之中，忙了一个通宵。第二天，日军炮火攻击县城，城破，国民党守军早已不战而退，"护干班"失去了军队保护，完全暴露在敌人面前，梁国权为了大家安全，只得带领队伍撤出县城，向距离县城10公里的朱村后撤。万万想不到，当他们走到朱村时，一支以战车为先导的日军正规部队尾随而来，敌机低空扫射，日军大队尾追，在万分危急之际，梁国权指挥队员们拿起原守军丢弃的两挺重机枪、数十支步枪和弹药并掏出随身携带的轻武器组成一个抗击队伍，向日军开火抗击，日军突然遭到抗击，被打死打伤了几个后吓得后退了，因为他们自进入中国土地以来，由于国民党军队实行不抵抗政策,往往望风撤退,日军很少遭到抵抗,现在遇到抵抗,他们一时反应不过来,于是暂时撤退。过了一会,日军回过神来,他们凭借人数和武器优势,以密集的火力,嚎叫着围攻上来,一场力量对比悬殊、短兵相接的殊死搏斗就此激烈地展开。在惨烈的肉搏战中,这群以战地救护为主要任务、军事素质不高的小青年勇猛杀敌,这一战,杀死了几十个武装到牙齿的日军,而我们的中队长梁国权及 50 多位队员壮烈地牺牲了! 这 50 多名中华民族的英勇儿女,为保国家,把个人生死置之度外,显示出壮烈的革命情怀。他们的精神值得我们永远铭记! 梁国权牺牲时,年仅 26 岁。

陈勉恕(1890—1938),又名陈儒森,广西贵港市人。1915 年进入北京高等师范中文专科读书,1917 年毕业后到上海协和书局工作,曾协助陈独秀办《新青年》,其间与陈汝棠相识成为挚友,大革命期间加入中国共产党。1928 年在香港授意陈汝棠回乡办高明三小,高明三小成为党在革命低潮时的一个工作点。1932 年,陈汝棠倡办革命进步团体"力社"。1935 年 8 月,陈勉恕亲自到高明三小任教,指导"力社"深入民众之中,与人民群众结合在一起,进行反帝反封建、抗日救亡宣传,发展"力社"组织,使"力社"发展到 80 多个分社、3200 多名成员。他还着力恢复党的组织建设,恢复了陈权的党籍,在"力社"中培养发展了一批优秀分子入党,并于 1936 年成立中共高明三小支部。两个月后,陈勉恕请示中共南方临时委员会同意,以高明三小党支部为基础成立中共西江工委。陈勉恕还指导高明三小进行反对国民党当局破坏的护校斗争。之后党组织安排他回香港工作。1938 年初,他积劳成疾,加上早年曾被捕遭到毒打,刑伤发作,病情加重。党组织通过陈汝棠的帮助把他送到广州陆军医院医治,不久又将他护送回贵港家中治疗。同年 8 月与世长辞,时年 48 岁。

1952年被中共华南分局追认为革命烈士。

李守纯（1908—1944），广州市花都区人。14岁时父亲托人介绍，把他送到广州沙面洋行打工，1924年7月参加了党领导的沙面工人大罢工。次年省港大罢工爆发，李守纯参加了这场斗争。1925年他加入中国共产党并被调到中共广东区委任机要交通员。1927年"四一二"反革命政变后，中共广东区委迁到香港，他留在广州活动。年底他参加了广州起义，失败后转移香港，在中共广东省委秘书处工作。1929年他被调到上海全国总工会工作时被捕入狱，后因敌人没有掌握证据而获释。1932年他回到香港，中共广东省委遭到破坏，他一时找不到组织，却遇上了陈勉恕同志，于是两人一起开展抗日救亡活动。1933年下半年，陈勉恕派李守纯回高明三小工作，使高明三小能保持革命进步的方向。1935年8月，陈勉恕也来到高明三小工作。他俩一起着手党建，恢复了陈权的党籍，并在"力社"骨干和先进教师中发展了6名党员。1936年8月成立了中共高明三小支部，两个月后以此为基础成立中共西江工作委员会。1936年9月中共南方临时委员会派李守纯到广西从事党组织的恢复重建工作。李守纯联系上了南宁、右江、郁江的党组织并于11月召开了广西省第三次党代表大会，选举产生了中共广西省工委，恢复了广西党组织与党中央的联系。

1937年7月，李守纯回到高明；8月组建成立中共高明县工委，李守纯担任书记。当时老共产党员谭天度从南京出狱回到高明，李守纯主动找到谭天度共商抗日大计，并与在乡养病十年的谭植棠一起在明城一带建立"妇抗"和"青抗"，开展抗日救亡活动。同年11月，李守纯担任中共西江工委书记兼中共高明工委书记。至1939年3月，高明已有10个党支部80多名党员，在省委相关领导同志罗范群等人的指导下，于合水小洞文选楼召开中共高明县第一次党员代表大会，选举产生了中共高明县委，李守纯当选为第一任书记。1940年春，李守纯担任中共罗定县委书记。5月，李守纯回中共广东省委担任政治交通员。7月，任后北特委（下辖9个县）组织委员。1941年秋，接任后北特委书记。后因叛徒出卖，李守纯及其夫人陈志良在家中被捕。他在狱中受尽各种酷刑，但坚贞不屈。国民党反动派把他转移到南雄监狱，他不幸染上恶性疟疾，伤病日益恶化，8月的一个晚上，牺牲于狱中。

陈春霖（1906—1945），又名陈旺，深圳宝安区人，年幼丧父，由继父抚养成人。10岁读私塾，13岁就往香港洋船当童工。1922年1月，参加苏兆征等领导的香港海员大罢工。这场罢工在中共广东支部支持下坚持了56天，取得完全胜利。1925年6月，震惊中外的省港大罢工爆发，陈春霖站在斗争前列，成长为工人运动骨干，并在斗争中加入了中国共产党。1926年，陈春霖调任中共上海闸北区委委员，翌年任上海海员工会主席和上海市政府委员。他组织工人开展反帝反军阀斗争，推进大革命运动的发展。"四一二"反革命政变中，陈春霖被捕入狱。在狱中，他受尽严刑拷打和威逼利诱，但始终坚贞不屈，还鼓励难友坚持与敌人斗争，后于1930年经多方营救出狱。在土地革命战争时期又先后入狱6次，其中一次被关押在南京监狱长达4年之久，再次经受了生与死的严峻考验。1937年卢沟桥事变后，陈春霖在党组织的营救下出狱，并到革命圣地延安学习。1939年，陈春霖回广东担任中共中区组织部部长，具体指导各县贯彻党中央《关于大力发展党员的决定》，中共高明县委成立前后，他多次到高明指导工作。

1941年3月，陈春霖以中共中区特委委员身份兼任中共高明县委书记。他十分重视培养农村党员领导干部，选拔了两名农村党员为县委委员。1942年8月，他深入各支部传达"粤北事件"的相关情况，要求党的地方组织在国统区"隐蔽精干、长期埋伏、积蓄力量、等待时机"，指示以各支部为单位灵活开展活动。1945年2月，陈春霖调任广东人民抗日解放军第三团政治委员，他与团长黄仕聪紧密合作，同干部战士打成一片，深入做好政治思想工作，使指战员们保持精神饱满，取得了多次战斗的胜利，使第三团威名远播，成为活跃在西江南岸的一支英勇顽强的抗日部队。1945年5月，国民党顽军一五八师四七三团联合五个县的反动武装自卫队大举进攻老香山、皂幕山革命根据地，黄仕聪、陈春霖按照广东人民抗日解放军司令部的部署，率领三团指战员，会同二团独立营英勇战斗，粉碎了敌人的大扫荡。同年11月，部队从鹤城移师开平水井时，又被敌顽军重兵围追，部队决定分散活动，陈春霖和黄仕聪率第三团返高明。12日，第三团在鹤山选田村附近的龙潭坑隐蔽时遭敌军700多人袭击，发生激战，战斗失利。陈春霖他们退到麓湖顶时，又被国民党鹤山县自卫总队截击，形势十分严峻。陈春霖让战友边战边退，他自己扛起机枪向敌人猛烈扫射，掩护大家撤退，退到山腰时，部队大部分撤走，他继续阻击敌人。就在此时，陈春霖不幸中弹，英勇牺牲，年仅39岁。

谭宝荃（1920—1945），高明区更合镇巨泉村人。其父是在广州从事教育工作的有识之士，与陈汝棠是好朋友。谭宝荃5岁入私塾读书，12岁入兴贤小学就读，受到他积极传播新文化的三叔的教育，对旧社会的本质有了初步的认识。1933年，他的哥哥谭宝莲从广州一中毕业回高明三小任教，哥哥是一位革命进步青年，经常把一些革命进步书刊带回来给谭宝荃看，使他较早就接受了先进思想的熏陶。1934年，谭宝荃考入高明三小就读。谭宝荃像是一块好铁再投进洪炉，他在高明三小进一步接受革命道理和反帝反封建、改造社会的革命思想的教育。谭宝荃积极投身于高明三小和"力社"的各项革命活动，受到锻炼。他成为"力社"骨干，假期回到老家发动男女青年进夜校学文化，唱革命歌曲，在山村播下革命思想的种子。1936年他从高明三小毕业，便进一步投入到"力社"的活动，并参加了军训。1937年他受聘高村小学任教，以更大的热情宣传抗日救亡道理，组织民众参加抗日救亡活动。1938年，谭宝荃在小洞和平小学任教，响应中共高明县工委的号召，发动青年参加二区青年抗敌同志会，他成为领导成员之一。他带领"青抗"会会员下乡宣传反帝反封建和抗日救亡思想。1938年8月，党组织吸收他加入中国共产党。10月，合水水井洞党支部成立，谭宝荃担任党支部书记。

1939年3月，谭宝荃出席了中共高明县第一次党员代表大会，会后县委成员李冲和李洪进驻小洞小学，谭宝荃和黄仕聪积极配合，培养青年抗日活动骨干，成立了抗先队，为建立武装、建立抗日根据地作准备。同年10月，县委决定成立合水区委，由谭宝荃担任书记。1941年5月，县委指派谭宝荃负责统战工作，他曾打入国民党仁安乡政府当过干事。1942年，他又转到水井益智小学任教。这时中共高明县委要求争取国民党的几个乡政府为我所用，以合法形式开展斗争。1943年夏，谭宝荃顺利当选长安乡乡长，并争取乡间实力派支持，选聘进步青年当副乡长和文书，使乡政权实际掌握在我党手里，表面上与国民党当局虚与周旋，实际上为我党服务。1944年11月的"倒钟"运动，谭宝荃是实际发动者和组织领导者之一。之后成立高明抗日游击队第三大队时，他发动乡亲并亲自带领一批"倒钟"斗争的积极分子参加部队。12月，他被选为抗日民主政权二区人民行政委员会委员，开展减租减息斗争，发动青年参军，为抗日部队提供后勤保障。1945年2月，国民党一五八师对我抗日根据地开展扫荡，企图扼杀我新生抗日民主政权，谭宝荃在组织群众进行坚壁清野的时候不幸被捕。被捕后，在敌人的威逼利诱和严刑拷打面前，谭宝荃保守党的秘密，坚贞不屈，并当众揭露国民党消极抗日、积极反共的罪行。敌人无法撼动他的意志，最后只得对他下了毒手。罪恶的枪声在该村禾地岗响起，谭宝荃昂首挺胸高呼"中国共产党万岁！"英勇就义时年仅25岁。

谭维均（1916—1941），高明区更合镇巨泉村人。小时候在家乡读私塾，1932年赴肇庆中学读书，毕业后返回家乡，在陈汝棠主办的高明三小任教。他遵照三小的办学章程，对学生进行新文化教育，灌输反帝反封建、民主进步和社会主义的思想。他吸收共产党员阮贞元、陈权及其他进步教员的思想认识和观点，积极参加"力社"的各项革命活动，积极向群众传播革命思想。1937年7月，抗日战争全面爆发，谭维均投笔从戎，由布练村廖迪成介绍，与本村青年谭宗达一起，不畏艰苦，奔赴延安，追求革命真理。1938年，谭维均进入延安抗日军政大学学习，提高了政治素质和军事素质。谭维均在抗大学习期间加入了中国共产党。学习结束后，谭维均参加了新四军，随部队开赴安徽、浙江一带抗击日军。1941年1月皖南事变发生后，新四军遭到重创。谭维均所在的部队组织军民在敌后开展艰苦的反扫荡斗争，打击日伪军。这时谭维均担任新四军二师一旅十一团二营教导员。1941年11月2日，在安徽芜湖与马鞍山之间的一座大桥对日伪军的一场激烈战斗中，谭维均身先士卒，英勇战斗，不幸中弹，壮烈牺牲。牺牲时年仅25岁。

陈定（1887—1945），高明区更合镇小洞塘角村人。1925年参加省港大罢工，1927年12月参加广州起义，广州起义失败后，回家乡务农。他秉性刚强正义，乐于助人解难，深受群众爱戴。1938年2月参加中国共产党。1940年春荒，党组织指派陈定带领几十名群众在沧江河截回不法商人一批准备外运谋取暴利的粮食，分给群众度过春荒。1941年3月，在国民党的反共高潮中，中共高明县委处境十分困难，陈春霖担任高明县委书记，连吃饭都成问题。陈定将陈春霖妻儿接到自己家里食住，之后又将特派员冯华的儿子接来家中，自己则节衣缩食，甚至饿肚子，也悉心照料他们，时达一年之久。这期间，县委会议经常在他家中召开，他夫妇担任警戒，从未发生过事故。陈春霖因工作需要远行缺乏费用，陈定毅然将自己家中的耕牛卖掉，将卖牛款全部交给陈春霖作活动经费。1942年秋，共产党领导小洞人民联合平塘村佃户开展抗租反夺佃斗争，陈定是这场斗争的领导者之一。1941至1944年担任中共高明县特派员的郑桥同志，1982年写了《我在高明工作三年》一文，深情地回忆了革命烈士陈定的事迹："1941年春，我第一次与陈定见面，他是我党在小洞交通站的站长。我知道他没有儿女，便问他：'现在革命环境恶劣，有的同志难于抚养儿女。可否送一个给你作为儿女抚养？'他说：'共产党员以天下为己任，四海为家，别的同志的儿女，我可以代为抚养，不一定作为我个人的儿女，只要我死后党能在我坟前立个碑，写上共产党员陈定之墓，我就心满意足了。'我听了深受感动。陈定对我们的生活甚为关心，在艰苦的岁月里，我们穿衣吃饭都成问题，陈定提议：'对于你们的生活问题，要想点办法，小洞有几亩鬼田，据说谁耕了谁倒霉，现在丢荒了。请组织筹些钱以低价买过来，由我来耕，我不信鬼，不信邪，我耕了后，将每年收获的谷物补贴你们的生活。'后来小洞党支部筹钱买了那几亩田过来，由陈定耕种，他将每年收获的谷物交给党组织安排，给驻村的中共干部或游击队补贴使用。"

1945年2月7日，国民党一五八师四七三团在合水大洞驻扎，广东人民抗日解放军获知敌人只有一个连，便由副司令员谢立全和第三团副团长秦炳南带领四个连和一个炮兵排共300多人以凤凰山为前沿阵地突袭大洞村敌军，激战中发现敌军是一个整编团近千人，结果我军被包围在凤凰山，激战多时，我军突围，不少战士被打散。陈定接受党的任务，多方联络失散的同志。当他5月在合水万屋村联络失散的同志时不幸被捕。被捕后，他受尽严刑拷打，始终保守党的秘密，1945年6月初，被国民党反动派杀害，时年58岁。

陈妹（1922—1945），高明区更合镇小洞悦塘村人。1936年，高明县地下党领导人李守纯派高明三小毕业生陈革回到小洞和平小学教书，陈革边教书边开展革命活动，在和平小学开办夜校，组织青年学文化、学革命道理。悦塘村贫苦农民出身的女青年陈妹积极参加夜校学习。1939年初，广东省战时工作队130队与高明二区妇抗会的同志进驻小洞，在文选楼成立抗先分队，并开办夜校。陈妹同样积极参加学习，认识到共产党是农民的大救星，只有跟着共产党闹革命才能翻身解放。陈妹带头加入了抗先队，积极参加本乡的抗租斗争。1939年冬，县委书记黄文康到小洞和平小学任教并开展革命活动，陈妹经常往返六七公里到集市帮助地下党同志购买生活用品。还经常把自己种的蔬菜、番薯等送给他们充饥。1941年中，中区特委组织部部长陈春霖的妻子在小洞生孩子，陈妹把家中准备孵小鸡用的鸡蛋送给陈春霖的妻子补身。1944年11月，珠江纵队挺进部队在小洞举办妇女干部学习班，谭秀华同志直接到来指导，陈妹在谭秀华的指导下，参加了抗日部队并担任炊事员。她对工作认真负责，不怕艰辛，经常挑着重担随部队转战各地，每到一地，她便主动联系群众做好后勤工作。当时广东人民抗日解放军第三团经常驻扎在屏山、小洞等村庄，陈妹总是负责到集市买菜和挑运粮食，她打扮成农村妇女出色地完成工作任务。1945年初，国民党一五八师四七三团等1000多人围攻我抗日队伍，发生了癫狗山战斗。陈妹参加了这次战斗，她冒着枪林弹雨给部队送饭、送茶水，直至战斗结束。

1945年5月31日，陈妹积劳成疾回家医治。不料第二天国民党保安大队及地方反动团队到小洞"围剿"，敌人进村大肆抢劫，搜捕我抗日志士，陈妹在家里来不及转移，躲在一间破烂草房子里，她的母亲用山草为她掩蔽，不料被村中反动分子告密（该反动分子后被我枪决），陈妹不幸被捕，她10多岁的弟弟陈牛也被反动派捆绑在祠堂里用枪头打晕。陈妹被押解到一五八师驻地审讯，经多次审问，她视死如归，坚守秘密。她宁死不屈，6月7日，她在更楼圩附近的大坪英勇就义，牺牲时年仅23岁。党组织后来追认她为中共党员。

此外，还有一批高明籍的革命战士在抗日战争中为革命捐躯，让我们永远记住他们的名字——

彭店，男，1912年生，更楼沙村人；游击队战士，1944年在明城战斗中牺牲。曾四，男，1901年生，更楼泽河村人；游击战士，1944年在明城龙虎头战斗中牺牲。温伯初，男，1906年生，西安鳌围村人；抗日游击队员，1944年在高要战斗中牺牲。何钻，男，1914年生，新圩朗锦村人；抗日游击战士，1944年在明城战斗中牺牲。李如芳，男，1916年生，明城东门人；游击队战士，1944年在明城战斗中牺牲。李秋南，男，1922年生，合水边坑村人；抗日民兵，1944年在金丝岭战斗中牺牲。黎周，男，1920年生，合水布社村人；抗日游击队战士，1944年在新圩独岗战斗中牺牲。黎荣德，男，1928年生，合水布社村人；抗日游击队战士，1944年在新圩独岗战斗中牺牲。黄秉钊，1924年生，新圩歌乐村人；抗日游击队战士，1944年在新兴冷饭村被害牺牲。李富庚，男1929年生；抗日游击队战士，1945年1月在蕉山战斗中牺牲。李丽蓉，女，1919年生，明城东门人；抗日游击队卫生员，1945年1月在蕉山战斗中牺牲。谭宝芬，男1925年生，合水巨泉村人；抗日游击队排长，1945年1月，在泽河执行任务时被杀害。谢派，男，1911年生，更楼千岁村人；抗日游击队战士，1945年在明城战斗中牺牲。何添盛，男，1900年生，西安鳌围村人；抗日游击队员，1945年在高要被捕遭杀害。徐金泉，男，1905年生，合水八宝坪村人；抗日抗击队战士，1945年在新圩被捕遭杀害。陈三苟，男1914年生；抗日游击队战士，1945年在更楼被捕遭杀害。杨祯祥，明城朗第村人；抗日游击队战士，1945年在合水沙帽岗战斗中牺牲。罗安，男，1924年生，更楼平塘村人；抗日游击队战士，1945年在皂幕山战斗中被俘，后遭杀害于肇庆。罗冠，男，1926年生，更楼平塘人；抗日游击队战士，1945年4月在选田被捕，在新兴县被杀害。关植池，男，1914年生，荷城禾洲村人；抗日游击队战士，1945年5月在明城战斗中牺牲。

第十二节 谭天度、谭植棠与东江解放区

1937年8月,谭天度从南京监狱出狱,党组织安排他回乡调理身体,同时与谭植棠等一起创办青抗、妇抗,参加抗日救亡活动。1939年8月,他接到党组织通知,调他到中共粤北省委所在地韶关工作。谭天度接到通知后,二话没说,带上简单行李与家人告别后就出发。临行前与谭植棠话别,谭植棠希望谭天度将他的情况向党组织汇报,说他现在身体已好转,可以振奋精神再次投入党安排的工作中,并再一次要求恢复他的党组织关系。谭天度表示一定要把这件事办好。谭天度到粤北省委报到后,被分配担任省委统一战线的刊物《新华南》主编的工作。这个刊物每期出版两三千份,除发行韶关各县,也寄往广州及广东各行政专区、港澳和南洋各地,对全省各地群众尤其是青年人影响很大,对于抗战、统一战线的事业也有很大的鼓舞作用。虽然《新华南》在国民党顽固派第一次反共高潮中被迫停刊一段时间,但在共产党和国民党左派人士的争取下,《新华南》停办了两个月又被允许恢复了。不过在接续出版一段时间后,在国民党顽固派发动的第二次反共高潮中,最终还是被迫停刊。党组织安排谭天度离开韶关前往东江解放区工作。辗转到东江后,谭天度开始参与《前进报》的办报工作。谭天度是个办报的行家里手,先后八次为党办报,他对办好党报是深有体会的。他认为:要想办好党的报纸,第一要有坚定的政治立场,站在党和人民的立场上说话;第二要

深刻理解党的主张，以党的主张作为报刊的灵魂；第三要准确把握形势、任务和方针政策，报人一定要做党的方针政策的明白人。

三个月后，谭天度被调到香港做统战工作，任务是协助中共组织赶在日本军队占领香港之前将在国内被迫害离开内地到了香港的大批爱国民主人士和文化人士转移回内地。这个任务基本完成后，谭天度又回到东江抗日游击区。1942年1月，党组织安排谭天度在新成立的"东江军政委员会"担任委员。党组织决定深入开展敌后抗日游击战，谭天度被任命为抗日游击队惠阳大队的政治委员。他根据总队的要求，对惠阳大队进行了整编，健全机构，充实力量，开展高强度的军训，明显提高了部队的战斗力。然后精心部署，狠狠打击日本侵略者。他带领部队打了"铜锣径伏击战"，打死打伤日军35人，夺取日军战马两匹，武器一批。又挺进东莞，会同第三大队在金吉岭打了一仗，打死打伤国民党顽军50多人。这年5月，惠阳大队在一次伏击战中消灭了日军一个骑兵分队。

1944年7月，中共广东省委决定在惠（阳）东（莞）宝（安）地区创立人民民主政权，成立东宝行政督导处，并决定由谭天度担任督导处主任。谭天度于是离开惠阳大队，全副身心投入根据地民主政权的建设。在党的革命根据地搞民主政权建设，需要大量经济建设和社会管理人才，谭天度第一时间想到了家乡，高明那里有一批自己所熟悉的人才。他首先想到的就是谭植棠，因为谭植棠懂经济，十多岁就开始主持家族的裕丰号酒米铺的各项业务管理工作；另外，他在家乡十多年，已经养好了身体，不仅参加抗日的活动，还用了不少时间管理家族出租的土地和家族的生意，他是一个搞经济的行家。谭植棠不但懂经济，更是对党的事业满腔热情，忠心耿耿。当年抗日自卫队和逃难到高明的群众缺乏粮食，他曾亲自打开家族在更楼大幕村的仓库，把两万多斤稻谷发放给逃难的群众和抗日自卫队；在"倒钟"斗争中他也从家中拿出3000多斤大米支持"倒钟"队伍。他是一个对党极为忠诚的经济专家。谭天度征得领导同意后，写信给谭植棠，请他尽快来东宝行政督导处工作。

谭植棠正在家乡准备武器，名义上成立谭氏宗族抗日自卫军，实际上是把武器用于支持黄仕聪领导的抗日游击队三大队。不知怎样走漏了风声，国民党当局出动警力要逮捕谭植棠和一批抗日积极分子。谭植棠在村长的掩护下，逃过了警察的追捕，几经转折，终于来到了东江纵队路西行政督导处的驻地楼村，见到了自己的亲密战友谭天度。谭天度宣读了东宝行政督导处的任命书，任命谭植棠同志担任东宝行政督导处财经科长。

解放区财务工作任务繁重，谭植棠用数天时间作了调查研究后，向谭天度汇报了自己的想法：第一要在整个解放区开展减租减息，一定不能马虎，要尽快落实，让人民群众得到实惠，切实改善生活；二五减租是比较合理的做法，地主和农民都能接受，各种类型的地租一律不得超过三成，让农民有提高生产力的积极性。第二要在解放区推广良种良法耕种，合理兴修水利，先搞见效快的工程，群众生活改善了，解放区的财源就丰富了。第三要制定好解放区的征税条例，在区、乡建立税站，征收公粮和税款的比例要比国民党的税率低，主要保证解放区军政开支和救济困难群众就行了。发展解放区的商业和制造业（制造业可从传统手工业开始），开放农贸市场，让群众互通有无，这样不出两年，解放区的财政经济一定大有起色。

谭天度听了谭植棠的意见，大受启发，认为很好，便立即邀请谭植棠一起向中共东江游击总队党委作了汇报。省临委和东纵的领导尹林平、曾生、王作尧、杨康华、连贯等听了谭天度和谭植棠的汇报后，一致赞同谭植棠提出的工作方案，都认为他是一个财经工作的行家。在大家的一致支持下，党政军三方共同努力去实施。很快，整个东江解放区开展了轰轰烈烈的减租减息运动，谭天度和谭植棠深入各乡村进行具体指导。由于"二五减租"对地主伤害不大，农民也能得到实惠，所以都能够接受。经过两个多月的实施，整个东江解放区都能有效执行，加上在解放区有效推行良种良法，所以在1945年早造，东江解放区获得了丰收。

谭天度和谭植棠共同起草了《东江抗日解放区路西东宝行政督导处税率条例》，所制定的税率大大低于国统区，经领导班子同意，这个条例由解放区民主政权颁布实施。谭天度与谭植棠及工作人员分别下到各县区乡村向基层干部解释条例，指导各级人民政权组织设立税站，开展正常的按条例征税工作。由于条例简化了征税手续，各种征税计算也简单明了，群众依条例征税热情高涨，经过三个多月的努力，解放区征税工作得到有效推进，东江纵队由于经费和粮食得到保障，部队士气高涨，不断传来打胜仗的消息。谭天度和谭植棠指导各县区乡村恢复集市自由贸易，连一些过去没有集市的地方都增设了集市，解放区军民互通有无，连国统区、沦陷区的群众都来参加集市贸易，一时间，解放区呈现出前所未见的繁荣景象。

谭天度和谭植棠还开办了解放区民主政权财务人员训练班，培训了一批财务人员，普遍建立了民主理财的工作制度。就这样，东江解放区建立了一套财务管理和民主监督制度，谭植棠被称为解放区的红色管家。谭植棠在东江解放区工作了一年多后，1945年10月，他书面向东江纵队党组织提出了恢复自己党组织关系的申请。谭天度向党组织汇报了自己的看法："谭植棠是中共广东组织的创始人之一，大革命时期是一个风云人物，曾担任中共广东区委主席团成员，是农民运动讲习所第一至三届教员和第四届主任，是统一广东各界代表大会主席，曾担任广东各界对外协会主席和省港大罢工后援会的领导。在1926年12月的农工商学联合会的一次大会上,他在发表演讲时因肺病发作而吐血晕倒,被送入院治疗,在'四一二'后的白色恐怖中,他九死一生辗转回乡治病十年。他治病期间深居简出,慎独处事,不与当局有任何联系,后来身体稍有好转便找到党组织,在党的领导下参加抗日救亡活动。当时他就要求恢复党的组织关系,只因环境所限不能实现。现在他要求恢复党的组织关系,完全是正当合理的要求,也是他革命立场坚定,有坚定的共产主义信仰的体现。总之,谭植棠政治立场坚定,经历清楚,思想品德优良,一直坚守党的立场,现在条件具备,我建议恢复他的党的组织关系。"

大家同意谭天度的意见,不过认为需要慎重,呈报中央审批。经尹林平、曾生、连贯、谭天度四人联合署名致电中共中央办公厅,中办将此事呈报给当时主管中央南方事务的周恩来副主席,经审查批准,谭植棠同志终于恢复了党的组织关系。

第四章
共产党领导老区人民为建立新中国而奋斗

第一节 高明老区人民支持共产党恢复武装斗争

世界反法西斯战争和中国人民抗日战争胜利后,本来人民应该得到休养生息,国家可以进入和平建设时期。但是国民党反动派没有一天放弃过要排除异己、消灭共产党及其武装力量,实行独裁统治的险恶目的。蒋介石一方面装模作样做出要和平建国的姿态,邀请毛泽东到重庆进行和平谈判,以欺骗舆论、欺骗人民,盗取名誉;另一方面是为发动全面内战争取时间,做好部署,一旦他认为时机成熟,就会为了独裁统治而撕毁协议,全面发动消灭共产党和人民军队的内战。在摊牌发动全面内战之前,他就在国民党内部散发所谓的《剿匪手册》,部署他的心腹对共产党及其武装力量发动进攻,重庆谈判虽然达成了停战协定,但很快,蒋介石就露出了本来的狰狞面目,撕毁了协议,发动了全面内战。

在广东地方,不管在重庆谈判中还是达成停战协定后,蒋介石对广东统治者张发奎说"长江以南不在协议范围之内",指示他不要停止消灭共产党武装力量的行动。所以说,国民党反动派一天也没有停止向人民武装力量发动进攻,广东的国民党当局更是变本加厉地把矛头对准共产党及人民武装部队。在这恶劣的局面面前,人民武装力量为了生存,不得不以牙还牙,坚决与国民党反动派进行针锋相对的斗争。

1945年9月20日,广东人民抗日解放军总队领导机关及一、三团回师合水,将原驻合水的广东保警第八大队及县自卫队驱逐出合水地区。同日,广东保警八大队一部300多人集结于高要的横江、鳌头等村庄,企图进犯合水。驻扎在合水圩的广东人民抗日解放军侦知后,立即部署一个连抢先占领制高点石壁岭埋伏,天刚亮,敌人大举进攻,遭到埋伏部队的迎头痛击,歼敌50多名,俘虏30多名,余敌夹着尾巴向高要方向逃遁。

10月18日,国民党一五九师四七六团进占更楼、合水。26日,国民党一五六师四六七团及开平、鹤山、高明、新兴、高要五县的自卫团共3000多人大举来高明进行"清乡",对抗日老区进行烧杀抢掠,疯狂地实行"三光"政策,小洞、布社、洞心、平塘等村庄被"围剿"17次,他们杀害村民21人,逮捕14人,烧毁房屋75间,抢去财物折合稻谷736.6吨。他们对人民的残暴行径可说是疯狂之极,引起人民群众的极大愤慨!国民党反动派暴行累累,罄竹难书,民心尽失,注定其必然走向彻底失败的结局。

10月,广东人民抗日解放军撤离高明,只留下一个连,由陈江、黄仕聪和吴新带领,在新(兴)高(明)鹤(山)边区活动。下旬,该连在新兴集成附近与国民党一五八师发生遭遇战,黄仕聪因患病不能随队行动,仅带一名警卫员离开部队准备回高明隐蔽,但因天黑道路不明,误进都村敌营并与警卫员失联。黄急退出都村,只身走到森村,被当地自卫队逮捕,送交国民党一五八师,再解往江门国民党六十四军司令部。黄坚贞不屈,于12月13日在江门英勇就义。黄仕聪在抗日战争中成长为一名解放军的团长,却在抗战胜利后牺牲在一心要独裁统治的国民党反动派的屠刀之下,着实令人愤慨!

抗日战争胜利后重庆谈判的一项重要决定是以东江纵队为主,包括珠江纵队、韩江纵队和南路的广东人民抗日解放军部分骨干北撤山东。按照这项决定,中共中区临时特别委员会根据省委的决定，具体部署了广东人民抗日解放军北撤、部分指战员复员、在南方要留下骨干力量坚持党领导的武装斗争等相关事宜。广东人民抗日解放军第三团的部分人员奉命加入东江纵队2588人的北撤队伍中，顺利北撤山东烟台，入编中国人民解放军两广纵队，该纵队后来参加了淮海战役和南下解放广东的战役。

北撤队伍离开后，广东人民抗日解放军第三团副团长吴新到老香山一带，领导该团在高明坚持斗争的干部战士，活动于更楼、合水一带。这一年，高明的更楼、合水革命根据地已经组织有本地人民群众参加的基干民兵500多人。

1946年5月，中共中区临委决定，留下来坚持武装斗争的广东人民抗日解放军第三团的人员，由梁文华领导，以高明的老香山、鹤山的合成、开平的水井为基地，主要活动区域是高明的更楼、合水以及高要的八乡鳌头，开平的东河，鹤山的云乡、址山等地，活动方式主要是开展游击战争。

5月15日，广东人民抗日解放军第三团留下坚持武装斗争的人员，为反击国民党的"清乡"运动，于5月15日袭击了平时横行霸道、欺压群众的更楼警所，俘虏警察24名，缴获步枪24支以及一批物资。这一战斗，显示了我军留下坚持武装斗争的人员还有相当强的战斗力，国民党当局极为震惊。

1947年2月，梁文华动员根据地党组织根据上级要恢复武装斗争的指示精神，将原来分散活动的三个武装工作组集中起来，同时动员复员的指战员归队待命和号召青年参军。党组织将北撤后那段时间藏在合水边坑村和鹤山大朗村的两挺机枪以及几十支步枪取出，建立起一支50多人的武装部队，称为新高鹤武装基干队，队长戴卫文，指导员李法，他们活动于新兴、高明、高要、鹤山地区并以"新高鹤人民抗征大队谭桂明"的名义发表布告。3月，春荒。中共地方党组织根据人民要求，组织"穷人求生队",这个队伍由30多人发展到100多人,分布在高明的合水、更楼和鹤山的合成、新兴的水台等地区,他们组织起来向地主借粮度荒,有时配合部队打击破坏分子,开仓分粮,解决贫苦群众的生活困难。

4月,新高鹤武装基干队袭击了合水圩,惩治了合水田粮处主任廖之衮和长安乡乡长李忠兆,并打开了县设在合水圩和巨塘村的粮仓赈济饥民。5月中旬,新高鹤武装基干队在更楼群众的配合下,袭击了更楼警察所,警察负隅顽抗,基干队改用火攻,结果只有一名警察逃脱,其余全被歼。几天后,泽河乡乡长曾日和慑于我武装力量的军威,主动与我部队联系,要求派武装人员到该村开仓分粮。6月15日,"穷人求生队"配合小洞、屏山、布社、洞心、水井以及新兴杜村等村党支部,发动群众300多人打开了新兴县水台的粮仓,把粮食分给劳苦大众。

8月,中共高明县组织为了扩大人民武装,决定发动群众开展借枪运动,短短几天,一呼百应,合水地区共借出长短枪340多支,手提机枪1挺,手榴弹20多枚,子弹数千发;更楼地区借出长短枪82支,手提机枪1挺;明城冲坑坪借出长短枪4支。原籍合水高村的著名民主人士陈汝棠的夫人李素真当时在高村居住,得知地方党组织为恢复武装斗争而借枪,主动献出驳壳枪1支,稻谷500斤,同时动员大伯陈汝楷献出与她共有的机枪1挺,子弹一小箩,支持共产党恢复武装斗争。人民群众支持中共党组织开展游击战,有许多动人的事例:合水布社村的李雄才老人,是游击队的堡垒户,有一次知道游击队缺粮,他把家中仅有的两袋存粮拿出来给游击队应急,而他们的家人这段时间就只吃杂粮;更楼坪山村党支部书记罗湛元,为了解决游击队的给养,把自己家里的两头耕牛都变卖了,卖得的款项全部送给游击队做经费;合水小洞村的游击队交通员梁金,老家被国民党反动派抄了,妻子和孩子都被拉去坐牢，敌人的目的是威逼他自首，但是他十分坚强，拒不自首，仍坚持做好交通员的工作，后来游击队把他的妻儿救了出来，更坚定了他跟党干革命的决心。

9月，中共高明县组织派罗航、伍子棉到高明县立中学开展学运，发展党员，建立了党支部。该校党支部领导学运，很好地配合了解放区民主运动和人民解放战争的进行。至建国前夕，该校中共党员发展至20多人，该校党支部成为当地一个较有影响力的党支部。

同月，新高鹤武装基干队以"新高鹤人民抗征大队谭桂明"的名义，在合水地区发布《减租减息条例》，指导各乡村广泛开展减租减息专项斗争。

10月中旬，新高鹤武装基干队夜袭县警队合水驻地，击毙警长一名，俘虏粮仓主任，打开县设在良村的粮仓，将稻谷50多吨分给群众。

第二节 共产党领导的革命根据地巩固发展

1948年1月，新高鹤武装基干队和共产党领导的恩（平）阳（江）武装工作队，一起袭击了县警驻合水圩分队及布练村的反动自卫队，俘虏县警30人，缴获机枪2挺，长短枪30多支，并把县存放于布练村的粮仓打开，把里面的粮食50吨分给劳苦农民群众。

3月，中共（高）要（高）明边工委成立，李法任书记，委员陈古（古海生）、叶琪（叶衍基）管辖高明中西部和高要南部的革命根据地。边工委作出工作部署：巩固高明老区，发展要南新游击区。边工委组织力量，向要南至西江边一带发展新区。接着，中共高明边工委领导的人民武装基干队博爱队在合水旺田头村宣布成立，由黄步文任队长，郭权任政治指导员，活动于要明边境地区。同月，中共新高鹤区工委宣布成立。新高鹤区工委领导的一个武工组罗湛元等6人联合杨梅禾草塘的民兵袭击了杨梅警察所，俘虏警察12名，缴获枪支弹药物资一批。紧接着，中共高明县组织领导的人民武装信义队在更楼柴塘村宣布成立，罗湛源、陈松担任正、副队长，罗航任政治指导员，有指战员40多名。

3月27日，中共新高鹤区工委领导的武装部队合编为粤中人民武装新高鹤总队，这个总队在新兴县水台区良田村宣布成立，梁文华任总队长，叶衍基任副总队长，周天行任政治委员，杨德元任政治部主任。为巩固革命根据地的建设和为人民武装部队提供给养，3月，中共新高鹤区工委分别在高明的合水、杨梅、古城、新圩设立税站。4月，中共新高鹤区工委分别在高明的合水区、更楼区、明城区、杨梅区建立解放区人民民主政权。

这一年的春夏两季都碰到严重的粮荒，中共高明县组织领导群众普遍建立农会，带领群众开展借粮救荒运动。这段时间，合水的高村、水井、蛟塘八乡、屏山、吉田等村农会代表缺粮户向村中有粮户共借得稻谷105.5吨；屏山村农会还没收了（高）要（高）明（新高）鹤等六邑罗氏联宗会的稻谷15吨，将一部分分给贫困户渡荒，一部分用作办小学（减免学费招收困难的农民子弟入学）。

从3月初开始，中共新高鹤区工委派出武工队长彭社、指导员林源，率领武工队插到国统区后方活动。3月下旬，林源在磨刀坑附近的河面上发现4艘运粮船，这是国民党当局从合水更楼农村群众中征收的粮食。队长彭社佯称自己是国民党军，喝令停船检查，结果一枪未发，便俘获押粮县警5名，缴获长短枪6支，发动当地群众把粮食分散运走，解决渡荒的急需。这时，有群众向人民政权反映新圩的联防队长谢式芬有欺压群众行为，要求给予惩处，党组织指示武工队将谢擒拿，给予恰当的惩戒。于是，武工队长彭社带领精干队员化妆潜入新圩，将谢式芬生擒。谢式芬吓得屁滚尿流，不断地求饶，低头认罪，并表示从今往后一切听从农会的指令，再也不敢欺压群众。武工队给予适当的惩戒后将其放回。自此他变得老实多了。

4月4日是当时的儿童节，在明城地区中共党员严权发、罗航的领导下，进步教师吴伟、谢奕组织串联发动明城地区的三玉二小等五所小学，联合举行庆祝活动。他们示威游行，高喊"我们要吃饭、我们要自由、我们要读书"的口号，并舞着黑色的龙

（讽刺国民党当局"乌龙"），抗议国民党对人民实行黑暗统治。小学生都动员起来反对国民党当局的黑暗统治，可见在当时国民党反动当局是多么的不得人心。

4月中旬，鹤山县荷村罗大增等3人冒充我武工队员勒索了欧村温华仔稻谷7.5吨，我信义队闻讯，很快就逮捕了罗大增等3人，把勒索的稻谷财物如数还给受害人，彰显了我党我军是完全为人民根本利益着想的正义之党、正义之师。

随着共产党领导的根据地、解放区、游击区的不断发展扩大，国民党当局惶恐不安和仇视敌视，妄想扑灭我根据地的民主政权。4月中旬，省保警李根林率部约500人，窜到合水布社村进行"扫荡"，烧毁房屋两间，杀害村民黄植南，并强抢稻谷20多吨，生猪200多头。这表明国民党的军队已经完全站在人民的对立面，变成明火执仗的强盗！

5月，高鹤县边区特工委武装基干队，在西江边的三洲、石岩头等地设立流动税站，征收过往船只护航费。

5月16日，中共要明边工委书记李法率领新高鹤总队的博爱队、要南武工队及高明、新兴边区武装人员共60多人，为反击国民党当局的"扫荡"，袭击了新兴东城警察所和乡公所，毙敌1名，俘敌33名，缴获步枪30支，手提机枪1挺，手枪3支，子弹1000多发，还缴获军用物资一批。25日晚，粤中人民武装新高鹤总队兵分两路袭击三洲警所、乡公所及石岩头的土匪关卡，俘虏警兵和乡丁30多人，缴获长短枪40多支，子弹数千发。27日清晨，省保警十四团和新高鹤当局的地方联防队共700多人包围偷袭正准备转移的新高鹤总队驻茶山部队，双方激战3个多小时，新高鹤总队击溃其中一部后冲出重围撤离。

同年7月，中共高明县工委成立，郑靖华担任书记，与此同时，中共更楼、合水工委相继成立。中共高明县工委将减租减息作为当时群众运动的中心工作来抓，经过调查研究，认为"二五减租"（减租率25%）与高明实际情况不符合（高明历来交租是三堆开，农民得三分之二，三分之一交租），现在要求在三堆开基础上，交租部分再实行四六开。经请示中区党委同意，分头组织实施。广大农民得益增加，这更促使高明的减租减息运动广泛开展起来。当时更楼泽河村地主曾士、曾襄廷对抗"双减"运动，曾士带了10多名联防队员到带村捉拿积极进行"双减"的村长曾元，抓不到，随手将曾元的耕牛抢走。新高鹤总队先后派叶琪、何少霞、罗湛元带武装人员及蛟塘八乡党支部书记、村长和该村的群众，对不法地主进行了惩处，赔偿了曾元的损失，支持了拥护"双减"的群众，鼓舞了民心，确保了泽河村及更楼各村"双减"运动的顺利开展。通过"双减"，这年早造农民多获得稻谷1000多吨。

8月15日，新高鹤总队在大沙、岑水附近袭击由高明县长谢伟豪率领的下乡催粮队，消灭省保警十四团的一个排。同月18日，中共高鹤边特区工委书记温流率领新高鹤总队五华队30多名指战员袭击省保警十四团驻三洲某连的一个排，缴获机枪两挺，步枪25支，枪榴弹筒2支，弹药一批，毙、伤敌各1名，俘虏军官2名，士兵20多名；五华队牺牲战士1名。同月，中共高鹤边特区工委改为要明鹤独立区工委，由伍仁智担任书记。为了更好打击敌人，保卫革命根据地，要明鹤独立区工委分片组建地方武工队，主要任务是发动群众锄奸，袭击敌人据点、粮仓，组织和保护农会，维护解放区民主政权进行减租减息斗争。当时要明鹤共有武工队15支，约300人，其中高明的沙水、石水、杨梅和要南地区的武工队由李军负责指挥，地方区队有西山队、马山队（西山队在鹤山，马山队在高明）。马山队主要由杨梅地区的贫苦农民子弟40多人组成，由冯宽担任队长。同时，高明县工委也组建了"沧江队"和"延川队"两个区级武工队。

由于根据地的扩大和连接，9月，根据斗争的需要，为了统一领导武装斗争，中共要明边工委与高明县工委合并，称中共高明新边县工委，李法担任书记，郑靖华担任副书记。

高明的中共组织在农村领导农运不断发展的同时，也领导开展学运，向国民党反动派作斗争。9月中，中共高明一中党支部领导学生清算学校当局贪污师生伙食费，遭到训导主任杨导晖的压制，学校当局勾结县当局派警察来学校逮捕党支部书记杨佐康未遂，转而逮捕了党员李旭莞，激起师生义愤，一中党支部领导全校师生罢课，要求当局解雇杨导晖，释放李旭莞。社会各界也给予声援，在师生和社会舆论的压力下，县和学校当局不得不解雇了杨导晖，释放了李旭莞。

9月下旬，中共广南分委在高明老香山召开了一次扩大会议，作出了建立和发展广南游击根据地的决议。同月29日，解放军新高鹤总队收到一位从高村到新兴喝喜酒的村民陈树仔连夜送来的情报，知道省保警十四团一营三连140多人即将从新兴来犯高明合水革命根据地，我军立即布置应对措施，派出200多人的部队，在合水塘面村的布辰岭山谷中设伏，结果全歼该敌，而我军无一伤亡，此战被誉为解放战争中广东敌后模范战例。

10月11日，解放军高鹤总队五华队袭击驻三洲的省保警队，战斗失利，我军吕桂芳、何远、任仕猶、余三才、赖文秀、陈华、李启基七人牺牲。

11月1日，粤中人民武装新高鹤总队向社会发出了《为实施减租减息和反对三征暴政告社会各界人士书》，开诚布公反对国民党暴政，并宣布全面实施减租减息。同月，粤中人民武装新高鹤总队政治处向社会颁发《新高鹤地区农会组织纲要二十条》，更广泛地开展组建农会和减租减息的工作。同年冬，中共在更楼、合水、杨梅、新圩及明城部分地区建立了农会，凡是建立农会的村庄都建立了民兵组织。减租减息运动在这些地区普遍较好地开展起来。当时仅杨梅地区就建立了61个农会，有会员4955人，农运声势浩大，农会的声望也日渐提高，在这一地区的"双减"运动中，这一年群众得益稻谷增加60吨。

这一年，解放战争在全国以摧枯拉朽之势迅猛推进，国民党反动统治分崩离析。中共要明边工委为进一步推动我党的借枪发展人民武装的工作，派陈古带领武工队到合水巨塘村镇压了反动地主谭岳梅和3名特务分子。之后，仅合水地区新借长短枪就增加200多支，其他地方的借枪工作也开展起来。中共领导的高明县武装部队发展到300多人，还有一部分战士输送到新组建的中国人民解放军粤中纵队。

1949年1月，根据各县的党组织逐步健全的事实和斗争的需要，中共中区决定成立中共高明县工委，郑靖华担任书记，同时在合水、更楼、明城三个区成立区工委。1月15日，中国人民解放军新高鹤总队了解到县长谢伟豪与省保警团长罗子彬率4个连往杨梅催逼粮税，明城空虚，仅留了200名省保警队员驻防，解放军新高鹤总队立即派出5个连队共300多人奔袭明城，歼省保警一个排，缴获重机枪1挺，长短枪30多支，烧毁麦朗粮仓，打开监牢救出被捕战士和群众20多人，战士李相仔、周水牺牲。同月，新高鹤总队更楼区队在屏山村成立，梁光、罗湛元为正、副队长。同月，中共高明县工委决定将县内三个区队统一归县工委领导，设立粤中人民武装高明县大队，陈古任大队长，郑靖华任政委。下辖3个中队：一中队（延川队）队长陈北，指导员黄家聪；二中队（沧江队）队长梁光，指导员苏国光；三中队（北平队）队长陈枝，指导员严权发。

2月22日，国民党高明县长谢伟豪以有游击队活动为由，率队到版村搜劫，打伤群众20多人，奸污妇女4名，劫去大量村民财物。国民党反动派更加不得民心，谢伟豪所率领的反动军队祸害群众的暴行进一步激起民众的反抗。同月，合水布练村恶霸廖湘洲从顺德溜回布练村，被新高鹤总队武工队捕获，并于31日在吉田村召开群众大会，将廖公审后就地处决，大快人心！

同月，中共高明县工委为适应全国即将解放的形势和现实需要，决定将更楼、明城两区工委合并为一个，由严权发、罗航担任正、副书记。同月，中共高鹤边工委成立，李牧担任书记。高明县的石水、云勇、塘坑和鹤山县的四云、白水带等地区归该工委管辖。

3月，中共高明县工委领导的武工队罗湛元、黄翘生等7人，在合水塘花村附近伏击国民党县警征粮队，俘虏县警7人，缴获步枪7支。同月，要明鹤独立区工委领导的武工队李军等10多人，在普安圩附近的一个村庄，发动群众于晚间打开巷口村的县粮仓，将粮食分给群众。同月，合水、更楼、杨梅地区成立了14个乡人民政权，并召开群众代表会，选举出各乡的乡长、副乡长、文书。这说明高明革命根据地越来越巩固，已经能在部分乡村实现人民当家作主，创立人民民主政权。同月，杨梅公田村地主邓宜破坏党借粮救荒工作，捏造事实唆使不明真相的群众执刀叉棍棒围攻武工队和参加借粮救荒的群众30多人，县工委接报后，立即命令县大队前往该村将邓宜逮捕，召开群众大会公布其罪状，收缴其枪械，并罚缴稻谷5吨。

随着形势的发展，更楼、合水的革命根据地逐步连成一片，4月7日，更楼区和合水区人民政府同时在合水圩宣告成立，黄之锦担任更楼区区长，阮贞元担任合水区区长。次日，杨梅区人民政府也宣告成立，区长谭知平。

4月13日，要明鹤独立区工委辖下的武工队李军、张其川、李义芳等到西窦圩执行任务，途中与敌保警队遭遇，战斗中李义芳右脚中弹，在河边树丛中与敌对抗，不幸中弹壮烈牺牲。同月，国民党当局派特务夏某到更楼千岁村行刺中共高明县工委书记郑靖华，未遂。郑的警卫员黎全牺牲，特务被当场抓获，后在杨梅寮头村被处决。

5月，中共更明区工委书记严权发率武工队到明诚龙潭村逮捕了军统特务陆永忠，交由组织处理。同月，中共高明一中党支部动员党员和进步学生20多人进入我根据地参军和参加工作。26日，合水区70多名妇女代表集会，成立合水妇女民主联合会，发表《高明二区妇女民主联合会宣言》，号召全区妇女组织起来，拥护解放军，彻底消灭国民党反动派；号召妇女积极学文化，参加生产运动，支持解放战争。同月，高明县人民政府在合水宣布成立，陈古担任县长，阮贞元担任副县长。县人民政府根据新高鹤地党工委发布的《1949年早造征粮办法草案》开展征粮工作，更楼、合水两区每亩征粮5公斤，田主和佃户各半。这一造，全县共征得公粮50万公斤。

6月2日，高明二区20多间中小学教师集会成立教师联合会，发表宣言，号召教师学习革命理论，办好新民主主义教育，支持全国解放战争。6月22日，新高鹤妇女工作会议在合水召开，成立新高鹤妇女工作研究会，选举谭秀华为主席。会后，高明解放区各乡都成立了妇女联合会。6月28日，在更楼区忠义祠召开少先队员大会，成立更楼区少先队，领导全区少先队参加革命学生运动。同月，明城高田村原警察队长严军凯经我地方党组织教育动员后，宣布支持革命，为我解放军部队提供情报，并组织了20多人携机枪2挺、步枪10多支参加了中共高明县委领导的部队，严军凯被任命为白豹连副连长，至此，高明的革命根据地得到不断的巩固和发展。

7月21日，县警200多人，到杨梅抢粮，途经大坑洞村时，中共高明县工委派区队和武工队将县警先头部队击溃，其后续部队经过观音径闯入杨梅地区时，守径的民兵鸣锣发信号，附近村民手持武器纷纷出动，四面包围县警，县警见势不妙，只能仓皇逃遁。

第三节 中国人民解放军粤中纵队

粤中区位于广东省中南部，背山靠海，比邻港澳，下辖当时的新会、高明、高要南部、鹤山、台山、赤溪、开平、恩平、阳江、阳春、新兴、云浮、罗定、郁南14个县，总面积约27000平方公里，人口约468万，区内有皂幕山、老香山、天露山、云雾山、大隆洞等。海外华侨众多，是著名侨乡，西江流域还是鱼米之乡，东南沿海有近千里海岸线，是广东重要腹地。

1945年初，经中共中央批准，广东人民抗日解放军通电成立，司令员梁鸿钧，政治委员罗范群，参谋长谢立全，政治部主任刘田夫；谢立全后任代司令员。部队辖四个团，其中高明抗日游击队第三大队改编为广东人民抗日解放军第三团。这是抗战胜利前夕，国内最早公开树立人民解放军大旗的一支队伍。广东人民抗日解放军第三团成立不久，在广东新兴的蕉山地区遭到国民党顽固派六十四军的包围，突围时梁鸿钧司令员中枪牺牲，突围出来的部队由谢立全指挥，坚持到抗战胜利。

中国人民解放军粤中纵队的前身是广东人民抗日解放军。其主要组成部队是抗日游击队珠江纵队，而珠江纵队是由吴勤、林锵云领导的广州游击队第二支队、欧初领导的中山义勇大队以及陈中坚领导的中山游击队于1944年12月5日统一组织而成。人民武装力量的壮大引起敌伪顽三方的敌视。1942年5月，吴勤被顽敌谋害，林锵云出任广州游击队第二支队司令员。1942年8

月,广游二支队遭到敌伪武装4000多人围攻,于是转移到番禺南部和南海,通过发动群众开展武装斗争,使部队逐渐强大起来。1944年10月,广州游击队第二支队与中山义勇队合并组成珠江纵队,共有10个大队4000多人。1944年冬,珠江纵队主力挺进粤中的台(山)、新(兴)、开(平)、高(明)、鹤(山)根据地,转战六邑(台、开、恩、新、高、鹤)、两阳(阳春、阳江)、三罗(罗定、云浮、郁南),经过一系列的胜仗,在敌后拖住了雷州败逃的数万日寇,保卫了华侨乡土。之后进行了多次残酷的战斗,直至1946年4月,珠江纵队与东江纵队主力北撤山东烟台,只留下部分武装人员继续在粤中一带战斗,保护人民的利益。国民党发动的全面内战爆发后,省委要求恢复武装斗争,1947年秋,粤中解放军纷纷从隐蔽转向公开,多支人民解放军的支队打出旗号,活跃在新高鹤、三罗、两阳、台山等地区,向国民党反动政权发动武装斗争,这些越来越蓬勃的人民武装斗争汇入全国的人民解放战争的洪流之中,给粤中各地的国民党反动派以沉重打击。

1948年上半年,许多散布在各地的游击小组,已经发展成为独立的作战单位。这些作战单位,或集中优势兵力拔掉敌人的据点,或组成武工队深入国统区打击敌人,或组织如同高明"倒钟"运动这样的武装起义,或策动使敌军投诚,使得各地人民武装纷纷建立和发展壮大起来。1947年6月以来的一年时间,粤中地区经过大小208次战斗,两次武装起义,共缴获迫击炮1门,轻重机枪47挺,枪榴弹筒17个,长短枪815支,毙伤敌人673名,俘虏627名。各地的人民武装力量不断壮大,并逐渐形成新高鹤地区、广阳地区、三罗地区、滨海地区四个战略区域。粤中区党委认为,成立统一的人民解放军序列的粤中纵队条件已经成熟,经请示省委同意并报告中共中央,拟成立中国人民解放军粤中纵队。

1948年7月8日，中共中区接中共华南分局通知，中共中央批准成立粤中区临时区党委和中国人民解放军粤中纵队，吴有恒任司令员，区初任副司令员兼参谋长，冯燊任政治委员，谢创为副政委兼政治部主任。粤中纵队下辖第二（广阳）、第四（三罗）、第六（新高鹤）三个支队和滨海总队。高明县大队隶属第六支队领导。粤中纵队的成立，标志着粤中地区人民武装力量有了统一的番号，并形成了统一指挥，必将进一步发展壮大，成为更有战斗力的正规部队。

8月1日，中国人民解放军粤中纵队公开在合水沙帽岗集会，庆祝中国人民解放军八一建军节，并公开宣布中国人民解放军粤中纵队及其下辖的第二、四、六支队和滨海总队成立。其中第六支队司令员为吴桐，政治委员为周天行，副政治委员兼副司令员为梁文华，政治部主任为杨德元。近万群众参加了这次庆祝大会。粤中纵队的吴有恒司令员、区初副司令员兼参谋长、冯燊政委、谢创副政委兼政治部主任骑着高头大马，全副戎装向人民群众挥手致意，陈汝棠的夫人李素真代表解放区妇女向粤中纵队献上她们亲手绣上图案的军旗。粤中纵队的成立使人民群众兴高采烈，一连两晚在现场搭台演戏，军民联欢。

中国人民解放军粤中纵队是解放战争时期活跃在粤中战场、创建了横跨14个县、共有近500万人口、2.7万平方公里土地的粤中解放区或游击区的一支正规军序列的人民武装。抗日战争胜利后，原粤中人民抗日解放军主力部队按照《双十协定》北撤山东烟台，只留下140多名武装人员，分散在十多个县的广大地域开展隐蔽斗争，其余武装人员1000多人按照上级指令复员回乡。可是不到一年时间，国民党就撕毁协定发动全面内战，迫使人民武装不得不从地下走向地面，先是武装自卫，进而动员群众，消灭敌人，壮大自己，建立解放区和游击区。1948年经中央批准成立的中国人民解放军粤中纵队，到1949年8月1日在合水沙帽岗举行成立大会时，这支部队已经发展到拥有4个大队、13个团、6个独立营、5个独立大队共16000多人的正规战斗部队。至1949年底，这支人民武装共对敌作战360多次，毙、伤、俘敌3000余人，瓦解和逼降敌军5000多人，挫败了国民党反动派的频繁"清剿"，控制和解放了粤中的广大乡村，最后配合南下大军，解放了粤中全境。全体指战员和英烈们，用生命和鲜血谱写了粤中武装斗争的光辉篇章。

粤中纵队的公开成立，给人民群众对革命必胜的信心注入了强心剂。不少人民群众主动报名参军，这支人民子弟兵不断发展壮大。8月中旬，高明更楼泽河村50多名青年由曾占祥带领，带枪集体参加中国人民解放军粤中纵队第六支队独立第七营，曾占祥被任命为该营第三连副连长。

9月5日，根据中共粤中区组织的指示，高明县党政军领导人作了调整，调整后人员任职如下：县工委书记郑靖华，副书记陈古；县人民政府县长陈古，副县长阮贞元，县民政梁生，县财粮黄之锦，县教育温炳光；一区区委书记严权发，副书记罗航，区长严权发（兼）；二区区委书记谭秀华，区长阮贞元（兼），副区长陈良柏；三区特支书记梁文超，区长梁文超（兼）。高明大队整编为第六支队独立营，营长黄步文，政委郑靖华。

同月，国民军保二师窜扰我根据地更楼地区一些村庄后，在白石村宿营，粤中纵队六支队的主力以及更合地区区队共600多人于晚上将白石村包围，从凌晨4时激战至天亮，保二师兵败，急急如丧家之犬，向高要方向逃遁。

第四节 高明"三谭一陈"为建立新中国投身统战

这里,我们要补充介绍一下高明的"三谭一陈"在大革命后、抗日战争后期和解放战争时期的主要革命经历。自从轰轰烈烈的大革命由于蒋介石、汪精卫的背叛失败后,谭平山根据中共中央关于组织叶挺、贺龙的部队举行暴动的意见,与李立三、邓中夏等共同策划出举行南昌起义,建立中共领导的军队,从而建立新的革命政府重新领导革命走向胜利的设想。这个设想报告党中央后,经过党中央的研究成为了党的决策。中央认同举行南昌起义的必要性,成立以周恩来为书记的前敌委员会,领导了这次起义。在起义中为了更好地动员国民党左派人士参加共产党领导下的革命统一战线,起义指挥部仍然使用了国民党革命委员会的名义进行,而当时国民党革命委员会则以谭平山为代主席,主持了相关会议和工作。在起义进行中,中共前敌委员会决定吸收贺龙参加中国共产党,并由谭平山、周逸群二人作为介绍人,在起义失败转移的过程中,贺龙举行了入党宣誓。南昌起义是中国共产党领导的军队向国民党反动派打响的第一枪,成为中国人民解放军建军的开始,具有重大的历史意义。而谭平山是南昌起义的主要策划者和领导人之一。南昌起义由于敌我力量悬殊,最后在数倍敌人的围攻下失败了。后来,当时主持中央工作的领导和共产国际代表追究起义失败的责任,谭平山被"不完全妥当"(周恩来语)地开除了党籍。之后谭平山经历了申诉无门的苦恼,但他是一个民主革命家、社会主义者,当时,共产党开除了他的党籍,国民党也开除了他的党籍,但他的革命意志是坚定的。他要革命,不想停留。之后,他在上海联络了部分因国民党实行白色恐怖而失联的中共党员和邓演达等国民党左派人士,成立中华革命党(第三党)并被推举为主要领导人之一。还先后创办了《突击》《灯塔》等周刊宣传第三党的主张。他公开表明:成立第三党并非与共产党对抗,而是要把热心中国革命的进步人士组织起来,坚持反蒋反汪反独裁主义的斗争,推进中国革命的发展。邓演达被蒋介石杀害后,谭平山等并没有被吓倒,而是更增强了反对蒋介石反动独裁统治的决心和勇气。不久他退出第三党,但继续坚持反蒋斗争。

1935年,中共《八一宣言》发表后,谭平山马上从香港到了桂林,与李济深等国民党左派交换了对时局的看法,一致认为中共《八一宣言》所指出的方向是正确的,赞成与中共联系,共襄"停止内战,一致抗日"大事。"一二九"运动后,共产党关于建立抗日民族统一战线的主张得到全国人民的热烈拥护,"停止内战,一致抗日"的呼声响彻大江南北。1936年12月,发生了张学良、杨虎城的东北军和西北军以兵谏逼蒋抗日的西安事变,共产党出面调停,使事变和平解决,蒋介石不得不同意停止剿共、联合红军抗日等六项条件。"七七"卢沟桥事变后,中国全面抗日战争正式开始,在香港的谭平山等爱国民主人士响应中共号召,为推动第二次国共合作,建立抗日民族统一战线出力。谭平山觉得自己终于又找到报效国家的途径,他于1938年春从香港到了武汉。在第二次国共合作的大背景下,他恢复了国民党的党籍,被任命为国民党武汉军事委员会政治部指导委员和设计委员。10月,在武汉失守前,谭平山随国民政府机关转到重庆。之后他看到国民党坚持反共防共的错误做法和制造了不少袭击共产党、八路军的事件，他联合民主进步人士抨击国民党反动派的倒行逆施，并主动到八路军驻重庆办事处找周恩来、董必武，提出了接受审查恢复党籍到延安工作的要求。但周恩来代表党中央明确答复，劝他继续留在国民党内，从事统战工作，团结全国抗日民主力量为抗战胜利作出贡献。谭平山明确了方向，决心在国统区内为党努力做好统战工作。

谭平山一直关心中国抗日战争的战局发展，他看到国民党军队不少爱国将领在正面战场上抗击日军取得一定的战果，但是以蒋介石为首的国民党右派还是不断制造事端、制造摩擦，不断攻击共产党的有生力量，而共产党则一边抗击国民党的反共逆流，一边坚持团结抗战，深入开展敌后游击战，取得了辉煌的战果，是中国抗战胜利的希望所在。他反对国民党"攘外必先安内"的政策，反对蒋介石消极抗日、积极反共的做法。皖南事变后，谭平山在成都参加了国民党左派人士抗议国民党反动派不断制造反共事件的活动。

回到重庆后，他多次到八路军办事处找周恩来、董必武汇报工作，了解国际反法西斯斗争的形势和中国抗战的局势。他根据周恩来的意见，秘密把国民党内的进步人士组织起来，开展一些有益于抗日的活动。谭平山联络了一批进步民主人士，在私人场合组织起一个"时事座谈会"，第一次参加座谈的有王昆仑、邓初民、郭春涛等14人。座谈从世界反法西斯斗争开始，联系到中国抗战和蒋介石独裁统治。大家谈到国民党从政治、经济、文化到军事都陷入了深刻的危机。座谈会每周一次，地点临时确定，主持人临时推荐，发起人是谭平山、陈铭枢等。董必武鼓励说："座谈会开得很好嘛！"通过座谈会多次沟通，谭平山、陈铭枢等筹备建立国民党民主派的组织"三民主义同志联合会"（简称民联），经过筹备联络，到1944年底，参加民联的国民党民主派知名人士已有 50 多人。该组织的宗旨是反对国民党独裁统治,坚持孙中山三民主义和三大政策,坚决支持抗日战争和反对制造分裂,努力争取民主和平建国。

1945 年 8 月 5 日,日本宣布无条件投降,之后谭平山把斗争的中心转变到争取民主和平建国上来。1945 年 10 月 28 日,民联在重庆召开第一次全体大会,谭平山主持了会议并报告了民联筹备的情况,会议通过了民联的《政治主张》和《组织章程》等文件,推举出谭平山、陈铭枢等 17 人担任中央临时干事,谭平山等 7 人任常务干事,并创办了《民联》刊物。之后,民联成员在上海、北京等十三个城市建立了分会,开展反内战、反独裁、要和平建国的宣传活动。李济深也参加了民联组织,并建议将来民联与民促(民主促进会)联合,促成国民党民主派实现大联合。

国共重庆谈判后,于 1945 年 10 月 10 日签订了《双十协定》,12 月又达成停战协定。但墨迹未干,蒋介石就大量发行《剿匪手册》,并提出要共产党先交出军队,再给民主。共产党则主张在废除一党专政的前提下,建立民主联合政府之后,国共两党同时将军队交给民主联合政府。由于在军队处理方面无法达成一致,最后确定成立由马歇尔、张治中、周恩来组成的"三人小组"商定整军方案。谭平山继续在重庆主持民联工作,为实现和平民主建国而努力奔走,同时继续对蒋介石反民主反和平的独裁统治进行斗争。

1946 年 6 月,国民党蒋介石认为内战已经准备充分,便召开军事会议,部署全面发动内战,叫嚣三至六个月内消灭人民解放军的主力,一年内剿共成功。中共则在政治上建立最广泛的革命统一战线,在农村主要解决土地问题,减少敌对分子,巩固解放区,团结一切可以团结的力量,最大限度地孤立反动分子;在军事上集中优势兵力歼灭敌人有生力量,不以一城一地的得失为主要战略出发点；在经济上作长久打算，自力更生发展生产，既保证战争物资的需要，又使解放区人民生活有所改善。1947年2月，谭平山在上海主持民联中央干事会议，明确民联当前的工作任务主要是反对内战，反对美国干涉中国内政。

1947年5月，国民党发出一份文件，说民盟、民建、民促、民联等民主党派是新的暴乱工具，"其组织已被中共实际操控"，发出了镇压民主党派的信号。并于5月20日对示威游行的学生进行了血腥镇压，打伤123人，逮捕28人，500多人遭到殴打。谭平山等民主党派领导人集会，公开声援学生运动。23日，国民党宣布民盟为非法团体，明令取缔。这年秋，李济深、何香凝从香港写密信给谭平山等著名民主人士，要求他们迅速来港共商大计，谭平山等人收到信后，认为有理，先后到达香港参加组建"中国国民党革命委员会"。

谭平山在省港澳久负盛名，一到香港，《华商报》记者便专访谭平山，问来港任务，谭平山说："此次南来，是受三民主义同志联合会中央之命，与国民党诸先进筹商国民党民主派大联合之计划，国民党自从被党内少数反动分子窃篡以来，推翻了孙中山先生的革命路线，背叛了革命三民主义、总理遗嘱、三大政策等等，以致党外人士误认为国民党是反动集团。实际上，国民党内许多先进分子二十余年来，固守孙中山的革命路线，坚持积极地与反动派作斗争，其工作之艰苦，遭遇之惨酷，实非言语所能形容。今日我国危急万分，党内少数反动分子，专横益甚，不惜出卖国家主权，企图凭借外国势力挽回个人将倾之命运，丧心病狂一至于此，凡爱国志士，莫不痛心疾首，而中山先生的信徒们，尤为悲愤填胸！故今日国民党民主分子挺身而出，谋党内民主派大联合，以恢复中山先生的革命路线，进一步与国内民主党派民主人士共商国是，解决国事。这不仅是自然趋势，而且是必然成功的。"

这篇报道以《民主"美须公"谭平山》为题发表在《华商报》上，引起广泛的关注和回响。谭平山在香港与李济深、何香凝、李章达、蔡廷锴等人多次交换意见，经过充分酝酿，决定成立中国国民党革命委员会，把国民党内几个反蒋民主派团体联合起来。谭平山主张民革在政治上要支持中共，凡是搞了武装的，应并入到中共领导的军队中去，得到大家的赞成。1948年元旦，民革在香港召开成立大会，通过了《中国国民党革命委员会行动纲领》，公开宣布脱离蒋介石控制的国民党。宋庆龄被推举为名誉主席，李济深担任主席，谭平山等人被推举为常委。谭平山在香港发表了多篇文章，揭露美国输血支持蒋介石打内战，批评一些错误的思想言论，支持中国共产党的土地政策和革命统一战线政策。随着中国人民解放战争步步走向胜利，谭平山在香港与中共中央遥相呼应，做好统战工作。1948年中共发表"五一号召"，号召召开没有反动分子参加的新政协会议，各民主党派和无党派爱国民主人士热烈响应。5月5日，李济深、何香凝、沈钧儒、章伯钧、马叙伦、彭泽民、陈其尤、蔡廷锴、谭平山、郭沫若等人联名发表《响应中共五一号召致中共毛主席电》，之后谭平山在香港发表多篇文章响应中共五一号召，总结历史经验、揭露和批判帝国主义和反动派的阴谋。1948年1月15日，中共中央直接部署、中共华南分局和香港工委安排，安全护送留在香港的民主党派和无党派民主人士350多人，分批离港北上参加新政协会议。第一批北上人员有谭平山、沈钧儒、章伯钧、蔡廷锴、郭沫若等十多人，他们安全到达东北进入解放区。

东江纵队主力北撤，在山东烟台改编为中国人民解放军两广纵队，留在广东的人员，一部分改编为中国人民解放军粤桂湘边纵队骨干，另一部分深入群众隐蔽待命，谭植棠这时年事已高，身体也不好，党组织把他留在广东坚持工作。没多久，他与谭天度、连贯一起被党组织派往香港从事上层统战工作。谭植棠到香港后,先后住在中共驻港办事处、中共驻港统战委员会和中共南方局,党组织安排他们主要搞统战工作。1946年6月,国民党蒋介石公然撕毁协议,以突然袭击的手段大举发动对中原解放区的进攻,国共全面内战爆发,中国人民解放战争拉开帷幕。当时聚集在香港的社会各界人士左中右各派人物纷纷亮相,中共组织要求统战工作根据不同对象不同派别有针对性地进行,最大限度地把各民主党派、各方面爱国民主人士团结在党的周围,其中有大批国民党上层人士,他们绝大多数对蒋介石发动内战、倒行逆施的行为极为不满,对国民党失去信心,他们知道共产党代表正确方向,但是对共产党的政策不够了解,看不清自己的出路,正在彷徨之中。谭植棠按照党的指引,利用自己过去的老关系,找到不少老同事、老朋友,以探访为主要方法,对这些人士进行争取、教育和引导工作。他经常探访的对象有谭平山、何香凝、李济深、蔡廷锴、彭泽民、李章达、陈其暖等。在探访中,与他们一起,根据解放战争的进展形势,一起议论时局,从中宣传党的统战政策,宣传共产党要与各民主党派和各界爱国人士团结携手共同建国的主张。

解放战争第一年,国民党军在兵力数量和装备上都占绝对优势,人民解放军则集中优势兵力消灭敌人有生力量。经过前八个月的作战,给国民党军队以沉重打击,人民解放军虽曾主动放弃延安,但敌人并未达到目的。谭植棠就对统战对象说共产党代表进步力量,得到人民的拥护支持,党中央毛主席制定正确的战略战术,人民军队团结勇敢,随着战局发展,人民军队一定越战越强,形势一定会逆转,战局一定会扭转过来。蔡廷锴等国民党左派听了谭植棠的分析,都表示信服,相信共产党会取得最终胜利,国民党既失民心,必失天下。

1947年7月,人民解放军开始战略反攻,谭植棠等人则大力宣传人民解放战争已经看到胜利的曙光,共产党要与各民主党派和无党派爱国民主人士共同缔造和建设独立民主的新中国。他走访了经历丰富的财政专家和教育家、正担任香港达德学院院长的陈其暖先生。陈十分赞同谭植棠的观点,并说自己在美国看到蒋介石挑起的内战爆发后,就认定不讲诚信只想独裁的蒋介石一定会以失败告终,共产党一定会解放全中国。他还表明自己的意愿,他说美国社会贫富悬殊,贫苦人很惨,不是理想的国家制度,希望将来的新中国不要走资本主义道路,应该走社会主义道路。

1948年4月30日,中共"五一号召"发表,其中第五条是号召各民主党派、人民团体及社会贤达迅速召开没有反动分子参加的政治协商会议,讨论并实现召集人民代表大会,成立民主联合政府。"五一号召"发表后,在香港的民主党派和无党派爱国民主人士反应热烈,大家都热烈欢迎和拥护。谭植棠先后拜访了谭平山、何香凝、李济深、李章达、蔡廷锴等知名人士,引导大家以实际行动选派代表进入解放区,争取出席即将召开的首届全国政治协商会议。从1948年夏秋天起,在谭植棠和谭天度、连贯等中共统战工作人士的共同努力下,在谭平山、何香凝、李济深、蔡廷锴、李章达、陈其暖等拥护中共的爱国民主人士的带动下,大批民主党派和爱国民主人士进入解放区,参与筹备全国新政协会议。

谭天度到香港后与谭植棠分头找熟悉的人士,也是以登门拜访的方法与停留在香港的民主人士接触,做谈心引导工作。他主动拜访了李章达、彭泽民等著名民主人士,帮他们解开了内心上对共产党的政策不够了解的疑虑,态度明朗地表示拥护共产党,与蒋介石的独裁统治决裂。1947年中共香港分局成立后,下设统战委员会,负责人是连贯,谭天度是统战委员会委员,与谭植棠一道开展登门拜访联络民主党派和爱国民主人士的工作。谭平山到香港后,"三谭"终于再次见面,大家都变得苍老了,他们百感交集,回想初心,重温共同奋斗的岁月和情谊,回忆往事,回顾历程。大家都没有忘记历史使命,大家共同分析形势,认为解放战争必然取得全国胜利,这次聚集香港,就要为中共的统战做好工作,团结更多的人共同为建设新中国而奋斗。谭平山还十分关心谭植棠的健康问题,对谭植棠说:"一定要注意搞好身体,今后的日子还很长啊!"在中共组织的安排下,民主党派领导人和爱国民主人士陆续从1948年中开始启程回内地。其中谭天度亲自护送第一批谭平山等14位著名民主人士登上开往中国东北解放区的轮船。

  陈汝棠在粤北因掩护八路军办事处撤退事情被国民党当局发现后,遭到追捕。陈汝棠在中共组织的关心和安排下,几次躲过了追捕,辗转到了东江抗日民主根据地,参加了抗日斗争。抗日战争胜利后,在东江、韩江一带战斗了将近四年的陈汝棠,仍然被国民党当局悬赏通缉,他的生命又处于危难之中。中共广东省委经研究,决定把陈汝棠转移到香港工作。1946年春,省委相关领导人连贯、饶彰风安排陈汝棠到了香港,担任《华商报》董事兼卫生顾问。《华商报》是1941年由八路军驻香港办事处主任廖承志创办的以统战为主要宗旨的报纸,日军占领香港后停办,1946年1月复刊。陈汝棠在《华商报》社开办医馆,为报社工作人员提供医疗卫生服务。由于他医术高超,医德高尚,当时设在香港的中共广东省委的相关人员及各民主党派、国民党在香港的左派人士以及一些社会名流等都喜欢到陈汝棠的医馆看病,所以医馆相当兴旺,也成为陈汝棠开展党所领导的统战工作的一个阵地。同时他也通过办医馆为办好《华商报》提供一些经费支持。陈汝棠还负责报社印刷厂的管理工作。《华商报》在廖承志等同志的主办下,在与中共关系密切的社会名流的支持下,在一大批知识分子的努力下，一直坚持办了接近四年之久，充分发挥了在解放战争时期中国共产党领导下革命统一战线宣传阵地的作用，到广州解放后才停刊，全套设备搬回广州筹办《南方日报》。

1946年7月，根据中共中央指示，中共广东省委在香港筹建达德学院，这是一所为建设新中国培养干部的学院。省委安排陈汝棠担任达德学院董事。达德学院的办学经费得到李济深、何香凝、蔡廷锴等人鼎力支持，蔡廷锴还将自己位于屯门九枕青山湾的一所别墅借作学院校址。1946年6月成立学院筹委会，9月成立董事会，推举李济深为董事长，蔡廷锴、陈汝棠等24人为董事，聘请陈其瑗为校长。聘请知名学者50多人任教，9月12日开始招生，10月20日正式开始上课。首届学生180余人，达德学院与延安的抗大（抗日军事政治大学）及解放区的军干学校（军政干部学校）一样，成为一座革命大熔炉，共同孕育"达德精神"：爱国进步、团结民主、不断革新、实事求是。一句话就是朝气蓬勃的革命精神。陈汝棠在达德学院的主要工作，一是指导搞好环境卫生，指导设立医务室为教职员工和学生诊治疾病，二是参与学院筹集办学资金和财务管理工作。他还介绍曾在高明三小任教的陈此生到达德学院任教并担任教务长。达德学院是中国近代教育史上的一颗明珠，是中国共产党的统战工作在教育战线上的一项丰硕成果，是中国教育史上一项创举，谱写了香港教育史上可贵的一页。

陈汝棠在香港了解到，原广东救护总队在他离开后不久就解散了，其中不少同志到处找党组织，他们中有人闻说陈汝棠在香港，便互相传话，不约而同地来香港找他。这些救护总队的同志来到香港后，都凝聚在陈汝棠的周围。党组织知道情况后，指示陈汝棠成立一个"互济社"，主要任务有两项：一是团结联络原"护干班"和救护总队的同志，为全国解放作贡献；二是负责承担中共在香港开办医护训练班的教学和培训工作。在香港参加"互济社"的原救护总队的人员有陈汝芳、苏志成等20多人。中共主办的医护训练班共开办了两期,每期60多人,陈汝棠亲自讲课,中共广东省委领导连贯等人也来训练班作动员讲话,鼓励大家通过训练掌握医疗和急救知识技能,回内地参加解放战争,为解放战争的全面胜利服务。

1946年,陈汝棠在香港参与发起成立民盟南方总支部,被选为常委兼财务部长。1947年10月,国民党当局宣布民盟为非法组织并将其取缔,内地组织转入地下,海外的组织则表现活跃。陈汝棠明白民盟是一个与中共现阶段主张相一致的民主党派,与自己的政治主张也是一致的,所以他积极参加民盟的活动。1948年1月,民盟在香港召开一届三中全会,成立临时总部,公开宣布同中共携手合作,为建立民主、和平、独立、统一的新中国而奋斗。之后,陈汝棠担任了民盟南方总支部副主任。1949年3月,民盟总部迁到北京,陈汝棠仍留在香港,担任南方总支部副主任。1947年冬民革(中国国民党革命委员会)筹备成立时,陈汝棠应邀担任民革筹委委员;1948年1月,民革宣布正式成立,陈汝棠当选为民革中央委员兼第一届民革中央监察委员会常委(代主委,还兼任中央执行委员会组织委员会副主任)。1949年春,民革总部迁往北京,陈汝棠担任民革驻香港办事处主任。

各民主党派和无党派民主人士公开宣布自觉接受中国共产党的领导,标志着中国的民主政制建设和政党制度建设创造性地翻开了崭新的一页。陈汝棠这时身兼数职:《华商报》董事、达德学院董事、香港救国会港九分会主任、民盟南方总支部副主任、华南救国会常务理事、民革中央委员兼监委代主委、民革驻香港办事处主任。1949年9月,陈汝棠到北京出席了全国政协第一届全体会议,并当选为全国政协第一届委员。

第四章 共产党领导老区人民为建立新中国而奋斗

第五节 高明老区人民迎来全县解放

从 1946 年 6 月国民党蒋介石指挥大军以突袭方式向中原解放区大举进攻开始，国共全面内战爆发，也标志着中国人民解放战争全面打响。经过三年多的时间，国共军事力量发生了颠覆性的变化，人民解放军高歌猛进，国民党反动派日薄西山。1949 年 4 月 23 日，人民解放军百万雄师横渡长江，很快占领了南京，蒋家王朝土崩瓦解。7 月，解放大军进抵湘、粤、闽、赣等省。当军事上取得决定性胜利后，中国共产党按照民主和平建国方针与各民主党派和无党派爱国人士诚挚合作，召开了全国政协第一届全体会议，会议代行人民代表大会职权，选举出国家机构的领导人。10 月 1 日，中华人民共和国成立，在北京天安门广场举行了开国大典。谭平山跟随毛泽东主席、周恩来总理、宋庆龄等党和国家领导人一起登上了天安门城楼。长城内外、大江南北、白山黑水，人民欢欣鼓舞。当时，登上天安门城楼的高明籍革命人士有谭平山、陈汝棠、杜中夫三人（杜中夫，高明杨和镇黄丽堂村人，1920 年生。1937 年考入黄埔军校坦克系学习。抗日战争时期的 1938 年参加台儿庄大战，后参加武汉保卫战等多场战斗。解放战争时期参加过解放潍坊、济南、徐州等战斗，后进驻上海。历任坦克兵教员、队长、营长等职，战斗中先后荣立二等功五次、三等功多次，还获得模范工作者称号。1949 年由第二野战军司令部推荐与粟裕、陈士榘、江渭清等十一位代表一起出席全国第一届政治协商会议。10 月 1 日与全体代表一起跟随毛泽东主席登上天安门城楼参加了开国大典）。新中国的诞生给全国人民带来新的光明灿烂的希望。位于祖国南方珠江三角洲西翼的高明革命老区，广大军民以崭新的姿态迎接南下大军，迎接人民共和国的诞生，迎接全县的解放。

10 月 12 日，中共新高鹤地委、中国人民解放军粤中纵队第六支队司令部成立支前司令部，由古海生担任司令员，郑靖华担任政委。各区乡也相应成立支前领导机构，动员群众加工军粮，组织运输队、担架队，为迎接南下大军做好充分准备。

10 月 14 日广州解放，南下大军向粤中进发。粤中的国民党反动派及其军队见大势已去，纷纷向香港、台湾、海南等地逃窜，我南下大军乘势追歼逃敌。10 月 16 日，中国人民解放军粤中纵队第六支队主力开进高明。独三营在双桥伏击从宅梧溃退的国民党六十四军一部，俘敌 200 余人。同日高明屏山村党支部书记罗湛元带领民兵截击国民党残兵，俘虏国民党残兵 80 多人，缴获枪支及通讯器材一批。

10 月 17 日，陈赓将军指挥的南下大军四十一师和四十师一一八团在高明境内把国民党三十九军一四七师四四一团及省保警十四师一部歼灭，俘虏近千人。同日，粤中纵队司令部率独一团由高明更楼出宅梧，在靖村一带截住逃敌刘安琪部三十九军九十一师 3000 多人，随即展开政治攻势，在压力加劝说下，敌人被迫投降。粤中纵队独七营的一个连与民兵共 300 多人协助南下大军把投降的刘安琪部押往三水改编。

10 月 18 日，我南下大军第十四军四十师一一八团继续一路追歼逃敌，在今荷城街道富湾松柏村附近的大径口与国民党一〇九军一一七师四四一团相遇，双方激战两个小时后，国民党军四四一团团长姚涤民率部 1200 多人投降。

同日中午，中国人民解放军粤中纵队第六支队独七营在高明更楼万安山、千岁村附近截击向鹤山宅梧方向溃逃的国民党军队，缴获重机枪一挺，轻机枪两挺，枪支弹药一大批，俘敌80多人。战后，独七营立即挺进罗格村，直逼国民党县政府所在地明城。

下午一时，南下大军一一八团进入明城，高明宣布全县解放。随后，该团在明城西南20公里处歼灭国民党保警十四师一部。在罗格村的粤中纵队独七营听说南下解放军已经进入明城，中共高明县工委书记、独七营政委郑靖华立即派区委书记黄侨生和独七营三连副连长曾占祥二人入明城与南下大军联络。南下大军一一八团领导要求中共高明地方组织和军队立即进县城管治。

10月19日，郑靖华带领中国人民解放军粤中纵队第六支队独七营三个连以及高明一区机关工作人员共300多人进入明城接管高明县城。同日宣布成立高明县军事管制委员会，郑靖华担任主任，古海生、黄步文任副主任。

郑靖华后来回忆说："我们进明城时，人民群众多高兴啊！他们自发组织起来，敲锣打鼓舞狮子，人们从四面八方涌到街上，那场面非常热闹，高明的群众基础非常好，他们在地方党组织和解放区政府的安排下，以村为单位，抬着烧猪，挑着白米，进城来慰问解放军，有的还扭秧歌，唱着：'猪啊、鱼啊，送给哪一个？送给英雄解放军！'我们的队伍排列整齐，指战员们荷枪实弹，挺起胸膛，精神奕奕，走过沧江桥进入明城圩镇。我当时的心情非常激动，我15岁参加革命，经历10年奋战，终于有幸看见革命胜利，全国解放，能不激动吗！可惜没有相机把那情景拍下来珍藏。"

南下大军一一八团没有停留多久，他们只是给每个战士装满了随身的粮袋，立即马不停蹄地在县委派出的向导引导下离开明城，经过新圩、合水进入新兴，一路往西南方向追歼逃敌去了。

高明 1948 年就在合水建立了县人民政权机构，解放前夕，共产党的力量已经完全控制了二区政权，基本控制了一区，武装部队活跃于三区，大部分乡村政权为共产党所控制，共控制了全县 75% 以上的地区，对国民党统治中心县城已经构成了包围之势。而共产党领导的武装在抗日战争时期和解放战争时期先后五次攻入明城，还曾占领过一些时间。所以，无论国民党的工作人员还是人民群众对明城的解放早已有思想准备，所以当南下大军和粤中纵队进入明城时，县城的总体秩序是平稳的，人民群众是打心里欢迎的。

第六节 解放战争时期牺牲的高明籍革命烈士

在中国人民解放战争时期,高明老区人民支持共产党恢复武装斗争,不少革命青年参军参战,使共产党领导的革命武装力量越战越强,最终配合南下大军解放了高明全境,解放了粤中广大地区。在人民解放战争中,高明涌现出不少在解放战争中立下不朽功勋的有功人员,更有一批为人民解放事业英勇献身的革命烈士,他们的不朽业绩值得我们永远铭记。

罗志(1915—1949),男,高明区杨和镇园岗村人。1924年随叔父到吉林长春读书。1929年考入哈尔滨特区中学学习。1931年"九一八"事变后,日本侵略者大规模侵占我东北三省,在民族危难的紧急关头,罗志投军抗敌,参加了东北抗日义勇军并参加了著名的江桥保卫战。1934年冬,在极为恶劣的环境下随部队退入苏联,后转移到新疆。曾在新疆学院读书,毕业后留校工作。不久调到蒙哈简易师范学校任训育主任兼反帝会(新疆民众反帝联合会)干事。1940年调任阿山哈巴河县任教育局长,次年又回新疆学院工作。其间因"阴谋暴动案"的牵连及该案发酵,罗志曾三次被捕入狱,后因无确实证据而被释放。1945年参加新疆共产主义者同盟并成为核心骨干。1947年新疆共盟(新疆共产主义者同盟)与三区革命组织联合成立新疆民主革命党,以中共纲领作为自己的纲领,罗志当选为该党中央委员兼迪化区委书记。罗志作为战斗在敌人心脏的党的地区领导人,他的任务十分艰巨。

1947年9月，国民党反动派因新疆三县发生武装起义而在全疆进行大搜捕，民主革命党迪化区委会遭到严重破坏，区委领导成员有11人被捕，环境险恶，罗志召开区委会研究对策，决定民主革命党迪化区委暂时停止活动一个月，静观事态，谋定而后动。他要求每个党员要立场坚定，经得起考验。一个月后，党组织没再受到破坏，证明狱中的同志经受住了严峻考验，于是党的活动又恢复起来。

在罗志的领导下，许多学校建立了"青年先锋队""新共青年会"等革命进步组织，这些组织在民主革命党迪化区委领导下开展各种形式的革命斗争。1948年下半年，为了配合全国的解放战争，罗志决定恢复原共盟出版的刊物《战斗》，这份刊物主要宣传全国解放战争进展的情况、解放区生产建设的成就，发表时政评论，指导新疆革命活动的开展。这份刊物，先是油印，后改为铅印，开始每期发行25份，后来增加到每期2000份，发行范围逐渐扩大至全疆。《战斗》火药味浓，战斗性强，是对敌斗争的子弹和匕首，是黑夜中的明灯，为新疆的革命斗争发挥了指引航向的作用。罗志是《战斗》编辑出版发行的主要组织者同时也是主要撰稿人之一。他写了许多观点鲜明、见解深刻的文章。他的时政评论立论准确，切中要害，分析透彻，文笔犀利，说服力强，具有很高的马克思主义理论水平。当解放军以破竹之势向甘、宁、青、新进军并确定争取和平解放新疆之际，罗志布置党的成员和《战斗》社的社员，在国民党军政上层开展策反活动，并对国民党军队做内部瓦解工作。

1949年8月，党中央派邓力群到新疆与革命组织联络，传达了中共中央和毛泽东主席邀请新疆派5名代表出席9月10日在北平召开的全国第一届政治协商会议的精神。新疆的革命者极受鼓舞，经过协商，确定了出席全国政协第一届会议的新疆代表团由阿合买提江、伊斯哈克伯克、阿巴索夫、达列力汗和罗志五人组成。当时罗志的身份是七区代表、民主革命党迪化区委负责人以及《战斗》、中苏文化交流协会新疆分会负责人。同年8月27日，新疆代表团乘坐的飞机在苏联外贝加尔山地区上空失事，机上全部人员遇难牺牲。罗志当时年仅34岁。

当时，中共中央主席毛泽东为五位革命烈士题词："为民族解放和人民民主事业服务而牺牲的阿合买提江·卡斯米同志、伊思哈克伯克·木奴诺夫同志、阿不都克里木·阿巴索夫同志、达列力汗·苏古尔巴也夫同志、罗志同志们的精神永垂不朽！"

黎一飞（1921—1946），男，高明区更合镇布社村人。共产党员。1930年起先后在广州燕塘军校、省教育厅当勤杂人员，1938年参加陈汝棠领导的抗日救护干部训练班，学习结束后任救护总队视察员，深入沦陷区工作。1939年，国民党认为救护总队有赤化倾向，反动派准备逮捕或暗杀一批人。黎一飞得知有人要逮捕他，星夜回乡。黎一飞回乡后在本村当教师，他见到烟赌林立，危害民众，便挺身而出组织群众起来禁烟禁毒禁赌，并在村前截获外地运来的鸦片烟土，当众销毁，深得群众拥护。1943年后，黎一飞任合水长安乡乡队副，并以此为掩护从事革命工作。次年10月，黎一飞参与策动"倒钟"运动，并率领起义民众攻打县城，取得胜利。随后他参加高明人民抗日游击队，担任武工队队长。1945年5月12日，广东人民抗日解放军第三团在龙潭坑反击国民党反动军队的围剿，三团在转移途中因向导失误，至天明还未走出皂幕山区，被迫于龙潭坑隐蔽。炊事员到农村筹粮做饭时被敌侦知，敌军出动200多人占领龙潭坑制高点，向我部队发动攻击。我抗日解放军第三团处于被动局面，虽奋力反击，但部队分散作战，最后部分撤走，部分被打散，黎一飞与部队失去联系，辗转到了广州，1946年8月参加珠江纵队独立第三大队，随部队挺进粤北，9月在始兴遭敌国民军一八七师袭击，不幸被捕，后在狱中被害。牺牲时年仅25岁。

李磊峰（1921—1948），高明区明城镇东门村人。1938年5月，李磊峰参加了明城地区青年抗敌同志会，成为抗日救亡活动的积极分子。同年10月，参加抗日自卫队，驻守三洲海口一带抗击日军。1939年11月加入中国共产党。1940年7月，党组织派李磊峰回明城复办他父亲开设的"恒春堂"医社，以医生身份掩护开展革命活动，这个医社成为党的一个联络点。1942年他受党的委派打入国民党基层政权，先后担任从高明县鄀善乡和高要县和平乡的乡队副，利用合法身份进行地下斗争。

1944年春，李磊峰到新圩小学任教，开展抗日宣传活动。同年10月，李磊峰组织更楼平塘村民众抗日自卫队参加了威震全省的农民起义"倒钟"运动。之后，李磊峰参加了高明人民抗日游击队第三大队，次年一月改编为广东人民抗日解放军第三团，他担任一连（长江连）副连长，之后随司令部的周天行政委转移到云浮担任司令部的保卫工作。1946年秋，根据党组织安排，在云浮古州小学任教，组织群众与国民党反动当局的"三征"作斗争，培养吸收了一批中共党员，建立了党的联络点。1947年，党组织派李磊峰到德庆县搞武装起义的准备工作，他在三河小学以教师身份掩护开展活动，任中共三河支部的副书记。他组织了六人军事小组并进行军训。后因武装活动被当局侦知，李磊峰转移到云利河继续准备武装起义的组织工作。当时，德庆的革命形势严峻，为了保存革命力量，党组织把李磊峰转移到郁南县。1948年，李磊峰在郁南县木林村小学任教，同年4月18日，他参加了郁南县的武装起义，担任三罗总队第三队队长。之后，他与副队长陈伍一起率领战斗员50多人开展游击斗争。5月23日，国民党省保警200多人，加上西江水上大队100多人持优势武器追击起义部队，李磊峰带领部队占据有利地形，打退了敌人多次冲锋，毙伤敌10多人。由于敌强我弱，起义部队决定撤出战斗，留下一个班阻击敌人掩护撤退。掩护中，班长李万生不幸中弹牺牲，正在撤退的李磊峰为了战友们安全撤退，不顾个人安危，拿起李万生的机枪，向敌人猛烈扫射，毙伤了10多名敌人，把敌人打了下去，队伍安全撤退，但李磊峰不幸中弹，光荣牺牲，年仅27岁。

黎煜棠（1931—1946），高明区更合镇布社新村人。1944年参加高明人民抗日游击队第三大队，后传到东江纵队，担任武工队长。1946年8月在始兴县与敌人作战时不幸被捕，在敌人的监狱里，他坚贞不屈，最后被敌人杀害，牺牲时年仅15岁。

李任（1924—1948），高明区更合镇古城村人。1944年参加高明人民抗日游击队第三大队，担任副连长。1948年在高要茶头战斗中不幸牺牲，时年仅24岁。

李义芳（1930—1949），高明区杨和镇独舟村人。1947年参加革命，任粤中纵队武工队员。1949年3月在西安圩执行任务时被敌人包围，在突围战斗中牺牲，年仅19岁。

邱成（1930—1949），高明区更合镇船田村人。1947年参加革命，担任粤中纵队某班长。1949年4月在郁南县大坪圩战斗中牺牲，年仅19岁。

谭一鸣（1929—1949），高明区更合镇巨泉村人。1949年参加革命，担任粤中纵队某部宣传组长。1949年7月在更楼新围战斗中牺牲，年仅20岁。

黄水林（1923—1949），高明区杨和镇独舟村人。1948年参加革命，担任粤中纵队的通讯员。1949年在龙口金岗战斗中牺牲，年26岁。

罗榕根（1929—1949），高明区杨和镇草塘村人。1947年参加革命，担任粤中纵队的通讯员。1949年在龙口金岗战斗中牺牲，年仅 20 岁。

罗桂枝（1924—1945），高明区更合镇平塘村人。1944 年参加高明抗日游击队第三大队，后转入粤中纵队担任某部战士。1945 年在龙潭坑战斗中被俘，同年在新兴县被杀害。牺牲时年仅 21 岁。

谭祖友（1928—1945），高明区更合镇歌乐村人。1944 年参加高明人民抗日游击队第三大队，后转为粤中纵队某部战士。1945 年 11 月在更楼千岁村战斗中牺牲，年仅 17 岁。

黎加仔（1912—1945），高明区荷城街道罗西村人。1945 年参加革命，在粤中纵队某部担任战士。1945 年在皂幕山战斗中被俘，1945 年在新兴被杀害，年 33 岁。

黄烂仔（1928—1946），高明区更合镇平塘村人。1944 年参加高明人民抗日游击队，后转到粤中纵队担任战士。1945 年在皂幕山战斗中被俘，1946 年牺牲于国民党监狱中，年仅 18 岁。

黄家荣（1928—1946），高明区更合镇瑶村人。1944 年参加革命，在东江纵队某部担任班长。1946 年随东江纵队北上时牺牲，年仅 18 岁。

彭二卓（1926—1947），高明区更合镇蛇塘村人。1947 年参加革命，在粤中纵队某部担任班长。1947 年 9 月在开平单水口战斗中牺牲，年仅 21 岁。

李相弟（1933—1947），高明区更合镇松塘村人。1947 年参加革命，任粤中纵队战士。1947 年 2 月在明城新市战斗中牺牲，年仅 15 岁。

罗继（1916—1947），1944 年参加革命，在解放军粤中纵队担任战士。1947 年 10 月在明城执行任务时被捕，之后被国民党反动派杀害于明城，时年 31 岁。

区全忠（1920—1947），高明区杨和镇大布村人。1946 年参加革命，在粤中纵队担任战士。1947年在宅梧云独战斗中牺牲，时年27岁。

黎启（1928—1948），高明区更合镇陀程村人。1944年参加革命，在粤中纵队担任税收员。1948年在茶头战斗中被俘，后被杀害于新兴监狱，时年20岁。

李奀（1917—1948），高明区更合镇罗丹村人。1944年参加革命，在粤中纵队担任税收员。1948年在高要白土被杀害，时年31岁。

叶山（1931—1948），高明区更合镇罗丹村人。1947年参加革命，在粤中纵队某部当战士。1948年4月在茶山战斗中牺牲，时年仅17岁。

周利水（1926—1948），高明区更合镇沙嘴新村人。1944年参加革命，在粤中纵队担任战士。1948年在明城战斗中牺牲，时年22岁。

谭继长（1922—1948），高明区更合镇新塘村人。1946年参加革命，在粤中纵队某部担任战士。1948年5月在茶山战斗中牺牲，时年26岁。

李均全（1927—1948），高明区更合镇大洞村人。1946年参加革命，担任粤中纵队某部战士。1948年在香山战斗中牺牲，时年21岁。

陈新虾（1924—1948），高明区更合镇高村人。1947年参加革命，是粤中纵队某部战士。1948年5月在茶山战斗中牺牲，时年24岁。

黎植南（1912—1948），高明区更合镇布社村人。1938年参加革命，在合水布社小学以教师身份掩护进行革命工作。1948年3月因执行任务被捕，后被国民党当局杀害，时年36岁。

陈伯忠（1928—1948），高明区合水镇高村人。1947年参加革命，在粤中纵队当战士。1948年5月在茶山战斗中牺牲，时年20岁。

钟初（1927—1948），高明区更合镇莲洞村人。1947年参加革命，在粤中纵队某部当战士。1948年5月在罗定县马山战斗中牺牲，时年21岁。

冼应（1928—1948），高明区更合镇新圩圩竹村人。1948年参加革命，在粤中纵队某部当战士。1948年8月在新圩被国民党当局逮捕后被杀害，时年20岁。

麦友光（1920—1948），高明区更合镇吉田村人。1947年参加革命，在粤中纵队某部担任班长。1948年9月在云浮腰鼓圩战斗中牺牲，时年28岁。

蓼烂三（1917—1948），高明区更合镇凤岭村人。1948年参加革命，在粤中纵队某部当战士。1948年9月在合水圩被国民党反动派杀害，时年31岁。

阮北（1929—1948），高明区更合镇蛇塘村人。1947年参加革命，在粤中纵队某部当班长。1948年冬在罗定金鸡坪战斗中牺牲，时年仅19岁。

李耀初（1929—1948），高明区更合镇罗丹村人。1948年参加革命，任粤中武工队队员。1948年9月在新圩战斗中牺牲，时年仅19岁。

区球（1931—1948），高明区杨和镇大布村人。1947年参加革命，在粤中纵队某部当战士。1948年10月在三洲战斗中牺牲，时年仅17岁。

杜棠（1928—1948），高明区杨和镇棠下村人。1947年参加革命，在粤中纵队某部当战士。1948年2月在明城战斗中牺牲，时年仅20岁。

仇彩兰（1927—1948），女，高明区明城镇崇步村人。1944

年参加革命，在粤中纵队当护士。1948年在西安鳌围水闸被敌人杀害，时年仅21岁。

陈志庭（1928—1949），高明区更合镇洞心村人。1945年参加革命，在粤中纵队某部当战士。1949年2月在开平苍城战斗中牺牲，时年21岁。

李汝霖（1931—1949），高明区更合镇布社村人。1945年参加革命，在粤中纵队担任保卫员。1949年3月在更楼千岁村被敌人杀害，年仅18岁。

第五章

高明从落后农业县变成全国百强县之一

第一节 新中国诞生后高明获得巨大发展进步

中华人民共和国成立后,高明革命老区走上了和平建设发展的道路。从1950年到2017年,60多年来,高明与全国一样,前30年在探索社会主义建设发展的道路上,经历了不少的曲折和教训,但经济上总体建设取得一定的成就。

20世纪50年代,各级党组织、广大的农村干部带领广大翻身农民,以极大的积极性战天斗地,开创自己的新生活。他们组织起来,经过有序的规划,以群众运动大搞农田水利基本建设,高明县在这一时期利用每年秋冬的农闲时间,前后共修筑了440多座山塘水库,其中中型水库两座,小一型和小二型水库50多座,这些山塘水库的主要功能是蓄水抗旱,把山洪水害变成灌溉水利;这个时期,农民进行农田水利基本建设的热情特别高涨,发挥了愚公移山的精神。人多力量大,只要齐心合力没有克服不了的困难,许多水利工程都是这一时期完成的,涌现出不少劳动模范和积极分子。

20世纪60—70年代,高明新开了大量水利排灌渠道,每年都组织加固围田区的河堤,进行了大量农业水利基础设施建设,建成了多座从机械到电力的排水站,排除堤围积水,保证了农业的稳定收成。为了修筑水库山塘和加固堤围,建设机械和电力排站,人民群众在党的领导下团结奋斗展示出巨大的能量。

另外,20世纪50—70年代,为了改变出门没有一条好路的历史现状，地方党组织带领人民群众进行了大量的开路架桥工作。50年代初，从合水到明城要走一两天的路，还要搭两三次横水渡，从合水到三洲更要走两天多的路程。面对出行难，县委县政府提出"人民公路人民修"的口号，动员人民群众用土办法在全县修筑了475公里的沙土公路网，同时还开辟建成了各种规格的村庄道路，以及大片农田塱垌中的拖拉机路。尽管这些全部都是低级的沙土路，汽车、拖拉机在路上行走时会带出飞扬的尘土，下雨天大多更是泥泞烂路，但是也在很大程度上改善了交通状况。

但那时的经济及建设，主要是围绕农业、围绕粮食生产、围绕解决温饱来进行，所以发展速度比较缓慢。尽管在管理体制上经历了农业合作化各个阶段，从互助组、初级社到高级社之后发展到一大二公的人民公社，经过30年时间，经济还是停留在传统农业和很初级的粗放型工业产业的水平上；总体上还是自给半自给经济的水平，人民群众的温饱问题还没有彻底解决，生活水平还比较低，总体上生活还比较艰苦。教育事业虽然得到大的发展，但是人民的教育水平比较低下，在70年代初期和中期，农村小学只是普及了初小，不少人读完初小就没有继续进校学习。也有不少勉强读到高小毕业就回家参加劳动。学校的教学设备简陋，师资质量低，教学质量不高。卫生保健，在70年代每个公社只有一间卫生院，每个大队一般都设有半农半医或走路串村的赤脚医生。那时候群众最担心的是遇到家中有人生较重的病，群众因病致贫、返贫的例子到处都有发生。农村总体上还是缺医少药。

1979年底召开了党的十一届三中全会后，党带领全国人民解放思想，实事求是，团结一致向前看，广大干部群众的思想从长期"左"的禁锢中逐渐解放出来。从20世纪80年代开始，高明与全国一样，停止了以阶级斗争为纲的错误做法，改变为把工作着重点转移到经济建设上来，全部工作以经济建设为中心。在邓小平理论的指导下，走上了改革开放加快发展的道路。从那时开始，高明和全国一样，发生了翻天覆地的变化，政治不断走向民主化，经济不断走向现代化，教育、文化、卫生、科技等各项事业不断走向文明、进步、繁荣，人民群众的生活水平不断提高。革命老区高明也在改革开放发展中发扬"团结、求实、奋发、创业"的高明精神，走出一条适合自己实际情况的发展路子。

1981年12月7日，国务院批准恢复高明县级建制，高明人民欢欣鼓舞，意气风发，这是因为从1958年底到1981年底，作为一个有500多年历史的高明县，因历史原因与鹤山县合并为高鹤县，高明县在地图上整整消失了23年。广大干部群众多次要求恢复高明县建制，经过反复的争取，国务院终于在改革开放初期批准恢复了高明的县级建制。恢复高明县建制之举，大得民心，人民感受到改革开放的好处，人民群众自觉在思想上、政治上与党中央保持一致，奋发图强，努力建设美好幸福家园，把高明建设成为文明富裕的社会主义新高明。

恢复高明县级建制后，历届县委政府领导班子带领人民群众不断奋斗，高明获得飞跃发展，农业生产从传统的自给半自给的农业自然经济向农业商品经济、进而向现代产业化的三高农业转变；工业从一穷二白的底子向现代新型工业化转变；第三产业则从无到有，并且产业质量和占国民经济的比重不断提升。1982年全面实施以家庭为单位的联产承包责任之后，农业连年丰收，大多数农户一造完成一年的粮食征购任务，广大农民不但实现了温饱，还不断增加经济收入，一部分农民逐渐富裕起来。高明县的综合经济实力不断增强。1992年，高明经国家验收被评定为全国第一批小康达标县；1995年开始被评为全国农村经济综合实力百强县，当年排名49位；1996年进一步入选全国农村经济综合实力百强县，排名升至 34 名，之后连续 17 年进入全国农村综合实力和科学发展百强县（区）的行列，排名维持在 42 至 44 位上下。1983 年高明实现普及小学教育，1988 年实现普及九年制义务教育，2000 年实现普及高中阶段教育。高明 1996 年被评为全国体育先进县，2004 年被评为全国绿化先进县，2005 年被评为全省第 18 个教育强县（区），2015 年荣获"全国创建生态文明标杆城市"称号，还曾获得"全国文明城市"、"全国科普示范区"等称号。多年来，特别是党的十八大后，高明坚持经济、政治、文化、社会、生态"五位一体"发展的指导思想和实施"四个全面"（全面深化改革、全面建成小康社会、全面依法治国、全面从严治党）的工作方针，实现了经济社会的进一步跨越发展。在发展中人民群众得到较多的实惠，生活水平、生活质量不断提高，干部群众正满怀信心地沿着习近平新时代中国特色社会主义思想指引的方向，朝着经济社会更充分发展，人民生活更加美好幸福的未来而努力奋斗。

第二节 高明从传统农业向现代"三高"农业转变

改革开放前,高明人民在党的领导下努力改变生产条件,大力兴修水利,建成了两座中型水库,440多座小型山塘水库和大量的排灌渠道,蓄水防涝,引水灌溉,把水害变成水利。还建立了十多座从机械动力到电力动力的排灌站,抗旱排涝,同时全面开挖贯通了水渠,加固了堤围,整个水利建设取得了基础性的成效,保证了农业的好收成。加上长期推行良种良法,深耕细作,合理施肥,耕作制度从每年一造改为每年两造加部分冬种,其中20世纪70年代还推广水稻冬小麦,有些地方实现一年三熟。推广科学种田等措施,农业种植业特别是粮食产量有了很大的提高,每亩粮食的平均单产从1950年的170多公斤增加到1976的280多公斤。但是由于体制单一、高度集中统一,思想僵化,压抑了广大农民的积极性和创造性;以粮为纲又致使生产项目单一,大大压制了农村经济的全面发展;强制性实行全盘的计划经济的刻板性,大大限制了市场经济的灵活性。多种弊端的综合作用使生产发展长期停滞在低水平上。广大人民群众的温饱问题长期得不到很好的解决,更谈不上增加经济收入,提高生活质量了。

改革开放后,高明和全国一样坚持实行以经济建设为中心;改变了高度集中统一的管理体制,实行以家庭为单位的联产承包责任制;改变了以粮为纲的单一经营做法,实行农林牧副渔全面发展的方针,农村经济走上加快发展的快车道。而加快发展的路子，党中央定出大政方针后，具体到各个地方，必须从本地实际出发，实事求是地确定每个时期的工作方针。改革开放之初，面对贫穷落后的局面，高明几届县委县政府继往开来，接力奋斗，实现了从传统农业向现代农业的转变。

要发展农业，第一要进行农村体制改革。改革开放之初，高明重点抓了改变高度集中统一的人民公社管理体制，建立并落实农村以家庭为单位的联产承包责任制（交足国家的，留足集体的，其余都是自己的）工作。以家庭为单位的联产承包责任制的落实，使广大农民的劳动生产积极性得到空前的提高，他们的生产创造力得到充分的调动和发挥。各种农村生产能手、各种生产经营的专业户如雨后春笋般不断涌现出来。同时广大农民的爱国热情也进一步高涨，涌现出不少一造向国家交售万斤粮的农业专业户和年收入超万元的万元户。

第二，在这个基础上，高明不断调整农业结构和农业布局。在农业布局上，种植业实行粮食作物与经济作物按照市场要求进行调整，经过十多年的调整，从9∶1调整为5.5∶4.5，以后进一步稳定在6∶4。蔬菜、水果、生姜、西瓜、粉葛等农业土特产得到大量种植，种植业的经济效益大为提高。在农村经济结构上，实行从农田种植业为主改变为农林牧副渔全面发展，同时大力发展乡镇工业，鼓励农民发展农村商业，使农村经济活跃起来。通过不断优化调整，高明农业种植业占农村经济的比例从40%下降到20%左右。为了保护生态环境，林业采伐严格控制，故林业收入总体基本平稳，只是种果有所增加，但收入份额约只占2%~3%；畜牧业则有长足发展，从过去占10%增加到占20%左右（从分散放养三鸟、家庭分散养猪发展到集中规模办场养殖优质三鸟和猪）；渔业（主要是水产养殖）不断增加养殖的面积和养殖的科学水平，所以其分量不断提升，从改革开放前占10%左右增加到约占农村经济收入的40％。水产养殖的品种也不断优化，从传统的四大家鱼逐渐增加养殖桂花鱼、鲈鱼、水鱼、山花鱼、乌龟等高值品种的养殖（从传统分散小规模养殖发展到规模养殖）。进入21世纪后，农业结构还在不断地调整优化。在农业种植业的布局中，粮食与经济作物的比例进一步调整为3∶7，经济作物的分量不断增加。从传统的瓜、姜、葛、芋逐渐增加花卉、园林、苗圃、特色无公害蔬菜瓜果和配合发展旅游产业的连片油菜花、连片郁金香、连片荷花等种植业。通过不断地推进农业产业化发展，使革命老区高明的农业实现从自给半自给的自然经济向商品化农业转变，从传统农业向三高（高产高质高值）农业转变。不断增加农业的产值和效益。

第三，大力发展农村商品经济，提高农副产品的商品率。改革开放后，国家改变了农副产品统购统销的政策，农业生产要向市场要效益，农民收入的增加靠农副产品的市场化销售。所以农民从生产布局的环节开始就要瞄准市场，尽力生产适销对路的产品，才能及时实现产品销售和生产的效益。高明的农副产品商品率，1985年是60.5％，1991年增加到73.2％，至2016年增加到90％。

据统计，1981年，高明的农业总产值是1.07亿元，到1990年增加到3.73亿元，1995年增加到8.59亿元，2000年增加到15.14亿元，2010年增加到27.22亿元，2012年再增加到23.1699亿元，到2016年，高明区实现农林牧渔业总产值40.18亿元，同比增2.9％，比1981年的1.07亿元增长36.55倍。其中种植业11.45亿元，同比上年下降7.3％；林业产值0.96亿元，同比增1.3％；牧业15.85亿元，同比增2.5％；渔业10.19亿元，同比增7.8％；农林牧渔服务业产值1.73亿元，同比增0.7％。农业产业化进展顺利，全区有农民专业合作社38家，拥有成员1152人，生产经营面积8253亩，创造产值占全区农业产值的70%以上。培育建成区级以上农业龙头企业25家，年销售收入29.78亿元。可见农业产业化所创造的产值占农业总产值相当高的比例。高明区的创建生态农业品牌取得显著成绩，2016年农产品质量安全监测合格率达到99.6%，被命名为"国家农产品质量安全县"。至2016年止，高明有10个农产品被评定为广东省农业类名牌产品，有五种农产品获得国家有机农产品认证，一种农产品获得国家绿色农产品认证，23个农产品获得省无公害农产品认证，2800亩农业用地获得国家绿色产地认证，2913亩农业用地获得无公害农地认证。一批农业企业走上产业化、规模化、集约化的高产、高质、高值的经营之道。

例如佛山市绿然谷果蔬食品有限公司，按照产业化、机械化、规模化的经营模式，以精致礼品理念经营农业，从种植到加工包装、市场，实行产业一体化，创立公司基地＋农户＋保价收购，以高出市场30%的价格回收农户产品。公司现有农业种植面积（优质水稻、果蔬等）8000亩，与农户紧密联系，使生产与市场良性互动。为了保证市场开拓成功，该公司长期坚持品质第一的经营方针，在海南育种，在高明种植，运用高技术进行栽培，保证生产出优质无公害果蔬产品。该公司生产的苦瓜、西红柿获得国家绿色食品认证，并获国家农业推广奖。

又如佛山市杨和镇海达高新科技孵化养殖基地有限公司，现有员工400多人，基地面积2000多亩，配置1200平方米的冷库，该公司在本地农村有两处共450亩的养殖基地。该公司的养殖三洲黑鹅标准化示范区被广东省农业厅定为省级农业标准示范区，并成为家禽产品供港注册基地。该公司获得全省第一家家禽类绿色产品认证证书，产品主要供应北京、上海等大城市及出口港澳地区。近三年来，公司已出口冰鲜家禽400多万只，销售值1.5

亿多元，其中出口收汇1亿多港元。

再如佛山市高明区鸿丽蔬菜种植有限公司，是专门从事无公害蔬菜生产与销售的企业，公司在政府支持下，投资600多万元建成塑锦、平塘、良村等多个蔬菜种植基地，总面积1605亩，拥有员工210人，合作农户540户。采取由公司统一承包土地、统一播种施肥、统一防治病虫害、统一运输销售的运行模式。坚持无公害生产技术，实行自行留种与公司向农研部门购种相结合，解决种苗问题。坚持使用无污染清水，不使用高毒农药，对产品先检测后上市，保证产品安全无公害。近年引进新加坡蔬菜种植技术，无土栽培技术，保证产品质量。公司日产蔬菜30—40吨，主要供应佛山市各单位食堂、批发市场和配送中心。2014年开始，该公司在各市场开设自产自销点，市场反应良好。

还有位于革命老区更合镇的佛山市卖口乖食品有限公司，厂房面积2.35万平方米，是一家集生产基地、产品冷冻、加工、运输、销售于一体的优秀民营食品企业。该公司食品以绿色、安全、健康为品牌理念，精心打造高明土特产鲜鱼干、即食鱼系列、腊味系列、粮油、特色农产品干货五大系列30多个规格品种。公司致力于绿色、健康、安全食品的研发和生产加工，他们生产的生晒腊味、鱼干制品、农副产品干货和优质粮油，采用仿冬天加工技术，风味独特，营养丰富。其中鲜鱼干产品获得"广东省农业名牌产品"称号，"卖口乖"品牌专卖店获"高明区土特产商店"称号，"卖口乖"系列产品获得"高明区十大名手信"称号，具有强有力的市场竞争力，受到广大消费者欢迎。该公司生产的原材料来源于无公害种植养殖生产基地、国际现代农业生态示范基地和佛山市菜篮子生产基地——佛山市举世农业开发有限公司。"卖口乖"食品采用科学配方和"仿冬天"的加工工艺，以先进的工艺技术设备建立产品质量体系标准,并与先进的农产品生产基地结合,生产—加工—专卖店销售融为一体,实行"从生产基地到餐桌"全程质量监控,保证产品的优良质量。

第三节 高明从一穷二白向新型工业化转变

20世纪50年代初,高明工业基本空白,只有一些手工业。在六七十年代,高明开办了一些小煤窑,佛山地区和高明县都在高明开办了小煤矿,可是由于煤炭资源逐渐枯竭,并且煤矿污染环境,所以这些煤矿在改革开放后于1989年全部停办了。改革开放之初,高明能算得上工业的,只有一家"大跃进"时开办的5万吨水泥厂和一家严重亏损的氮肥厂,还有两家农机厂和一些小五金厂,各地都有一些小粮油加工厂、小砖瓦厂及一些打铁编织等手工业工场作坊。据统计,1981年,高明工业总产值只有0.43亿元。恢复高明县级建制后,高明历届党委政府深知无农不稳、无工不富、无商不活的道理,带领人民群众不断奋斗,创办工业项目。先是在20世纪八九十年代以向银行贷款为主创办了一批塑料、建材、食品、纺织、印刷等县直工业企业,之后又创办了一批乡镇工业企业,使高明的工业产值从1992年起超过农业产值。但是,由于基础差,一穷二白(资金短缺、工业基础差、技术人才少),所以工业起步艰辛,步履维艰,1990年才实现工业产值0.73亿元。但是随着机械化、电气化、自动化的不断推进和对科研的重视带来科技水平的提高,一旦工业发展进入正确轨道,就会不断加速,而且效益越来越显著。至1995年,高明就实现工业产值56.69亿元,5年增长50多倍。从2003年起,高明已经形成自己有特色的工业体系,并提出向努力实现新型工业化的目标进军。所谓新型工业化，就是使用高新技术，在实现工业现代化的同时保护好自然生态环境，真正实现可持续快速科学发展。瞄准新型工业化的目标，高明采取了以下四项主要措施。

一是努力抓好招商引资，不断提高招商引资的质量。从1996年起，高明把招商引资作为推动发展进步的主要动力，先后制定了"结合部发展战略"和"跨越式发展战略"，从2003年起每年招商引资额都超过100亿元，并且从一般引资发展到招大商引优资，不断提高招商引资的质量。2015年以来招商引资成效显著，其中2016年引入项目68个，合同投资142亿元，亿元以上项目30个，超5亿元以上的项目8个；新增利用外资项目5个，合同利用外资3707万美元，年内实际利用外资1156万美元。

二是建立工业园区，把工业项目集中在园区开办，并搞好工厂的美化绿化净化，同时实现工厂生产在园区，工人生活在城镇，这样有利于园区统一安排交通运输道路和供电、供水、排污、网络等基础设施建设。2003年起建立的高明沧江工业园设立了东园和西园，规划总面积60多平方公里，被国家命名为"国家火炬计划佛山新材料基地"，目前入园企业300多家。2016年，高明沧江工业园实现工业总产值605.82亿元，其中规模以上工业企业产值605.13亿元。该园2016年引进项目22个，总投资26.05亿元。除了沧江工业园外，高明还先后建立起富湾、西安、三洲、人和、杨梅1—4、明城1—3工业区、新圩、更楼、白石、合水、小洞等16个工业区，实现了工业项目基本进入园区，使工业快速发展的同时生态环境能够得到良性保护，避免了一边发展工业一边污染环境的恶性循环。

三是实行工厂报建基建、设备安装与美化绿化净化以及环保设施的报建施工等同时进行规划和建设（称为三同时），保证工厂投产、美化绿化净化设施和环保设施同时投入使用，绝不允许牺牲环境换取一时发展的错误指导思想和做法。保证在工业发展、科技进步、经济实力增强的同时，自然生态环境得到有力的保护。

四是不断鼓励科技进步，鼓励企业设立科技攻关小组并上报设立企业工程技术开发中心等科研机构，鼓励企业引进和使用技术人才，对设立有成效的科研工作站和博士后工作站给予财政补贴，区政府还设立科技进步奖，从财政总收入中提取一定比例（3.5%以上）奖励科技进步项目。并且每年评奖一次，使科技进步成为企业发展、提高产能和经济效益重要推动力，也成为企业发展进步的共同追求。2016年度，高明区获得佛山市科技进步一等奖两项，三等奖两项；获得高明区科技进步一等奖六项，二等奖八项，三等奖八项。

在努力实现新型工业化的进程中，高明通过上述四项措施的不断落实，使新型工业化水平不断提高，工业经济不断壮大，经济效益不断提高。至2010年，高明区实现工业总产值1794.92亿元；2012年实现工业产值1844.10亿元；2016年，高明区实现工业总产值增加到2961.39亿元，比上年增长7.1%，规模以上工业产值2888.071亿元，比上年增长7.2%，其中轻工业占39.3%，重工业占66.01%。已形成超200亿元的行业四个，分别是石化制造业、塑料制品业、纺织服装业、电子电器业；已形成超500亿元的行业两个，分别是金属制品业和装备制造业。涌现出一批产值超30亿元、税收超亿元的工业企业。其中高富石油有限公司项目每年创造产值超过150亿元，创造税收超过8亿元；海天食品有限公司年创造产值超过150亿元，创造税收超过7亿元；溢达织染制衣有限公司安排就业近两万多人，创造产值超过100亿元，创造税收超过4亿元。经过多年的产业发展，2016年，高明有年纳税500万元以上的工业企业100多家。下面举几个较为突出的例子。

佛山市海天（高明）调味食品有限公司2003年落户高明沧江工业园。拥有30万平方米的天然晒池和发酵大罐，用阳光酿晒高品质的酱油；拥有行业内最先进的自动包装生产线10多条，每小时最高可生产48000瓶酱油；拥有数十项核心专利技术和世界上多个国家认可的试验检验机构；还获准设有调味品行业博士后科研工作站。作为中国调味品领导品牌，海天产品在高品质的前提下产量连续16年保持两位数的稳健增长，2013年开始实现年产调味品超百万吨，年销售值超百亿元，成为全国乃至全球最大的专业产销调味品企业。该企业已拥有酱油、耗油、醋、调味酱、鸡精、小调味品等8大类产品200多个规格品种，能满足各层次的调味需求。其中海鲜酱油、特级酱油、黄豆酱、金标生抽、草菇老抽等产品已成功畅销几十年。该企业营销网络覆盖全国31个省、级行政区域，300多个地市和1100多个县级市场，并出口全球多个国家。企业连续多年成为佛山纳税大户前列，近十年来，该企业上缴税金超过40亿元。2014年2月11日，海天公司在A股主板成功上市。企业将按照"深耕本业、产品多元化发展"的经营理念，进一步巩固"中国调味品领导品牌"龙头企业的地位。

佛山高富中石油燃料沥青有限责任公司始建于1997年，2006年归属中国石油旗下，是中国石油在南方地区专业沥青生产的国有大中型企业。公司占地面积1300亩，总固定资产14亿元人民币。拥有两台沥青生产装置，一套减粘裂化燃料装置，两套改性沥青装置，年加工原油能力225万吨，年产优质道路沥青150万吨，产能全国第三、华南第一。产品销售覆盖西南、华南、华东、中原及华北等地。企业技术力量雄厚，317名员工中有218名专业技术人员。公司充分利用资源、工艺、质量、规模、仓储、服务六大优势，以生产高附加值产品为增长点，坚持以创新促发展，以质量保发展的方针，将公司建设成以石油沥青为主打产品的专业化系列产品企业。公司被佛山市政府认定为"佛山市高等级道路石油沥青工程技术研究开发中心",是高明企业的纳税大户,年纳税额超过6亿元。

广东溢达纺织有限公司是由香港溢达集团1988年开始在高明设立的大型产品出口型和高新技术型纺织企业,公司投资总额7亿美元,业务范围涵盖纺纱、染色、织布、制衣、制衣辅料,是世界知名的时装品牌面料供应商和成衣制造商。公司占地面积超过80万平方米,拥有30000名员工。2013年总产值超过68亿元,出口值超过55亿元,纳税超过3.7亿元。生产棉纱8600吨,全棉针织布2.1万吨,全棉色织布1.3亿码,成衣5000万件。公司实行高端定位、创新开发、高技术操作,该公司已申请国家专利265项,其中168项获得国家的专利授权,属于发明专利72项,属于实用专利92项,在36个国家获得3项PCT申请授权。其中"无绉线缝及其制造方法"已在美国、日本、英国等24个国家获得专利授权。在全国全棉梳织衬衣排名中,溢达公司连续八年排名第一位,公司享有4A级企业信用等级,2013年入选"国家技术创新示范企业",是全省唯一入选的纺织企业。

第四节 高明的第三产业长足发展

高明区的地区生产总值中第三产业所占的比例历来不高。改革开放之初，1981年高明的地区生产总值1.06亿元，其中第三产业占18.8%，只有0.192亿元（第二产业占24.9%，第一产业占56.3%），当时高明的第三产业主要是国有商业和集体性质的供销社，个体商业只有很少的一些小商店。由于人民的物质生活水平较低，社会消费品的零售总额和金融存贷款规模都相当的少，1981年，高明的社会消费品零售总额只有0.48亿元，金融机构存款总额也只有0.3亿元人民币。改革开放后，高明的商业服务业向多元化发展，个体私营在流通领域和服务领域所占的份额不断提高，同时，由于人民的物质生活水平不断提高，金融服务业的规模也不断扩大。1990年，高明的社会消费品零售总额增加到2.3亿元，而金融机构存款总额也增加到7.9亿元。到2010年，这两个数额分别增加到72.81亿元和133.93亿元。这说明，随着社会经济的发展和人民生活水平的提高，第三产业不断发展进步。高明的第三产业在2010年后得到长足的发展，到2016年，高明第三产业的增加值达到144.87亿元，比上年增长100%。在地区生产总值中，第三产业的增加值占19.3%（第一产业下降到2.5%，第二产业占比增加到78.2%），第三产业占比还不算很大，但其品质和绝对值已经有了很大的提升。2016年的第三产业中，批发零售业、交通运输业、仓储邮政业、酒店餐饮业、金融、房地产业分别比上年增长7.5%、0.5%、3.1%、11.1%和19.5%。

高明山清水秀，自然环境优美，特别是2003年高明获得全国造林绿化先进县的称号后，森林覆盖率达到44%，是一个发展生态休闲旅游的好地方。高明旅游业以前由于投入不足，缺乏长远发展总体规划，所以只有比较零散的几个旅游景点对游客有吸引力。2010年后，各级政府重视旅游业的发展，不断增加投入，建造出皂幕山景区、盈香生态园两个国家四星级景区，之后不断发展进步，建造出美的—鹭湖旅游度假区、佛山君御西江国际旅游展示中心、皂幕山风景区等四个项目列入广东省重点旅游区。其中美的—鹭湖旅游度假区入选国家优选旅游项目，云勇森林公园被认定为全国首批17个"中国森林体验基地"之一。2016年，高明全面启动全域旅游的建设，年内接待游客601.38万人次，比上年增长12%，这一年的旅游业总收入达到26.04亿元，比上年增长25.9%。这一年高明还获评"最美中国·生态旅游目的地"的称号，获得首批"广东省全域旅游示范区"的创建名录。高明的房地产业近五年来也获得充分的发展，2016年房地产开发完成投资34.70亿元，比上年增长4.5%；新建商品房销售15743套，比上年增长64.89%；销售面积达到147.41万平方米，比上年增长76.96%；实现销售额81.19亿元，比上年增长88.23%。金融机构本外币存款年末余额317.56亿元，比上年增长11.6%；贷款余额251.27亿元，比上年增长11.49%。高明第三产业也涌现出一批代表性企业——

广东盈香生态园有限公司兴办的凌云山旅游度假区项目位于高明区荷城街道凌云山山麓，该公司2013年经广东省旅游局审核批准通过为国家4A级旅游景区。景区内拥有珠三角最大的纯山泉水水上项目——九寨水城、机动反斗乐园、千亩原生态松林、大型科普拓展基地、无公害蔬菜种植示范基地等项目，是一个集农业观光、生态旅游、农家美食、科普教育、国学民俗、艺术创意、武术竞技、拓展联欢、喜庆策划、休闲养生为一体的大型综合性旅游服务景区。景区总面积四年来从120多亩发展到1800多亩，目前正按照国家5A级景区的标准不断提升规划和建设水平。2012年以来，该公司协助区政府承办了濑粉节、油菜花节、油菜心节等，得到政府和游客的高度评价。该景区于2002年正式营运以来，已经累计接待了游客400万人次，其中2010年到2014年增加到200多万来自各地的游客。2017年，该公司接待游客增加到100万人次。

佛山市高明区杨和镇皂幕山旅游开发有限公司，是一个由众多景点组合而成的综合生态旅游景区。最高峰805米的皂幕山是佛山第一峰，是佛山市十大景区之一。皂幕山景区是高明第一个国家4A级景区，总体规划面积140平方公里，核心区面积70平方公里。以皂幕山森林公园为依托，整合杨梅观音寺、丽堂无公害蔬菜基地、潜龙谷景点、金水台漂流、银海高尔夫球场、大沙湖水库、对川茶景园等8个各具特色的景点。登山栈道共4.3公里，其中铺设栈道3000米，一路山光水色，生态密林，引人入胜，还有6公里长的汽车登山大道。森林公园内还有桃花园、长寿泉、仙人洞、观瀑亭等景观。该景区坚持"以游客为中心"不断完善各项设施，不断充实旅游内容。每年新迎游客约20万人次。

佛山市高明泰康山生态旅游度假区，2012年5月对外开放，景区覆盖面积509公顷。该旅游度假区以自然原生态资源为依托，专门打造生态—度假—旅游的特色服务。近几年该区专业打造山捻子、金樱子、桑果等大规模的农作物基地以及垂钓基地，多次举办岗捻节、垂钓大赛等吸引游客的活动。该景区开设了乘车游山、缆车滑翔、乘船畅游潭黎水库项目。同时开发商还不断向外招商，努力把泰康山生态旅游度假区打造成独具特色的生态景区。

第五节 高明基础设施建设和各项社会事业成就显著

高明交通建设在改革开放以前可以说是非常落后，至1981年，虽有400多公里的公路网，但全部都是低等级的沙土路，没有水泥路。恢复高明建制后，政府带领群众建设了大批高等级的公路。1981—1990年建成了第一批以县城为中心的水泥公路；1992—1995年，高明进行公路建设全民大动员，解决了1万多亩公路建设的土地，同时建成了第一批100多公里的一级公路；2003年建成了八车道的高明大道和荷富大道；2009年，高明建成了第一条高速公路（广明高速高明段）；2012年后，又有开罗高速和肇江高速经过高明。至此，高明区内一二级水泥或柏油公路纵横交错，可通达全区各地，同时有三条高速公路通过本区域。在此期间，高明在宽阔的大西江河上，先后于1991年、2003年和2009年建成了横跨西江的第一座高明大桥、第二座高明大桥（双桥）和广明高速高明富湾特大桥，实现了天堑变通途。此外，高明开通了33条公交线路，共拥有296辆智能公交车；同时投放了1000多辆公共自行车，大大方便了人民群众的出行需求。水路交通，1993年开通了直通香港的飞翼船客运口岸，此后每天都可以从水路往返高明和香港。同时，根据佛山市的交通网络总体规划，下一步将安排佛山一环西延线、高恩高速、肇开高速等主干高速公路经过或通达高明（这几条主干公路高明段均已安排动工兴建）。由于国家的经济实力越来越强大，社会主义制度具有集中力量办大事的优越性,过去一些连想都不敢想的交通建设项目,现在不断变成现实。按广东省和佛山市的交通建设总体规划,下一步还将有地铁、轻轨从广佛通达高明。同时,珠三角枢纽机场将在高明兴建。届时,高明将是一个海陆空交通都极为畅顺的地方。

电力建设也是经济建设的先行官,改革开放以来,高明的电力建设可谓突飞猛进。恢复县级建制之初,只有两个小型变电站,用电多为农业用电和照明用电,可是因电网落后,也经常要停电。恢复县级建制后,高明在省市支持下,30多年来新建了110千伏安变电站四座,220千伏安变电站2座,同时配备完善10千伏安配电网络的建设和大批配电网基础工程建设,保证了供电事业的需要。建成了首批5座新能源汽车充电站和100套电动公交充电桩基础设施建设。至此,全域能为经济建设和社会发展提供可靠充足的用电保证。2016年,高明全年供电总量41.16亿千瓦时,比上年增长3.23%,最高用电负荷达65.5万千瓦。全区用户全年平均停电只有3.47小时,用电可靠性居佛山五区前列。从20世纪90年代开始,高明全面推行改燃节柴,一方面保护森林,防止乱砍滥伐林木;另一方面推广清洁能源,保护环境。开始时主要推广使用石油气,进入21世纪以来,更进一步推行使用天然气。所有新建住宅都全面安装天然气管道,使天然气进入千家万户。与此同时,政府引导逐步在社会上推广使用新能源汽车。

改革开放以来,政府十分重视水利建设工作,投入大量资金把17.48公里的西江河堤加固成可抵御50年一遇洪峰袭击的堤围,而把89公里的高明河堤加固成可抵御20年一遇的洪峰袭击的堤围。同时对全域两个中型水库、20多个小一型水库和440多个小山塘水库都进行了排险加固工作。在20世纪90年代,兴建了沧江泵站,一闸锁狂流,使百里高明河能按照人们的意愿进行抗洪排涝和灌溉。2003年至2010年，高明实施了"整治秀丽河"和"各镇街都要建设污水排放系统"两个人大议案，并取得了令人民满意的成效。2016年开始高明实施"再造沧江"计划，疏通河道，改良水质，严格控制两岸企业向沧江河排污。全域11条主要河流通过实施一河一策的治理，都达到二类水质标准。在吸排水建设方面，改革开放后，在西江河边建立了自来水厂，通过不断的扩容改造，区自来水厂日供水能力从5万吨增加到20万吨。在域内的合水、更楼、新圩、杨梅等地也建了能保证水质的自来水厂。2005年后，域内实施了东水西送工程，保证全域各地都用得上充足清洁的水源。这就在数量和质量上满足了全域生产用水和居民生活用水的需要。1984年，高明新县城荷城开城之时，在中心城区荷城建成了第一座污水处理厂并投入使用。2003年后，实施了人大关于各镇（街）都要建设污水处理系统的议案，陆续建成了明城、更合、杨梅、人和以及荷城的第二、第三污水处理厂，并都投入使用，保证了域内各镇街的工业污水和居民生活污水能通过区域的污水管网系统及时排放进污水处理厂进行处理，使生态环境得到保护。进入21世纪后，高明对环保工作越来越重视，在建设工农业产业项目时要求把环保工作与产业项目同时规划、同时施工、同时验收、同时投入使用。所以，实体产业项目所产生的污水和对环境有污染的气体能达标排放，总体上保护了高明的绿色生态环境。

邮政电信基础设施建设随着经济发展和人民生活水平的提高而获得不断发展进步。邮政方面，随着社会的发展特别是互联网的发展，传统的邮政业务（电话、寄信、电报等）不再兴旺而日渐式微，而新兴的快递业务、代理金融保险业务等迅速扩展。到2016年，代理金融吸存业务达到88633万元，其中新增10370万元；代理保险业务年内新增保费12156万元。电信，随着互联网的发展，2001年，全区域固定电话普及率已达到98%，电脑早已进入千家万户。进入21世纪，域内移动通信业务基本在民众中普及。至2016年，区域内民众拥有移动通讯手机超过30万台，电话、微信、短信等信息业务已经在民众中普及并融入人民群众日常生活的各个方面，甚至街上买菜的家庭妇女都普遍懂得使用微信支付。

在城镇建设方面，高明于1982年开始规划和建设新县城荷城，1984年9月25日举行了新县城荷城的开城庆典，之后县城建设不断完善，历届党委政府接力奋斗，按照"高起点规划、高标准建设、高效能管理"的要求不断推进现代文明城市建设。一开始就实行"规划一张图、审批一支笔、管理一个法"去抓城市的规划建设管理。经过30多年的建设，高明实现了城市道路交通建设网络比较完善，城市美化绿化净化得到保证，房地产开发和公共建筑物建设都严格按照规划进行。经过2012—2016年的城市升级建设，高明已经成为一个崛起在西江之滨的岭南新城，与佛山其他区一起被评为全国文明城市。为实现高明从一座岭南新城向现代美丽新城乡华丽转身，目前，《佛山市高明区控制性详细规划方案》已经出台，并于2016年实现在中心城区全覆盖，2018年将实现全域建设用地全覆盖。同时，《高明区城市总体规划（2014—2030）》是高明首部总体概念上的城市规划，对城市发展方向、定位用地规划等都做了总体规划，建设则必须严格按照规划执行，做到严格审批、严格监督、严格管理，区域内所有基建项目必须严格执行总体规划。在城市管理方面，高明新县城荷城开城后，把美化绿化净化作为城市管理的基本要求来落实，县和镇两级设立专门机构负责城市的日常管理工作。同时，高明把创建文明城市作为搞好城市管理的重要抓手，各级都十分重视创建文明城市工作。1987年，县城高明镇被佛山市评为首批文明镇。

1999年，当时的高明市被评为省文明城市。2013年高明成功创建成为国家文明城市（佛山五区同时获评）。

高明各项社会事业在改革开放前都比较落后。恢复高明县级建制后，在省市的支持下，高明历届领导班子带领人民群众创造性地工作，不断创造自己的新生活。

科学技术是第一生产力，创新驱动是经济社会发展的基本战略。高明区党委政府十分重视科技进步对社会生产力的推动作用，高明推动科技进步的主要手段是实施企业与高校合作，推动产学研高度融合，主要方法是通过企业主体建立技术工程研发中心进行研发。至2016年，高明建成各级工程技术开发中心157家，规模以上企业研发机构建有率达到23.5%，居全市第一，规模以上高新企业研发机构建有率达到100%。同时高明重视区镇企联动加大高新企业培育力度，开展高新技术企业的申报工作，申报通过率全市第一。至2016年，全区高新企业存量66家，形成一批高新技术重点龙头企业，主要创新领域是新材料、新能源、高技术制造、生物医药等。高明重视知识产权的申报和保护，至2016年，高明发明专利申报量1318件，发明专利拥有量692件，百万人口发明授权量居全市五区首位。2017年，域内专利申请授权1901项，其中发明专利370项，专利申请数4570项，比2016年增长54.07%。高新企业存量达到111家，比2016年增加55家；各级工程技术中心267个，比2016年增加110个。高明于2011—2015年获评全国科普示范区后，2016年又蝉联这一荣誉称号。新建成国家级科普示范社区2个，科普示范基地3个，省级科普社区5个。

教育事业方面，通过不懈的努力，高明形成了一个从小学到大学（电大、高职）、公办民办结合、适龄青少年在校教育与成人教育相结合的比较完整系统的教育体系，1988年全区实现普及小学阶段教育，1992年实现普及初中阶段教育，2002年实现普及高中阶段的教育。1983年开始设立电大，2012年创办了高等职业学院。至2016年，域内有普通高中4所，中职学校3所，高职学院1所，十年一贯制学校1所，初级中学7所，小学22所，特殊教育学校1所，幼儿园38所；全区学生总数51750人，其中高中阶段10083人，义务教育阶段学生41507人，特殊教育60人，在园幼儿15449人。考入大学本科的人数，1982年只有6人，之后不断翻倍增加，到2016年增加到1122人。2001年、2003年、2005年这三年，高明都涌现出广东省高考状元。对民办教育，实行积极鼓励、正确引导、依法管理的方针，2016年，新增民办幼儿园1所，新批筹建7所，新批筹办民办中小学2所，新批培训中心4所；至2016年，高明共有民办教育机构47个。2017年，域内有幼儿园40家，在园人数15538人，专任教师1072人；小学23间，在校学生31951人，专任教师1454人；普通中学15间，在校学生17038人，专任教师1341人；职业技术学校两间，在校学生4555人，专任教师243人。小学学龄儿童入学率、小学生毕业率、初中入学率均为100%；初中毕业生升学率99.1%，高中毕业生升学率99.8%。成人教育，一方面对学历相对较低的劳动者进行补课式学历教育，另一方面进行与时俱进的知识更新教育。高明改革开放后就重视对劳动者进行补课式教育，20世纪80年代主要是进行成人高中教育，20世纪90年代主要进行成人大专教育，那时主要是开办成人教育补习班和成人学历教育班；2000年后主要是进行知识更新教育，主要形式是开办讲习班或专题讲座。

文化事业随着经济发展而得到发展和提升。高明恢复县级建制后就设立了文化局和文化馆、博物馆、图书馆等机构。1992年新建成1300多平方米的图书馆，藏书超过40万册。2003年新建成文化中心，集文化事业办公、戏剧、音乐、舞蹈、文艺创作、文艺培训、图片书画展览等功能于一体。2013年又在西江新城建成新的较大规模的文化艺术中心并投入使用。至2016年，高明已经建成荷城街道、明城和更合镇三个省特级文化站，杨和镇建成省级文化站，全区建成72个综合文化室、108家农家书屋，区、镇、村三级建成公共文化设施10.6万平方米，每万人拥有公共文化设施2500平方米，其中建成基层综合性文化服务中心11个。经常组织开展群众性文化活动，其中2016年开展各种文化惠民活动38项，共300多场次。文化产业在高明方兴未艾，如万人濑粉节、岗捻节、油菜花节已经形成规律性文化旅游产业活动，盈香生态园、子昊钢琴、美的鹭湖休闲度假区等已成为高明创意文化产业龙头企业。文化产品中出现了一批精品，本区作者参与创作的长篇小说《大江沉重》获评全国五个一工程入选奖。2016年，高明文艺作品获全国奖4项、省级奖9项、市级奖6项。文物博物工作方面，高明区在20世纪八九十年代开始发现和保护了一批文物，建立了龙窑博物馆。2003年发现了古椰贝丘遗址并且已开发整理，成为年度国家考古十大发现之一。目前，建立起区级公共博物馆一间，民营博物馆四间，建立文物保护单位55处，普查出可移动文物2017套（3594件）。2017年，域内有文化馆（室）73家，博物馆2家，纪念馆或名人故居12处，公共图书馆（室）109个，藏书总量46.4万册，有影剧院3家。

高明的医疗卫生事业方面，在改革开放以前可以说是"缺医少药"。改革开放后，特别是恢复县级建制后，高明的医疗卫生事业飞跃发展，1981—1985年完善明城人民医院作为代行县人民医院的职能，1985年建立高明县人民医院，1988年达到一级甲等标准，2001年达到二级甲等标准，2016达到国家综合医院三级甲等标准。1981年高明拥有简易留医病床318张，医疗技术人员

411人；至2000年，医院留医床位增加到659张，医疗技术人员增加到1148人；至2016年，医院留医床位增加到1700张，医疗技术人才增加到1507人。2017年，域内有医院11家，共有病床位1806张，有卫生技术人员2839人，有医生1110人。高明人民医院、高明中医院达到国家二级甲等综合医院的同时，高明10家乡镇卫生院也达到或超过国家一级甲等标准。卫生计生工作在提高医疗质量、健全医疗卫生服务网、健全计生优质服务网、稳妥实施全面二孩政策、巩固医疗卫生资源优化整合、推进卫生事业改革等方面做了大量工作。

体育事业方面，发展体育运动，增强人民体质，活跃社会生活，增进社会和谐，已成为全民共识；开展全民健身、提高竞技运动水平，这两方面高明都取得显著成绩。1996年，高明获评"全国体育先进县"称号，高明的体育运动场所不断建立健全，1991年建成高明体育中心足球场，2003年建成高明体育训练馆，2005年建成区全民健身中心，2014年在高明西江新城建成有两千座位室内篮球馆、有10000多个座位的新足球场和有近千座位的游泳馆等综合体育设施的高明新的体育中心。2016年在这个新的体育中心举办了佛山市首届运动会开幕式，并举办了足球、篮球比赛项目。区级成立各类体育协会20多个，全区拥有体育运动指导员1400多人。到2016年，域内有向公众开放的公园式体育场地设施100多处，2016年举办各类体育赛事50多次，参赛人数达两万人次，观众超过20万人次；其中龙舟竞赛参与竞赛运动1000多人，观众5万多人；百村篮球赛有132支队伍参赛，比赛300多场，观众达10万人。竞技体育也取得喜人的成绩。改革开放后，域内获得世界冠军荣誉有1人两项，亚洲冠军3人次，国家级和省级冠军称号一批。2017年获世界赛事奖牌1个，国家赛事奖牌25个，省级赛事奖牌46个，市级赛事奖牌13.5个。目前高明正打造皂幕山国家滑翔运动训练基地、高明河国家级龙舟运动基地。

　　高明广播电视事业在改革开放后获得飞跃发展。1990年高明人民电台开播，三年后其频道信号覆盖全域。1995年，高明开通有线电视并开播自编节目"高明新闻"。2001年开通光纤有线电视，三年后之后覆盖全域。2012年有线电视网络与无线网络互联互通，实现有限功能与无限功能融合通用。利用广播电视网络可以连接电脑网络。2016年，佛山广播电台高明分台、佛山电视台高明分台开展政务宣传、新闻宣传、服务企业宣传、民生热线服务宣传等，按照"四个全面"，推进物质文明、政治文明、精神文明、社会文明和生态文明建设，发挥了"团结、稳定、鼓劲"的宣传鼓动作用。2017年有线电视用户，108341户电视人口覆盖率100%。

第六章
在全面建成小康社会的道路上再创辉煌

第一节 按照"五位一体"的战略目标努力实现宽裕小康

党的十八大以来,高明区党委政府思想上政治上与以习近平同志为核心的党中央保持高度一致,永远把"人民对于美好生活的向往作为奋斗目标",按照全面推进"五位一体"的总体布局的战略目标,实行"四个全面"战略布局,努力开创革命老区高明各项工作的新局面。

物质文明建设方面,党的十八大以来,经过五年的努力奋斗,高明连续四年进入全国科学发展百强区的行列,2012年排名49位,2016年上升至43位。区委区政府重点抓了招商引资,抓重点项目的投资落实建设和增资扩产,连续五年招商引资总额每年突破100亿元;制造业加速集聚升级,形成了纺织服装、石化塑料、金属材料、食品饮料四大传统产业的集群,同时形成新能源、新材料两大战略性新兴产业在高明聚力发展,形成了先进装备制造业在高明集群发展壮大的格局。据统计,上述支柱制造产业群,产值超亿元的企业共有285家,其中纳税超千万的大户56家。全区规模以上工业总产值,2016年达到2880.7亿元,2017年2986.03亿元。同时抓农业产业化和标准化示范区的建设,农业总产值从2012年的32.11亿元增加到2016年的40.18亿元,2017年为39.63亿元。第三产业主要抓现代服务业的提质增效。其中旅游项目的提质升级成效显著,皂幕山风景区、盈香生态园都创建为国家四星级全域大旅游的龙头项目。其他旅游项目如泰康山生态旅游度假区、云勇森林公园、美的—鹭湖旅游度假区、南蓬山森林公园、高明美丽乡村一天游等也得到提升，吸引外来游客，旅游收入大大增加。2016年接待游客601.38万人次，同比上年增加25%，旅游业收入26.04亿元。房地产业成为高明第三产业的重要增长点，从2016年第四季度起，大量来自广州的购房者前来高明购房。据了解，他们主要属于刚需购房，是用来住的。那是因为高明的交通日益发达，新机场准备兴建，海陆空、高铁、轻轨、高速公路已经建成或已纳入政府近期规划，所以高明已成为广佛都市圈中重要组成部分，故广州不少人选择来高明买房。2016年，高明房地产完成投资34.7亿元，同比增长24.5%；销售新建住宅15743套，面积147.41万平方米，分别同比增长64.89%和76.96%；销售金额81.19亿元，增长88.23%。2017年，房地产开发投资62.65亿元，比上年增80.54%；竣工房屋面积82.37万平方米，比上年增长118%；商品房销售面积209万平方米，比上年增长53.56%；商品房实际销售金额151.119亿元，比上年增长98.34%。城市建设主要抓升级的提速和生态文明城市的创建。2016年，高明获得"国家生态文明标杆城市"称号。五年来高明经济建设取得重大成就，地区生产总值2012年是505.32亿元，至2016年增加到757.32亿元；工业总产值从2012年的1844.1亿元增加到2016年2960.2亿元，五年来年均增长10.3%。2017年全区常住人口人均GDP超过19万元；固定资产投资从2012年的253.39亿元增加到2016年的401.52亿元，2017年更增加到475.30亿元。社会消费品零售总额从2012年的64.10亿元增加到2016年的117.63亿元，2017年又增加到128.59亿元。金融机构存款余额，2012年是234.19亿元，到2016年增加至317.55亿元，2017年又增加到359.25亿元。

政治文明建设方面，高明区自从恢复县级建制以来，一直坚持党委领导、人民当家作主和依法治国的有机统一。党的十八大以来，坚持党的领导主要是体现在坚持思想上政治上与习近平同志为核心的党中央保持高度一致，学习好贯彻好习近平治国理政的系列讲话精神，以习近平新时代中国特色社会主义思想指导我们的一切工作。坚决贯彻执行党的路线方针政策，维护全党的团结统一。在党统一领导下实行人民当家作主，就是坚持和发展完善县镇两级人民代表大会制度。行政村和城镇社区实行直接民主选举制度。2012年以来五年时间，高明区共依法组织召开了七次区级人民代表大会，46次人大常委会，55次主任会议，听取和审议政府及相关部门的专项工作报告69项，举行专项工作询问会两次，开展执法检查10次，作出决定决议74项，办理代表议案建议和意见307件。从经济建设、社会事业发展、民生事项、城市建设等方面充分发挥了人大的民主监督作用。同时依法开展执法检查（先后对区政府贯彻实施食品安全法、道路交通安全法、城乡规划法、归侨侨眷权益保护法等进行执法检查，督促区政府对检查出来的问题及时进行整改）。在依法行使重大事项决定权方面，努力推进高明的民主法治建设，促进经济社会的发展。区人大在依法行使重大事项决定权（批准区政府部分调整"十二·五"规划发展目标、审议批准政府融资建设重大项目等），依法行使人事任免权（五年来人大坚持党管干部和人大任免人大机构和一府两院干部的制度，先后依法任免了人大常委会和一府两院工作人员301人，接受区人大常委会委员及市、区人大代表辞职33人），贯彻了党委的意图、保证了国家机关的正常运行。此外人大通过选民选代表，代表选正副领导人和人大常委任命政府组成人员的制度，保证代表来自群众、联系群众，发挥代表的监督和依法行使职权的职能作用、督办议案建议等充分体现人民当家作主的政治制度的落实。

人民政协在开展参政议政、政治协商、民主监督工作中发挥职能作用，成为新时代中国特色社会主义政治建设的重要组成部分。以2016年为例，政协高明区委员会，把握团结和民主两大主题，围绕"十二·五规划"落实西江——珠江西岸先进装备制造业产业带战略，提升生态环境质量等重大课题开展议政协商活动，发挥智库优势建言献策，依法召开政协九届六次和十届一次会议，完成政协换届工作。新一届政协委员撰写政协提案110件，立案95件，全面完成办复工作，办复满意率达100%。

人民法院和人民检察院的工作是要落实依法治国方略。高明人民法院五年来，全面贯彻落实党的十八大和十八届中央历次全会精神，牢牢把握"司法为民、公正司法"的主线，认真履行职责，五年来共受理各类案件30232件，办结29489件，经济上解决诉讼标的62亿元，一线法官年人均办案153件。其中，五年依法审理刑事案件3172件，审结3139件，判处罪犯5404人，打击了影响社会治安的犯罪；五年来依法审理商事案件27854件，办结17363件，解决诉讼标的48.8亿元；审结婚姻家庭案件1274件；审结土地承包等涉农案件657件；审结劳务争议案件2342起；审结金融借贷、合同纠纷6348起，促进"和解高明、法治高明"建设。五年来受理执行案件8957件，执结8748件，执行的力度和效果都明显加强。促进了有法必依、执法必严、违法必究的法治环境的建设。

检察机关在区委领导和人大监督、政府支持下，五年来共办结提请批准待办案件2686件4878人，提起公诉案件3048件5200人，配合社会治安、综合治理和"三打两建"，打击了严重危害社会的刑事犯罪。成功办理了佛山市首宗涉黑恶特大型的传销团伙案件，对涉案的74人进行了依法惩处。在预防职务犯罪、促进反腐倡廉方面，严肃查办了发生在涉农、征地拆迁补偿、工程建设等领域和林业系统内的贪污贿赂案件，共立案查处了贪污贿赂案件80件92人，立案查处渎职侵权犯罪案件15件8人。通过办案，挽回经济损失5300万元。为预防职务犯罪开展预防警示教育112场次。同时检察院在强化诉讼监督、维护社会公平正义、推进行政执法与综合执法相衔接，使综合执法成效明显提高。

人民法院和检察机关在履行职务过程中，十分重视加强自身队伍建设，坚持"两学一做"，深入贯彻落实党中央的八项规定，"增强党性，严守纪律，廉洁从政"，确保队伍风清气正，提高思想素质和业务素质，保证依法治区的顺利进行。

社会主义精神文明建设方面。五年来，区委区政府始终注意抓好党员干部队伍的思想政治建设，把学习领会贯彻习近平新时代中国特色社会主义思想理论、学习贯彻习近平治国理政新理念新思想新战略作为武装头脑、做好一切工作的前提和基础。区镇两级领导班子中心理论学习组组织了多次理论联系实际的学习。还设立中心组学习的巡学督导制度、学习考核制度、学习通报制度。各级中心组学习实现规范化、常态化，五年来，举办区委中心理论学习16次，全区各级中心组开展理论学习活动250多场次。通过学习，明确工作的指导思想，解决好方向目标和在实践中充分发挥主观能动性的问题。五年来，高明区重视对干部群众进行社会主义核心价值观和思想品德、家庭美德、职业道德的教育。在全民中大力倡导弘扬"爱国、敬业、诚信、友善、自由、平等、公正、法治、富强、民主、文明、和谐"的社会主义核心价值观。弘扬克己奉公、助人为乐、尊老爱幼、团结友爱、遵纪守法、见义勇为的社会主义新风尚，要求党员干部在倡导全民实施的社会主义道德风尚中要率先垂范。区委区政府制定出"创文

13条"，并不断督促检查，要求突出问题导向，强化责任追究，督促整改提升，使全区各镇街各部门创文工作常态化、规范化进行。在农村，则以示范村（居）创建工作引领文明创建工作的进行。2017年在全区的自然村中开展创建"五好"新村居的活动，区镇两级共同安排在30个村居中开展创建活动，安排重点打造30个自然村为重点创建五好村居。其中荷城街道安排8个村委会重点打造8个自然村，杨和镇安排4个村委会重点打造4个自然村，明城镇安排4个村委会重点打造4个自然村，更合镇安排7个村委会重点打造7个自然村。这30个重点打造的自然村中有16个是革命老区村庄。同时，推动公益服务点全覆盖，健全公益服务团体，光是2016年就建立新的志愿服务团体18个，建设益客服务站28个，组织了500项志愿服务活动，推荐命名了7名"高明好人"，"道德高地"建设效果显著。五年来，教育、卫生、文化、体育、广播电视等文化事业建设也取得了显著成绩。

在社会文明事业建设方面。高明区的各项社会事业随着经济社会的发展和人民生活水平的提高而不断发展进步。交通事业方面，推进智能公交平台建设，全区296台公交车100%完成了车载智能服务终端建设，接入了市级智能公交管理平台。2015年新开通合水至肇庆、富湾至金利两条跨市公交线路，本区公交在已有20多条线路的基础上，2016年再增加城区至中车基地、城区至万方商城两条定制公交线路。公共自行车在已开通30多个站点的基础上，2016年新增300辆新公共自行车，更新504辆公共自行车，新设西江新城4个站点。在港航管理、货运物流、旅客运输、运营安全等行业管理工作方面每年都有新进步。2016年投资8254万元用于公路的建设和改造。加强公路养护、路政管理、安全管理等工作，保证全区交通畅顺安全。

卫生事业方面。高明实施卫生强区工程，提升医疗服务水平。

区人民医院对照三甲医院标准进行创建复审工作，区中医院与省第二医院开展深度合作，成为国家级中医"治未病"能力建设单位。组建6个区级医疗质量控制中心，全方位促进医疗质量规范化、标准化，建立家庭医生团队53个。全区婚检率77.5%，实行免费孕前优生检查，2016年实际检查4299人，目标人群覆盖率达97.68%。启动区人民医院、区中医院、区慢病站、区计生卫生服务站四个单位实行公益二类事业单位改革。

社会民生事业方面。加强义务教育体系建设，2016年全区免费义务教育投入资金6430.45万元，4.15万人受惠。年内，幼儿园入园率、小学儿童入学率、初中入学率以及适龄残疾儿童入学率均为100%，初中毕业生升学率达到98.75%。实行义务教育就近入学和积分入学政策，非户籍常住人口随迁子女入读公办学校达92.4%，通过了"全国义务教育发展普及均衡县（区）"的复评，实现省级教育强镇（街）全覆盖。高中阶段学校（含职业学校、技工学校）中有省一级学校4所，市一级学校3所，全区32所义务教育阶段的学校，100%通过了"广东省义务教育标准化学校"的评估认定，教育质量稳步提升。2016年全区普通高考上线率96.33%，本科以上上线1122人，上线率60.03%；高职类上线172人，上线率78.9%；艺术类考生上线145人，上线率77.5%。学科教研和比赛的成绩突出，教师、学生分别获得省、市级以上奖励222项和268项；教师队伍专业素质进一步增强，新录用教师43人，全部具有教师职业资格证，新增省特级教师1名。为推动教师资源合理流动和优化配置，安排115名义务教育阶段的校长和教师进行轮岗，促进教育质量的进一步提高。

社会保障事业方面。在全区基本建立全民初级医疗卫生保健制度、基本养老保险制度和工伤保险制度基础上，2016年，全区居民医疗基本保险、在参人数17.4万人，城乡居民社会养老保险在参人数20.5万人，职工基本养老、失业、工伤、医疗、生育保险参保缴费分别为13.02万人、12.92万人、12.94万人、13.68万人和12.97万人。区人民医院纳入全省异地联网结算网点，率先实现医疗保险报销处方电子化上传管理，6间医疗机构完成电子化上传接口改造，住院费报销处方上传率达到98%。推进建筑业工伤保险参保工作，全区60家建筑企业参保。完善工伤保险联网结算系统覆盖应用，2016年办理工伤保险联网结算544人次，支付工伤保险待遇577万元。

创业就业方面。2016年，全区城镇新增就业6500人，失业人员再就业2500人，帮扶就业困难人员260人，城镇登记失业率2.58%。本地高校应届毕业生就业率93%，特困家庭毕业生就业率100%。采取"政府埋单"的方式为创业就业人群提供免费培训，实行政、校、企、协合作"订单式"培训产业发展急需技能人才，全年3183人接受技能晋升培训。加强创新创业的政策支持，年内支持760人创业，带动就业人数达3473人。建立市、区、镇（街）、村（居）四级公共就业服务平台。全区21个社区、51个行政村全部达到充分就业社区（行政村）的标准。

人才强区工作方面。高明区十分重视人才培养和高层次人才引进工作，使高明的人才队伍适应经济社会的发展而不断扩大。党的十八大后，出台人才新政，加快产业人才培育支撑体系建设，2016年建成"高明人才工作网"和人才大数据库。市、区创新创业领军人才和高层次人才分别增至37人和1033人。评定"高明工匠"人才12名，新增一名国家"万人计划"科技创新领军人才（中科院高明新材料专业中心主任王丹研究员）。畅通人才服务"绿色通道"，给予相关人才安居政策方面优惠，年内建成首批人才安居房17套，为25位高层次人才发放生活津贴29.6万元。同时整合广东职业技术学院和"两校一中心"资源，加快打造现代化职教园区。2016年，高明职教园区在校学生1.59万人，85%毕业生留在高明本地工作。

社会治安工作方面。高明向来十分重视社会治安工作，区委区政府向来把让群众既有幸福感，更有安全感作为自己工作的目标。2016年，高明群众安全感、政法工作满意度、公安工作满意度均位居佛山市五区的第一。全年接报110违法犯罪警情5668宗，比上年下降15%，社会治安持续向好。平安高明30项指标全部达标。基层治理结合古村落活化、旧城区改造、社会主义新农村建设等项目，打造全新模式的平安村居。平安村居的覆盖率100%。全区平安医院、平安校园、平安市场等重点领域"平安细胞"创建率达100%。构建完善的治安防控体系，推进人防、物防、技防、信息防、制度防的建设。连续五年实现明案100%破案，侦办的"三五"特大假冒注册商标案被评为全国"知识产权保护最佳案例"。人民群众满意平安高明的创建工作。

食品药品安全方面。近几年来，高明以创建食品安全城市为契机，健全监督举措，完善监督机制，维护市场监管秩序，食品安全形势稳中向好。推进食品安全示范工程建设，餐饮行业食品安全监督覆盖率100%，量化分级率99.05%。建成省级餐饮服务食品安全示范街一条，省级模范服务食品安全示范学校15所，省级餐饮服务食品安全示范单位2家，试点建成15家"阳光车间"、300间"明厨亮灶"。全年查处食品药品安全违法案件148宗，取缔违法生产经营窝点。在检食品952批次，合格率97.23%；快检蔬菜、水产品等19228批次，合格率99.95%；食品重点品种溯源检测率100%。对397家次药店经营企业进行认证跟踪检查，覆盖率达100%。

安全生产方面。全面落实在安全生产方面党政同责，加大力度进行安全排查整治。几年来，完成了40多个村级工业园的企业整治。排查整治城市风险点危险源934个，完成了市级挂牌重点整治的行业领域20多个重大安全隐患的挂牌督办整治，对280家企业开展职业安全分类分级专项整治。新创建5家二级标准化企业，完成251家三级标准化创建认证。区内1000多家重点企业和生产性个体工商户基本实现安全生产标准化管理全覆盖。区内连续三年没有发生较大以上安全生产事故。

社会政务服务方面。启动区级统筹机制改革，形成全区一盘棋发展新格局。深化一门式、一网式政府服务模式改革。项目投资类审批时限，三年来压减78%，企业登记时限压缩了70%。e门政务、e窗通办政务服务模式，成为省推广的先进典型。监理工程项目会审会商制度，2016年就为174家企业解决了审批问题，创下了比正常时限压减70%多的审批时间。推动一门式、一网式服务平台向村居延伸。推进网上服务大厅的建设，全部事项均实现二级以上网上深度接入，63.75%的事项实现网上三级深度接入。

生态文明建设方面。高明风景优美，山清水秀，在实现工业化过程中污染较少。绿色生态成为高明的一张名片。党的十八大以来，高明把绿色发展理念融入社会经济发展的各个方面，严格落实环境保护"一岗双责"，以生态文明为主线，实施大气污染防治行动、村级工业区环境整治提升行动、河涌综合整治行动、环境监管网格化管理"互联网+"、环境保护行动等环境保护"五大行动"，积极创建国家森林城市，努力建设天蓝、地绿、水净的美好家园。

一是加强大气污染治理。这几年，将荷城街道大成路片区、三洲片区、杨和镇部分区域纳入空气质量严控区范围，统筹推进高污染燃料锅炉淘汰整治、VOC整治、充电清洁生产审核、机动车污染整治、城市扬尘整治等工作，全区空气质量优良率保持在

80%以上，稳居佛山市五区之首。2016年制定围拳涌黑臭水体整治、沧江水闸水体达标等水环境整治方案。推进畜禽养殖污染减排和综合整治，对全区11条重点河涌按照一河一策进行综合整治。通过整治，10条重点河涌基本达到二类水质标准。全区水环境质量持续稳定，西江高明段水质稳定达到地表水一类标准，饮用水源水质达标率100%。

二是创建国家生态文明示范区。高明连续五年持续推进国家生态文明示范区的创建。至2016年，域内云勇森林公园被认定为"中国森林体验基地"，高明纪念中学、更合中学、德信实验学校被命名为"广东省绿色学校"，荷城街道金华社区被命名为广东省绿色社区，霭雯教育农庄被命名为"广东省环保教育基地"。

三是努力创建国家森林城市。高明的森林覆盖率历来都是较高的，保持在45.4%左右。从2015年开始，高明实施创建国家森林城市两年攻坚行动计划。至2016年，40项创森指标中已达标95%，完成迹地更新和林分改造面积1.02万亩，中幼林抚育作业面积4万亩，林分改造6000亩。落实2.5万亩市级生态公益林选址规划，创建了30个乡村森林家园。建成了泰康山森林公园、明阳塔森林公园5个"绿城飞花"主题绿化景观项目。启动南蓬山森林公园建设。加快森林进城围城，设立山下森林公园，新增森林公园面积6418.5亩。全区森林公园增至12个。合水桫椤自然保护区、盈香生态园、泰康山生态旅游度假区被授予"佛山市生态科普示范基地"称号。打造出两条生态旅游精品线路，稳步推进控桉限桉，2016年减少桉树面积4145.8亩。2017年森林覆盖率达到51%。

四是围绕生态文明主体开展创建文明城市工作。坚持以测促创、以评促创，结合古村落活化、文明镇街创建等工作，推动创建"全国文明城市"的创建工作重点往镇街、村居、基层下移，实现全区创建文明工作动态管理。自2007年以来，坚持每年都举行一届读书节，2016年举行了第十一届，同时举行了诵诗节、微文明、我们的节日、我的中国梦、宣传思想文化进企业等主题活动，推动"富强、民主、文明、和谐、自由、平等、公正、法治、爱国、敬业、诚信、友善"社会主义核心价值观深入人心。完善好人选评机制，弘扬社会正能量，评选出努力实践社会主义核心价值观的"高明好人"7人，推选出"佛山好人"3人、广东好人1人。开展群众性的精神文明创建活动，杨和镇获评佛山市文明镇，清泰村获评佛山市文明村。

第二节 贯彻"四个全面"的战略布局,努力开创高明工作新局面

党的十八大以来,高明区党委政府坚决贯彻以习近平同志为核心的党中央关于新时代中国特色社会主义思想,坚决贯彻全面建成小康社会、全面深化改革、全面依法治国、全面从严治党的"四个全面"战略布局,努力开创革命老区高明各项工作的新局面。

贯彻全面依法治国方针方面。高明区历来重视依法治区,强调域内一切组织、单位和个人必须在宪法和法律规定的范围内活动,明确有法必依,执法必严,违法必究。明确法无禁止则可行,法有许可则无禁。全面依法治国,就是党的领导,人大、政协依法监督,政府依法行政,司法机关依法办案的有机统一,共同构建法治社会。

在中国特色社会主义的伟大事业中,党是领导一切的,但是党的领导须通过法律的实施来实现。党的意志通过法定程序,广泛听取人民的意见,使党的主张与人民的意志高度融合,变成法律法规。因此实施法律法规就是贯彻了党的意志、党的主张。所以,党的组织和全体党员与全体人民一道遵守法律,依法行使权力,依法办事。为保证党组织和党员遵守法律和依法办事,党组织制定了一系列的纪律、条例和规定,而这些纪律、条例和规定的精神是与法律精神一致的,并且某些方面比法律的规定更为严谨和具体。这就进一步保证了执政党不会凌驾于法律之上,而是

率先垂范守法执法护法，成为全面依法治国的领导和保证。2016年，中共高明区委召开了33次常委会议，审议的议题共240项，会议按照《中国共产党地方委员会工作条例》以及省委、市委和区委关于民主集中制决策的相关规定，贯彻落实中央、省委、市委相关的会议精神、重大部署和工作要求。年内，区委学习中心组集中学习11场次，主要是围绕党委政府的中心工作组织学习，其中就有关于依法治区的学习内容。

高明区人大工作主要在党委领导下，围绕落实依法决定重大事项，依法通过工作检查、听取汇报以及通过提出议案、意见建议，对一府两院进行工作监督和法律监督。同时，人大通过依法任命一府两院干部，保证工作的推进和宪法法律的实施。2011—2016年，高明依法召开了七次人民代表大会、46次人大常委会、55次主任会议，听取和审议专项工作报告69项。通过执法检查，对相关部门贯彻落实10部法律法规，提出整改意见，督促区政府进行整改。每年听取区政府作出年度依法行政工作报告，2016年还听取政府作了"一村一法律顾问"的落实情况报告，组织全区正科职干部进行任职法律知识考试，加强法规性文件的审查工作。五年来，人大依法对一府两院工作干部共301人次进行了任命，接受人大常委及市区两级人大代表辞职33人。同时，人大常委会通过对代表的议案建议、意见进行督办，推进对一府两院相关重点工作的监督和落实。

政府依法行政主要是依据宪法和各项法律法规推进工业、农业、第三产业、房地产业、金融业、科技进步、城市建设发展升级、交通运输等方面的经济发展；生态文明、教育、文化、体育等社会事业以及改革发展、社会民生等工作也全面推进。同时，依法搞好各项社会治安、安全生产、社会服务、社会民生保障、食品药品安全等工作的发展进步。依法行政工作在党委的领导，政府的自身努力，人大、政协的监督与参政议政的帮助下，取得了显著的成绩。法院和检察院的工作围绕依法审判、依法监督、严格执法、公正司法有效地进行。

贯彻党要管党、全面从严治党的工作方针方面。打铁还得自身硬，区委常委、全委自身强调长年坚持通过"两学一做"，保持党的领导机关在思想上、政治上与党中央保持一致，把党要管党作为推动各项工作的提纲挈领的关键性工作。区纪律检查委员会围绕中心，服务大局，履行全面从严治党的监督责任。2016年全区党风廉政建设和反腐败工作取得新进展。首先是不断完善党风廉政建设综合评价体系的考评指标，增加了"党委党组领导班子落实党风廉政建设主体责任情况"的考核内容，制定《关于党风廉政建设党委主体责任和纪委监督责任的实施意见》和《关于落实党风廉政建设"两个责任"强化责任追究的通知》，组织荷城街道等五个党委书记向区纪委全会进行述责述廉述德，实现考核责任常态化。在正风严纪方面，按照中央八项规定，受理"四风"投诉举报29宗，针对发现问题开展提醒谈话3次，责令书面检查1次，立案1宗。加强党员领导干部"八小时以外"监督，对科级以上领导干部婚丧喜庆事宜申报管理和监督70人次，对机关作风和机关效能建设开展明察暗访23次，通报典型案例4起；对68宗行政投诉开展行政监督，修订完善《佛山市高明区问责工作实施意见》，对因不作为、慢作为导致荷城街道金骏广场出现严重扬尘污染的3名责任人给予问责处理。对换届选举风气进行检察督导，提供干部廉政审查信息2930人次。全年谈话提醒800多人次，信访函询17人，受理信访举报287件，应办194件，已核办194件，信访件办理实现零积压。立案137件，给予党纪处分129人，其中重处分51人，移送司法机关3人。通过执纪审查，为国家和集体挽回经济损失6600万元。对于农村基层党员干部违法线索535宗的排查，立案163宗，给予党纪政纪处分113人。

2015年11月12日至12月18日，省委第九巡视组对高明区开展巡视监督。2016年1月6日，区委召开省委第九巡视组巡视情况反馈会。巡视组指出：在巡视期间，发现区委主要责任落实不到位，落实中央八项规定精神不坚决，干部队伍监督管理宽、松、软，部分农村基层干部挥霍浪费和土地交易问题突出等主要问题。会议要求严格对照巡视组的反馈意见，不折不扣抓好相关问题的整改，把巡视整改成果转化为推动高明各项工作再上新台阶的强大动力。1月7日，区召开落实省委第九巡视组反馈意见整改工作动员大会，重点从履行主体职责、执行中央八项规定精神、干部队伍监督、基层干部管理、土地交易五个方面提出整改意见。6月6日，区委再次召开落实省委第九巡视组反馈意见整改工作会议，总结前段整改情况，分析存在的问题，部署下阶段进一步落实整改工作。为落实省委巡视组提出的反馈意见，区委常委先后召开了七次会议，研究整改的重大事项核心问题。36个整改责任单位也分别召开整改动员会议，针对巡视组提出的重点难点问题专门召开了61次专门会议，研究落实解决的相关问题，全年开展了15次督查。至年底，巡视组反馈提出的五个方面17个整改任务基本完成，新修订完善各类制度171项，整改工作成果得到深化和巩固。

贯彻全面深化改革方针方面。改革，就是改变上层建筑和生产关系中与经济基础和生产力不相适应的部分，从而推进经济发展、社会进步。改革是社会主义制度的自我完善，改革是中国特色社会主义伟大事业得以发展进步的强大动力。党的十一届三中全会以来，改革一步步深入，从农村改革开始，改革了人民公社一大二公的体制，实行以家庭为单位的联产承包责任制，把广大农民的积极性、创造性极大地调动起来，实现农业丰收、农民逐渐富裕起来，农村不断发展进步。城市改革也是从实行承包经营责任制开始，调动了生产者、经营者的积极性和创造性，促进了工商业和各项社会事业的不断发展进步。之后，各个领域围绕简政放权、提高积极性、提高效率、增加透明度、提高经济和社会效益、减轻群众负担、提高人民保障和生活质量、保证法治和国家社会安全等方面进行不断的改革探索。经过30年的改革，一些比较表面的问题不断得到解决，一些吹糠见米的改革措施已经实行并取得很好的效果，改革取得巨大成就。党的十八大以来，改革逐步进入深水区，需要对深层次的领域进行探索。过去是摸着石头过河，现在要进一步深化改革，全面深化改革，没有石头可以摸，只能靠我们在实践中不断总结经验，不断创造性地工作，不断探索创新，从而不断在改革中进步，在创新中发展。那么，高明近几年来在全面深化改革方面主要做了哪些探索，取得怎样的成效？

2016年9月召开的高明区第十二次党代会工作报告指出："五年来我们全力深化改革创新，建立全面深化改革刚性约束机制，累计推进区级重点改革专题88项，改革清单196项，在一系列重点领域和关键环节取得突破。以简政放权为核心，实施政府权责清单和企业投资'三单'制度（企业投资负面清单、审批清单、监管清单制度）。深化企业投资管理体制改革，实施富有高明特色的'一门式、一网式'政务服务体系，获得广泛好评，行政效能得到明显提升。"

深化农村综合改革，构建农村集体资产交易和农村财务网上监控两个平台，建立"诉访分离""一门式"综合执法等新机制，使社会机制不断完善。

在城市建设管理方面，全力促进产、城、人融合，围绕"建新城、改旧区、拓交通、优环境、强产业",以产兴城、以城聚人,推动城市加快升级,使西江新城入选全国生态文明标杆城市,成为广东省现代服务业集聚区。西江新城成为一座具有现代城市气息、在西江之滨崛起的新城区。交通方面,构建成"五纵四横"骨干路网,区内高速公路里程达到90公里,通达高明的有轨电车、广佛地铁二号线等轨道交通项目也加快起步。

2016年,在供给侧结构性改革方面,制定实施"1+5"工作方案,推进去落后产能、去落后工艺、去库存、降能耗,补短板,关停了两家落后产能规模以上企业。促进优势富余产能,开拓一带一路市场。通过改革,减免企业税负14.57亿元,减少企业运营成本2.02亿元,减少企业财务成本2.78亿元。梳理总投资707亿元的56项重点基础设施和产业项目作为补短板支撑项目及改革攻坚,已完成投资53.08亿元。其中地铁二号线(西安—南庄)建设规划已通过省级初审,一环西拓南环工程已完成工程设计招标。在公共资源交易管理改革方面,年内核准工程投标项目68项,预算投资84627.02万,均通过投标开编程序决定建设者和按照规章制度拨出资金。年内开标项目170项,其中146项开标顺利,预算金额77572.6万元,中标金额77075.8万元,节省金额4968万元。

全面建成小康社会是我们自党的十八大以来及今后几年的工作目标和根本方针。围绕这一目标和根本方针,高明区每年坚持实施"十大民生工程",五年来全区一般公共预算支出投入民生事业80.3亿元,占同期公共财政支出的75.9%。高明努力提高市民的收入水平,五年来城镇居民人均可支配收入年均增长9.6%,农村居民年均可支配收入增长11.1%。不断健全多层次、全覆盖的社会保障体系,医疗保险、养老保险、城乡最低生活保障等标准显著提高。建成了广东省"推进教育现代化先进区"和

"全国义务教育发展基本均衡区",优化全区医疗资源配置,基本公共卫生服务逐步完善。加强城乡文化服务体系建设,建成了"城镇十分钟文体圈"。完成了革命老区扶贫开发"双到位"工作要求,并推进后续帮扶工作,使老区发展得到新的提升。培育发展社会组织,搭建起"一基地两站三中心"(区级社会组织孵化基地、医务社区工作站、学校社工工作站,家庭服务中心、职工服务中心、康园中心)服务平台。以平安高明创建为统领,推进综治、维稳、治安管理、食品药品监督、安全生产等各项工作,实现社会大局稳定和谐,人民过上比较宽裕的小康生活。

第三节 高明革命老区的建设实现跨越发展

党的十八大以来,在高明区委区政府的领导下,高明革命老区沿着习近平新时代中国特色社会主义思想所指引的发展路子,城乡建设展现了欣欣向荣的景象。为了解决高明革命老区发展不平衡的问题,改变高明革命老区相对贫困落后的问题,中共佛山市委、市政府和高明区委、区政府十分重视推进高明革命老区的扶贫开发,提出了"规划到户、责任到人"(简称"双到")的要求,召开革命老区建设专门工作会议,佛山市委市政府以及高明区委区政府的主要领导都深入高明老区镇、村,了解情况,听取意见,发现问题并提出解决问题的对策。对高明革命老区村的扶贫开发作出了具体规划,制定了具体措施,同时分别成立了佛山市和高明区关于对高明革命老区扶贫开发的专门领导小组,确立了对高明老区革命扶贫开发工作的具体目标是:"贫困户脱贫、基础设施改善提升。"

从2011年1月到2012年底,佛山市举全市之力,围绕"特色帮扶"和"项目帮扶"实施"输血工程",围绕产业引领实施造血工程,开展高明革命老区扶贫开发"双到"工作,圆满完成了帮扶老区建设的各项任务,硕果累累。据统计,共在9大类96个重点项目投入资金8.83亿元(其中市级4亿元、区级2.53亿元、其他资金2.3亿元)。2013—2014年,继续以统筹城乡发展为总目标,以解决老区群众"一保五难"问题为重点,以培育壮大老区产业为突破口,大力推进老区的基础设施建设,加快基础设施和公共服务向老区农村延伸,确实推进革命老区扶贫开发"双到"后续跟踪,帮扶工作取得显著成效。据统计,这两年完成村居生活设施、教育设施以及产业扶持项目,九大类共57个重点项目,投入资金6.41亿元(其中市级2.59亿元,区级1.76亿元,其他2.06亿元)。

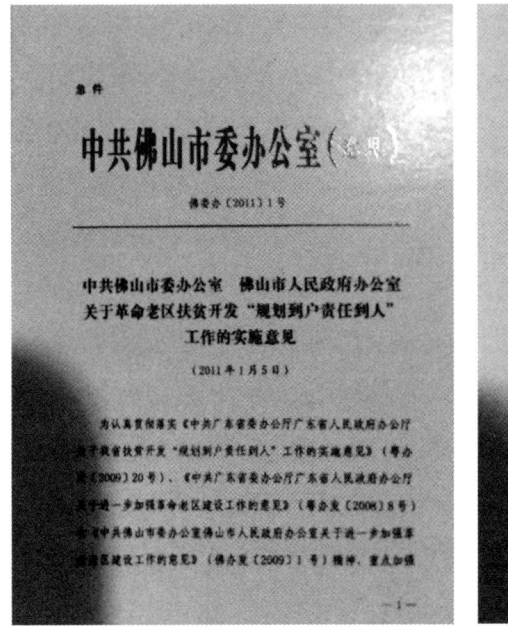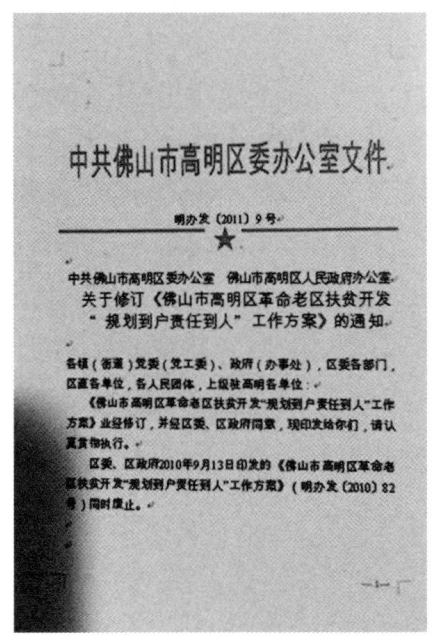

中共佛山市委办公室和中共高明区委办公室发出的《关于佛山市高明区革命老区扶贫开发"规划到户责任到人"工作方案》文件。

文中确定对革命老区高明扶贫开发的具体部署是"一年脱贫,两年提升,三年巩固"。同时把统筹城乡发展和解决"一保五难"作为革命老区扶贫开发"规划到户、责任到人"工作的突破口。提出了"建设好老区村的社会保障项目,完善好革命老区的教育设施,实施革命老区村的饮水安全工程,建设老区农村的安居工程,解决好老区群众出行难"五大问题。为确保革命老区扶贫开发工作的落实，重新建立了市、区、镇三级联动的帮扶机制，进行定点、定人、定责帮扶。党的十八大后的两年内，三级共选派驻老区村的干部143名，各帮扶单位的领导带队到被帮扶的村、户实施各项帮扶措施1352人次。2011和2012两年来，市区镇三级围绕"绿色帮扶"和"项目帮扶"，实施造血工程，突出组织、资金、宣传三大保障，确保高效推进老区帮扶开发"双到位"。据统计，两年共为高明老区实施了96个重点项目，共投入资金8.83亿元（其中市级4亿元，区级2.53亿元，其他投入2.3亿元）。

1. 实施了革命老区村庄的社会保障工程。两年来，三级共投入15532万元，为老区全征地农民购买养老保险和全面推进农村居民养老保险（新农保）、居民医疗保险，使高明老区农村社会保障覆盖水平不断提高。

2. 实施革命老区的教育设施提升工程。2011—2012年，市区镇三级共投入资金11780万元推进以高明更合老区为重点的教育设施建设，改善了老区4300多名学生的就学条件。其中按照市一级学校标准改造了杨和中学，按照省一级标准改造了更合镇中心幼儿园，高标准改造了明城镇光明幼儿园，高标准改造了更楼中心小学教学设施和运动场，改造提升了更合中学的运动场和该校的教学设施，新建成了合水小学的新教学大楼。

3. 实施了革命老区的饮水安全工程。2011—2012年，市区镇三级共投入了12300万元资金进行了合水水厂的二期、三期改造扩建工程，改善了市政供水管网设施建设；改善了革命老区明城镇明东、明西两个村委会的供水管网设施，使全清洁的自来水流进革命老区村庄的家家户户。两年来，高明革命老区完成改水项目103项，为147条自然村的4.5万人解决了饮用清洁卫生自来水问题。

4. 实施了革命老区的安居工程。2011—2012年，市区镇三级共计投入资金314万元，为三镇一街154户农村低保贫困家庭进行住房改造，建设了154间安全使用的安居房，使高明老区一些住房困难户解决了安居问题。同时，两年来，高明老区完成村道硬底化工程190宗，里程9.2万米，135条自然村、5.7万人口得益。为115条自然村安装了巷道路灯，4万多人受益。两年来，三级政府为革命老区村建成文化设施项目133宗，完成其他生产生活设施项目217个。

5. 实施了改善革命老区群众出行难的工程。2011—2012年，市区镇三级投入资金4913万元，改造提升了革命老区37条农村公路，改造里程达到73.03公里，同时将全区的公交线路由12条增加到33条。基本完成了村村通公路的系统工程，全区187辆公交车全部更新为新能源天然气公交车，使老区群众出行难问题基本得到解决。

6. 实施了改善高明老区的卫生服务工程。2011—2012年，市区镇三级共投入资金9128万元改善老区的卫生服务，更合卫生院，明城、富湾、荷城、新圩四个社区卫生服务中心和三个村级卫生服务中心，以及9个村级社区卫生服务站，完成基础设施建设并投入使用。至此，革命老区高明区、镇、村三级医疗卫生服务网点建设基本完成，老区群众看病基本做到"小病不出村，一般病不出镇"。

7. 实施了革命老区基本农田保护工程。2011—2012年，高明完成了农田保护区数据库的建设，全区154650亩基本农田共收到6193万元的农田保护补贴。

8. 实施了对革命老区贫困户的生产生活改善帮扶工程。2011—2012年，市区镇三级共投入了资金1204万元，开展老区贫困户的帮扶工作。各驻村工作组深入群众调查研究，以一户一策方式对困难户进行精准扶贫,共实施就业帮扶330户,教育帮扶356户,生产帮扶300户,发放生产生活物资和启动资金帮扶共计1204万元。

9. 实施了革命老区的农业产业化工程。2011—2012年,市区镇三级共投入资金11194万元,推进农业产业化建设。帮助7家农业龙头企业做大做强,海峡两岸农业合作实验区12个项目有效推进,"公司+基地+农户"的经营模式逐步扩大,更合镇良村—香山万亩现代农业园和明城灌区建设工程全面完成,惠及15000多老区群众。

2013—2014年,继续以统筹城乡发展为总目标,以解决老区群众"一保五难"问题为重点,以培育壮大老区产业为突破口,大力推进老区的基础设施建设,加快基础设施和公共服务向老区农村延伸,确实推进革命老区扶贫开发"双到"后续跟踪帮扶工作取得显著成效。据统计,这两年完成村居生活设施、教育设施以及重点项目产业扶持项目九大类共57个重点项目,投入资金6.41亿元(其中市级2.59亿元,区级1.76亿元,其他2.06亿元)。

同时,高明各相关部门积极发挥部门的职能作用,对革命老区开展生产生活服务工作。例如,金融部门对老区帮扶发展发挥了支撑作用:金融部门以打造"信用村、信用户"为切入点帮助老区群众解决融资难问题。2011—2012年,全区农户新增授信贷款金额1745万元,23户农户获得了生产贷款支持,其中有288户获得了财政贴息支持41万元。

经过两年多的精准扶贫开发支持,第一年49个老区村569户帮扶的困难户,2152人全部实现一年脱贫,年人均纯收入从不足2500元增加到5250元,其中部分贫困户年均人纯收入超过10000元。第二年所帮扶的贫困户收入再次实现大的提升,同比增长

150.3%，达到 7390 元，其中部分贫困户更年均纯收入达到了 23500 元。

通过实施上述九个方面对高明老区的帮扶开发和 2013—2014 年的后续帮扶，使高明老区实现了跨越式的发展。之后这几年，高明党委和政府坚持对高明老区的帮扶工作认识不降，力度不减，工作不松，使高明革命老区保持健康快速的发展势头。

第四节 乘十九大东风，努力实现高明新一轮大发展

党的十九大提出，我们近期的奋斗目标就是到2020年全面建成小康社会。未来几年，围绕全面建成小康社会的奋斗目标，高明区委区政府提出：今后五年是高明全面建成高水平小康社会的决胜阶段，我们要乘"一带一路"、珠三角规划纲要、珠江—西江经济带等国家层面战略举措深入实施的东风，发挥高明处于珠三角腹地、珠西经济带关键节点的区位优势，以及高明具有的大地园林化景观的生态优势，努力实现新一轮大发展，走出一条凝聚高明智慧、展现高明魅力、体现高明担当的高明之路。

——实现新一轮大发展，把高明建成高水平小康社会，这条高明之路就是：走引领式、差异化、效益型的发展之路。所谓引领式，就是自闯新路，绿色崛起；所谓差异化，就是创新驱动，根据高明的资源优势、产业优势和后发优势等特点，避免雷同，错位竞争，进一步提高招商引资、扩张发展的质量和产业水平。按照建设"珠西高端制造业集聚高地"的要求，大力发展高端制造业，提升产业实力；所谓效益型，就是要避免高耗低效、资源浪费，避免粗放型扩张，一定要实现效益型的发展。这条高明之路就是以创新驱动为内核，以绿色发展为主线，加快转型升级步伐，提升发展的质量效益，努力将高明打造成"珠西先进制造业集聚高地，岭南美丽田园新城"；形成发展动力充沛、人居环境优美、区域特色鲜明、比较优势明显的区域价值，推动高明新一

轮发展。高明要全力融入珠西合作大平台，推动制造业总量上规模、核心竞争力上水平、产业结构上层次，抢占珠西先进制造业发展的制高点，并且在大发展中保持优良的生态环境。

——高明未来五年的主要工作目标，一是经济实力要显著提升，地区生产总值年均递增8%左右，到2020年GDP达到千亿。二是城乡面貌显著提升，中心城区和西江新城实现扩容提质，综合交通体系进一步完善，建设一批特色主题小镇和宜居宜游的美丽乡村，建成省级全域旅游示范区。三是生态环境明显提升，资源集约利用水平明显提高，生态文明建设机制更加完善，创建成为国家生态文明建设示范区。四是民生福祉显著提升，社会就业更加充分，保障体系更加完善，公共服务全面发展，城乡居民人均可支配收入在实现比2010年翻一番的基础上进一步提高。五是社会文明程度进一步提高，民主法治建设进一步加强，社会主义核心价值观深入人心，市民文明素质不断提高，社会治理体系进一步健全，社会治安和公众安全感保持全市前列。

为实现上述目标，未来五年高明将全力推动以下工作——

一是实施创新驱动，引领经济发展，实现新跨越。首先要推进产业结构优化升级，突出重点领域，加快培育一批先进制造支柱产业，打造千亿级先进装备制造业集群，大力培育新能源、新材料、精细化工等新兴产业。加快发展现代服务业，为优化产业结构服务大力培育电子商务、现代物流、金融服务，同时大力发展现代商贸、文化旅游、健康服务，促进第三产业总量提升。同时推进农业绿色化、规模化、品牌化，打造珠三角绿色生态农业基地。其次是大力推动全域旅游发展，推动城区景区化、乡村景观化、景区智慧化，营造出相互都是旅游环境、人人都是旅游形象的新格局，把高明打造成珠三角核心区重要的生态旅游目的地。再次是着力提升产业核心竞争力。实施企业自主创新，支持骨干企业与高等院校科研合作，推动金融科技产业融合发展。同时要构建配套完善的产业发展环境，强化区级统筹力度和协调机制，充实全区加快发展的人才基础。

二是突出绿色生态，引领城乡环境实现新跨越。首先是推动中心城区扩容提质，以西江新城为核心区开发建设重点，进一步提升高明的城市品位；其次是打造各具特色的主题小镇，宜工则工、宜游则游、宜农则农；再次是全面启动美丽乡村建设，力争"十三五"期间建成一批生态优良、环境优美、设施齐全、乡风文明的美丽乡村。还有就是全面升级城市智力水平，促进产业、交通、旅游、文化、教育、卫生等专项规划与经济社会发展规划、城乡总体规划和土地利用规划协调融合。

三是突出以人为本，引领社会建设实现新跨越。未来几年，要让全区人民过上更加幸福美好的生活，是我们开展一切工作的出发点和归宿。要树立以人民为中心的发展理念，大力兴办民生实事，持续增进民生福祉，提高社会善治水平，让发展成果由人民共享，努力提高全区人民的幸福指数。

首先是让人民的生活更有保障，建立覆盖城乡的就业服务体系，抓好职业教育培训，落实创新创业扶持政策，通过大力发展经济，持续提高城乡居民的收入水平。探索推进城乡养老、医疗保险制度一体化改革，坚持教育优先和适度超前发展，探索推进"一级办学"体制改革，建设一批优质品牌学校，深入开展争创国家教育综合改革示范区的工作，促进全区教育优质均衡高位发展。全面推进"卫生强区"的创建，深化公立医院的综合改革，推动区人民医院创建"三甲"医院，推动区中医院错位发展，打造有高明特色的"15分钟就医圈"，提升基层医疗机构的服务能力。加快国家公共文化服务体系示范区的创建，鼓励社会力量进入公共文化领域，完善区、镇、村三级公共文化服务网络，打造

"城乡十分钟文化圈"。大力发展公共交通事业,构建覆盖城乡、布局合理、快速高效优质服务的公交服务体系。推进城镇内街巷"四化"工程,进一步改善群众的生活环境。构建新型社会救助救济体系,开展居民特别帮扶计划,推进社区康园中心建设,拓展居民居家养老模式。大力发展社会慈善事业,扎实开展精准扶贫,加强革命老区建设的帮扶,完善老区公共服务和基础设施建设,持续改善劳动人民的生产生活。

其次是让城市风尚更加文明。巩固创文成果,树立文明城市新风尚,以文明力量提升城市价值,推进创文工作向镇街和村居延伸。要强化社会主义核心价值观的教育,积极倡导市民自觉践行文明行为规范,建立文明健康的生活方式,形成良好的道德素养和社会风尚。深入发掘和大力弘扬新时期的高明精神,使之成为鼓舞人民团结奋斗的精神动力。

再次是让社会环境更加和谐。以平安高明的创建为重点积极打造珠三角最安全区域,进一步提高群众安全感。完善立体化治安防控体系建设,保持对违法犯罪行为的高压态势。加强社会治安的综合治理,扩大平安细胞的覆盖面,打造全新的平安村居,保证人民安居乐业。深入推进信访事项的听证制度,及时发现和化解社会矛盾,妥善解决群众的合理诉求。全力创建国家食品安全城市、国家农副产品质量安全县。严格落实安全生产"一岗双责,党政同责,齐抓共管"的责任体系。全力维护人民群众的生命财产安全。

还有就是让政务服务更加高效。按照"放权、简政、服务"的要求加快政府职能的转变,深入推进人民满意政府的建设,打造高质量的行政服务品牌,深化"一门式、一站式"政务服务体系的建设,依托实体大厅和网上服务大厅,为群众提供智能化政务办事平台。营造高效便捷、公开透明的政务服务环境,进一步优化和简化行政审批过程，事项行政审批无差别化服务。推广 24 小时自助服务区，最大限度方便企业和群众办事。深化"一门式"综合执法改革和上市制度改革，构建法治化国际化的营商环境。

附 录

附录一 革命遗址

一、谭平山故居

谭平山（1886—1957），1906年加入中国同盟会，曾任中共初创时期广东支部书记、中共广东区委书记、中共中央委员、政治局委员。第一次国共合作期间任国民党中央常委、组

织部部长兼秘书长。曾担任中共驻共产国际中国委员会主席。参与领导八一南昌起义；抗战时期进行爱国抗日反独裁的斗争；解放战争时期从事统战工作，参与组建国民党革命委员会并担任中央常委。新中国诞生后担任政务院政务委员、政务院人民监察委员会主任、中国国民党革命委员会副主席。

谭平山故居位于高明区人民政府驻地西南20.52千米处，明城镇明阳村委会七社村760号。清朝年间修建。这里是谭平山出生及青少年时期居住的地方。三间平房，坐西向东，面阔14.1米，进深7.85米。故居梁架和基础保存原貌，但局部已残损，没

附　录

有围墙和后院,屋前面有村道可通高明大道。是佛山市文物保护单位,由明城镇明阳村委会管理。

经过重建的谭平山故居

二、谭植棠故居

谭植棠（1893—1952），曾任中共初创时期广东支部宣传委员，大革命时期曾任中共广东区委员会主席团成员，1925年担任第四届农民运动讲习所主任。1944年担任东宝行政督导处财经科长。新中国成立后担任广东西江行政专员公署工商科长兼贸易、粮食、百货三大公司经理。

谭植棠故居位于高明区人民政府驻地西南20.89千米处，明城镇明阳村委会壕基村北面。清朝年间修建。这里是谭植棠出生和青少年时期居住的地方，1927—1944年谭植棠在这里养病十多年。抗日战争时期谭植棠在这里居住并组织青抗、妇抗开展抗日救亡活动。1989年重建。两层混合结构楼房，坐东向西，面阔9.2米，进深18米。正门楣有谭天度题写的"植棠庐"三字，现为谭植棠后人居住。右边有村道经过可通高明大道。由明城镇明阳村委会管理。

三、谭天度故居

谭天度（1893—1999），1922年参加中国共产党。大革命时期曾担任广东石井兵工厂党支部书记，1927年参加南昌起义在政治保卫部当秘书，1939年主办中共粤北省委《新华南》杂志，1944年任东江纵队惠阳大队政委、东宝行政督导处主任。新中国成立后曾担任西江行政专员公署专员、广东省民族事务委员会主任、统战部副部长、广东省政协副主席。享年106岁。

谭天度故居位于高明区人民政府驻地西南20.47千米，明城镇明阳村委会北街村。这里是谭天度出生和青少年时期居住的地方。1937—1944年，谭天度从南京监狱出狱后回乡在此养病，并与谭植棠一道与党组织配合组织青抗、妇抗开展抗日救亡活动。2002年10月重新修葺。单间民居，青砖墙体，坐北向南，面阔3.08米，进深8.65米。故居保存较好，前面有村道可通高明大道。为佛山市文物保护单位，由明城镇明阳村委会管理。

四、陈汝棠故居

陈汝棠（1893—1962），1908年加入中国同盟会，1911年参加广州红花岗起义。曾担任孙中山贴身医生、北伐军中将军医总监。1929年在中共指引下回乡创办高明三小和革命组织力社。抗日战争时期担任广东省战时护干班主任、救济总队长。新中国成立后担任广东省卫生厅厅长、副省长。

陈汝棠故居位于高明区人民政府驻地西南50.51千米处，更合镇高村村西边。清朝年间修建。这里是陈汝棠出生和少年时期居住的地方，1929—1933年，陈汝棠回合水办高明三小时经常在此居住；抗日战争时期陈汝棠夫人李素真在此居住了七年。陈汝棠夜间或回来居住。2006年修缮。占地面积约70平方米，建筑面积99.35平方米。坐北向南，3间2廊式，硬山顶，镬耳封火山墙，龙船脊。青砖墙，门口砌大理石。为佛山市文物保护单位，由更合镇高村村委会管理。

五、罗志故居

革命烈士罗志（1915—1949），1932年参加东北抗日民主联军，后转移经苏联进入新疆。曾担任新疆共产主义者同盟中央委员兼迪化市（今乌鲁木齐）市委书记。主办《战斗》报，深入敌后瓦解敌营。1949年应毛泽东主席邀请赴北京参加全国第一届政治协商会议时在途中因飞机失

事而牺牲。

罗志故居位于高明区人民政府驻地西南11.58千米处,杨和镇圆岗村委会圆岗村中部。1910年修建,是罗志出生和少年时期居住的地方。1950年代修缮1次。面阔11米,进深9.3米。坐西向东,水磨青砖墙体。硬山顶,人字封火山墙,龙船脊。三间两廊,主座三开间,前带两廊和天井。后面有村道经过。为高明区文物保护单位,由杨和镇圆岗村委会管理。

六、黄仕聪故居

黄仕聪(1914—1945),1937年参加中国共产党,曾担任高明"倒钟运动"总指挥,广东抗日游击队第三大队负责人,广东人民抗日解放军第三团团长。1945年被国民党反动派杀害。

黄仕聪故居位于高明区人民政府驻地西南35.26千米处,更合镇平塘村北坊居民120号前。民国十三(1924)修建。这里是黄仕聪出生和居住过的地方,抗日战争时期黄仕聪曾在这里进行革命活动。1980年修缮。坐西向东,长19.6米,阔14.2米。三间二进,硬山顶,博古脊。前廊抬梁、穿斗式混合结构,其余穿斗式结构。附近有村道直通更宅线。由更合镇平塘村委会管理。

七、高明县立第三小学旧址

位于高明区人民政府西南 40.94 千米处，更合镇合水圩南水路旁。1929 年由著名的爱国民主人士陈汝棠创建，聘请中共党员和进步知识分子任教，成为当时我党在南方组地区开展革命斗争的一个工作支点。占地面积 6000 平方米，建筑面积 3074 平方米。坐北向南，三间两进格局。硬山顶，素胎瓦当，青砖墙。其主要建筑是"宝贤义学"。1933 年，革命组织"力社"在此成立。1937 年 8 月，中共在这里建立支部，同年，"中共西江工作委员

宝贤义学

高明县立第三小学旧址中的陈汝棠塑像

会"以三小党支部为基础在此成立。1938年,高明二区青年、妇女抗敌同志会同时在此成立。1938年,中共高明县组织在此地成立并开展活动,为次年成立中共高明县委员会打下组织基础。1960年改称合水小学,1983年进行修葺,1986年复称今名,1997年再修葺。后面和右边有街道经过,可直通高明大道西。为佛山市文物保护单位,由高明区文化体育局管理。

八、高明人民抗日游击队第三大队成立旧址

位于高明区人民政府驻地西南38.87千米处,更合镇小洞村委会军屯村东侧。原是小洞梁家祠堂,清末年间修建,高明县抗日武装自卫队在此成立,中共领导的高明人民抗日游击队第三大队(后改称中国人民抗日解放军第三团)在此成立。建筑物坐南

小洞梁家祠堂

向北,三间两进格局,长20.32米,阔10.53米。右边有村道经过,可直通高明大道西。原貌保存较好,是区级文物保护单位,由高明区文化体育局管理。

九、小洞文选楼

位于高明区人民政府西南38.53千米处,更合镇小洞村委会塘角村东面。清宣统三年(1911)修建,取名更楼,因看更之场

所，故名。后取选编革命文章学习之场所而改称今名。建筑面积400平方米。长8米，宽4米。坐北向南，镬耳封火山墙，灰塑博古脊。两层楼房，下层墙体为大理石，上层墙体砌青砖，中间隔层是木板。

文选楼左边有村道经过，可直通高明大道西。1925年6月，该处是农协会和农军活动场所。1931年，和平学校在此创办。1932—1937年，小洞"激鸣社""力社"分社在此成立。1938年10月，中共小洞党支部在此成立；同年冬，小洞青妇抗会在此成立。1939年春节，小洞抗日先锋队在此成立。1939年3月，中共高明县第一次代表会在此召开，出席代表20多人，选举产生中共高明县委员会。1940年10月，高明县抗日游击队在此成立。1939年冬，高明县委党训班在此举办。1940年冬，高明妇女党员学习班在此举办。1942—1944年，先后在此举办多期党员学习班。1957年，被高明县人民政府列为"抗日根据地"活动场所。1986年6月重修。为佛山市文物保护单位，由高明区文化体育局管理。

十、游击队白洞旧村驻地旧址

位于高明区人民政府西南50.95千米处，更合镇旧白洞村内。清朝年间修建，因抗日游击队曾在这里驻扎过，故名。坐西向东，三间两进格局。长13.6米，阔11.6米。硬山顶，人字封火山墙，灰塑博古脊；青砖墙，花岗岩石墙脚。门头和前廊梁架为抬梁、穿斗式混合结构，其余为穿斗式结构。原貌保存较好。前面有村道经过，可以直通高明大道西。为区级文物保护单位，由高明区文化体育局管理。

白洞旧村祠堂

十一、抗日游击队云良联络点旧址

位于高明区人民政府西南 32.56 千米处，更合镇云良村内。清朝年间修建，抗日战争时期曾是抗日游击队联络点，故名。建筑物坐北向南，三间两进格局，长 21.4 米，阔 13.5 米。硬山顶，人字封火山墙，灰塑博古脊；青砖墙，花岗岩石墙脚。门头和前廊梁架为抬梁、穿斗式混合结构，其余为穿斗式结构。原貌保存较好。附近有村道经过。有村道通更宅线。区级保护单位，由高明区文化体育局管理。

十二、平塘村益智小学旧址

位于高明区人民政府西南 35.15 千米处，更合镇平塘村委会平塘村北坊。清朝年间创建，是平塘村黄氏大宗祠，清末曾在此办学校，取名益智小学。1926—1948 年间，该校当时相当一部分教师是中共党员，他们以教书为掩护，从事革命活动，1940 年在此成立平塘村党支部。因以前是益智小学（已停办）地址，改称今名。2006 年重修。前面有村道通公路。为高明区文物保护单位，由高明区文化体育局管理。

附 录

红色文物

附录二

左为谭平山的中华人民共和国第一届人民代表大会代表当选证书。右为北京市西单区选举委员会发出的谭平山全国第一届人民代表选民证。（图片来源：在"高明三谭革命事迹展览馆"中拍摄）

谭平山出席全国第一届人民代表大会期间大会发给代表的文件袋和一支记录铅笔（上刻有"中华人民共和国第一次代表大会专用"字样）。（图片来源，在"高明三谭革命事迹展览馆"拍摄）

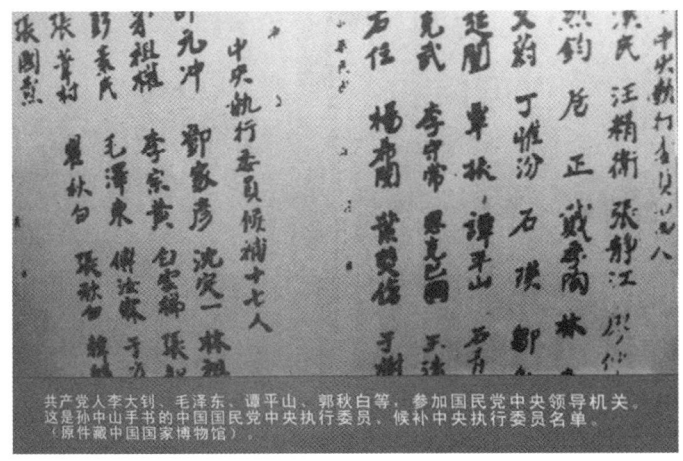

孙中山手书国民党第一届中央委员会委员二十四人和候补委员十七人名单。（图片来源：在高明"三谭革命事迹展览馆"中拍摄）

谭平山、谭植棠、陈公博等1920年在北京大学主办的《政衡》杂志封面。（图片来源：在"高明三谭革命事迹展览馆"中拍摄）

谭平山、谭植棠、陈公博1920年10月开始主办的《广东群报》的封面报头。谭天度也在此期间做撰稿和发行工作。（图片来源：在"高明三谭革命事迹展览馆"中拍摄）

1925年间，谭植棠主办第四届农民运动讲习所旧址。（图片来源：在高明"三谭革命事迹展览馆"拍摄）

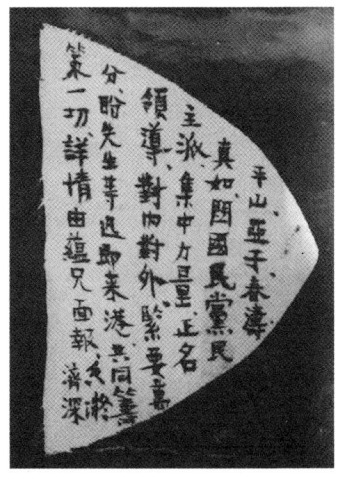

1947年，谭平山在成都收到何香凝、李济深从香港寄来的"荷叶信"，要求他们立即赴港商议国民党民主派大联合成立国民党革命委员会之大事。（图片来源：在"高明三谭革命事迹展览馆"中拍摄）

附 录

1996年7月1日,103岁的谭天度携家人前来参加高明"三谭革命事迹展览馆"的开馆仪式。 (图片来源:在"三谭革命事迹展览馆"中拍摄)

谭平山的旧中山装。 在新中国成立前,这是他出席中共和民主党派正式会议时所穿的正装。 (图片来源:在"三谭革命事迹展览馆"中拍摄)

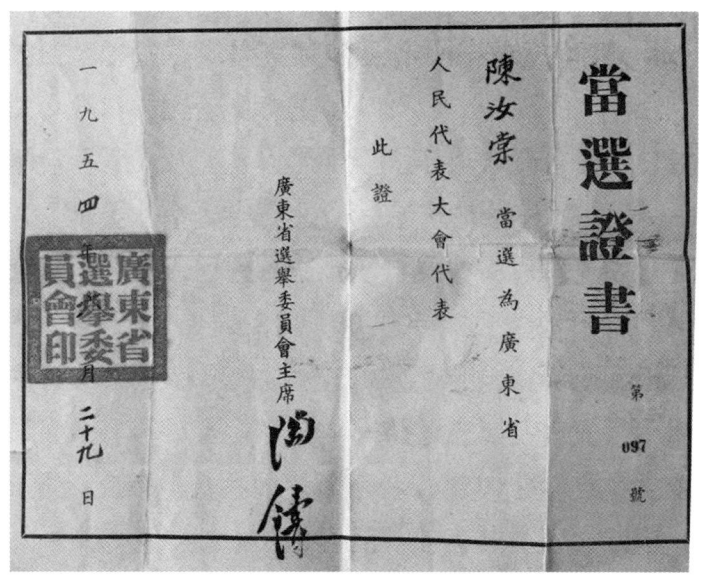

陈汝棠先生1954年当选为广东省人民代表大会代表的当选证书。（图片来源：在"中国人民解放军粤中纵队纪念馆"中拍摄）

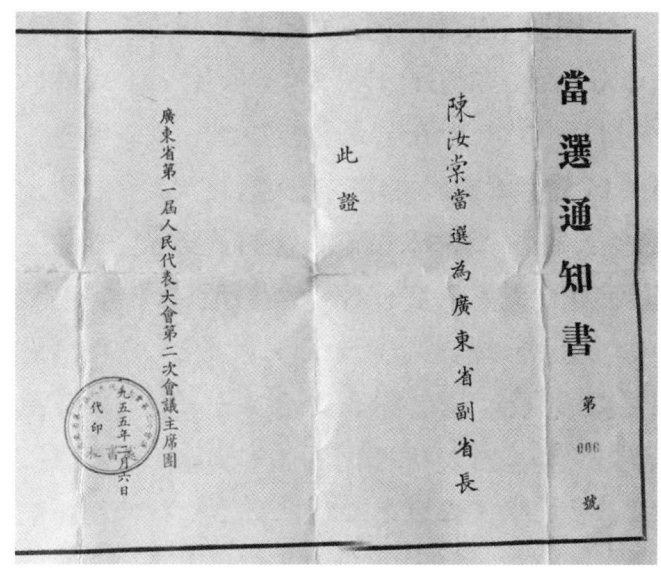

陈汝棠当选广东省副省长的当选通知书。（图片来源：在"中国人民解放军粤中纵队纪念馆"中拍摄）

附　录

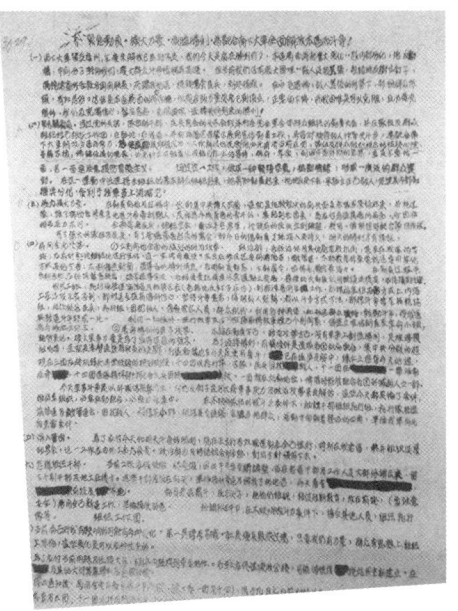

1949年中共高明县委开会部署动员迎接南下大军解放本区域的动员报告记录。（图片来源：在"中国人民解放军粤中纵队纪念馆"中拍摄）

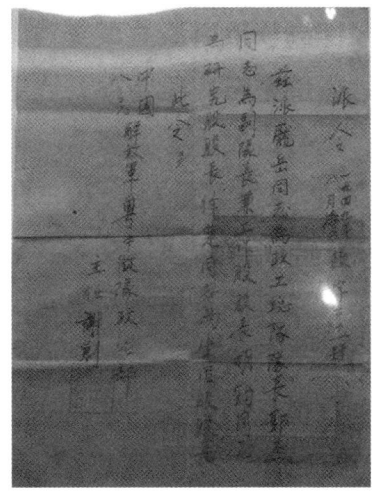

粤中纵队政治部主任谢创代表司令部手写的安排工作人员职务的"派令"。（图片来源：在"中国人民解放军粤中纵队纪念馆"中拍摄）

粤中纵队为解决给养问题在粤中解放区中发行的粮税代用券。（图片来源：在"中国人民解放军粤中纵队纪念馆"中拍摄）

263

红毛毯是粤中纵队从敌人缴获的战利品,经团长郑世英批准安排给排长黄永辉使用,黄后来担任指导员,该毛毯保存下来送到纪念馆保存。(照片来源:在"中国人民解放军粤中纵队纪念馆"中拍摄)

粤中纵队在战争年代时用过的手提电台。(照片来源:在"中国人民解放军粤中纵队纪念馆"中拍摄)

1948年间粤中纵队第二支队司令员兼政委郑锦波使用的左轮手枪的子弹壳和留下的子弹。(图片来源:在"中国人民解放军粤中纵队纪念馆"中拍摄)

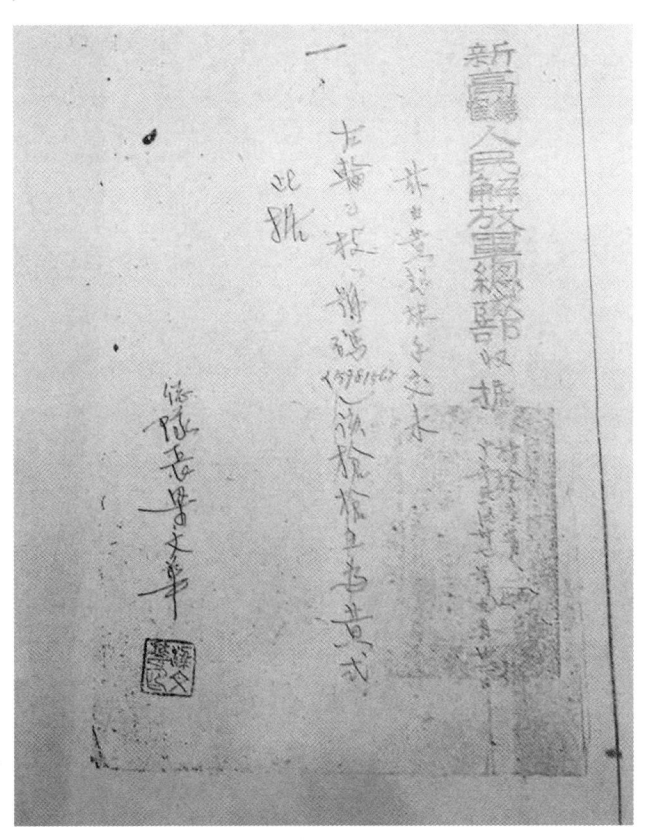

1947年恢复武装斗争时期,中共高明县组织开展向群众借枪借粮工作。这是中共高明县负责人梁文华向群众书写的借枪借条。(图片来源:在"中国人民解放军粤中纵队纪念馆"中拍摄)

附录三 革命纪念场馆

一、"三谭"革命事迹展览馆

位于高明区人民政府驻地以西21千米处，西距明城镇人民政府300米处，在明城镇文昌塔下。为仿古两层建筑，占地面积1500平方米，前面是一个约1000平方米的广场，供参观人群集会活动。广场边的石基上，安放了谭平山、谭植棠、谭天度的全身站立古铜色雕像。展馆建筑面积约600平方米，分两层展出图文和实物。由广东省原省长刘田夫题写"三谭革命事迹展览馆"馆名。一层安放了谭平山、谭植棠、谭天度的玻璃钢半身雕像，展出了相关领导人对"三谭"革命事迹高度评价的题词并展出了几幅重要照片，其中有开国大典上毛泽东、周恩来等国家领导人在天安门城楼上与谭平山等爱国民主人士合影的照片。二楼则以声光电和图文并茂的方式展出了谭平山、谭植棠、谭天度的革命经历和主要事迹。中间还设了文物柜台,展出了"三谭"的一些文物,主要是一些著作手稿和一些仅存的日用品。1996年7月1日建成开馆,是佛山市、高明区的爱国主义教育基地,是佛山市重点文物保护单位。由高明区文化体育局负责管理。

二、中国人民解放军粤中纵队纪念馆

位于高明区人民政府驻地西南约41千米,雄毅豪苑旁,更合镇境内。有更合大道从旁经过。2005年11月建成开馆,取名"中国人民解放军粤中纵队纪念馆"。因该馆主要是为了纪念解放军粤中纵队革命经历及英雄事迹之场所,故名。原粤中纵队副司令员兼参谋长、后曾任广州市委书记的欧初题写馆名。占地面积4400平方米,东至雄毅豪苑,南至合瑶路,西至黄象,北至坑美后岗山。建筑面积1033.57平方米。分两层,首层分别设有序幕厅、展厅和投影厅,第二层为史迹陈列厅,陈列了有关粤中纵队及其所属各部队在解放战争中的文物、图片、文字和影视资料600多幅(件),再现了粤中纵队从1946—1949年间的战斗历程。为事件纪念地。是广东省、佛山市、高明区的爱国主义教育基地,是佛山市文物保护重点单位,由高明区文化体育局管理。

三、合水革命烈士陵园

位于高明区人民政府驻地西南 41.04 千米处，更合镇合水居委会先烈路沙帽岗岗顶。右边有先烈西路经过。1989 年修建，取名合水革命烈士陵园，因是为纪念合水籍 51 位革命烈士而修建，故名。该陵园占地面积 300 平方米，陵园入口牌坊刻"合水革命烈士陵园"。有对联："殉职捐躯，浩气长留寰宇；舍身革命，英灵永耀人间。"纪念碑高 15 米，三棱尖塔形，每面均刻"革命烈士永垂不朽"。基座正面刻碑文和烈士名单。右侧山上建"英烈亭""合水亭""军民亭""怀忠亭"。为高明区文物保护单位，由合水居委会管理。

合水籍 51 位革命烈士纪念碑。

合水革命烈士陵园中的英烈亭。

四、英烈亭

位于高明区人民政府驻地西南约 40.8 千米，更合镇沙帽岗上。先烈西路在亭子附近经过。1988 年建成，取名英烈亭，因该亭是为纪念革命烈士而修建，故名。建有主体亭楼一层，由6根钢筋混凝土圆柱组成。高5米，呈伞状，六面菱形，在亭子底部建有4排水泥座，亭顶书写有"英烈亭"字样。平时作为居民休息、远眺之用。管理单位为高明区文化体育局。

五、合水革命烈士纪念堂

位于高明区更合镇合瑶路68号，左边有村道经过。为纪念合水籍革命烈士而建，1959年修建。取名合水革命烈士纪念堂，因纪念合水革命烈士之场所，故名。由时任广东省副省长陈汝棠题写名字。占地面积4500平方米，建筑面积1650平方米。有五块由花岗岩构成的石碑，石碑长30米，高8米，上面刻"合水革命烈士纪念堂"，下面刻有资助建设纪念堂的各单位和个人名字以及资助金额。由更合镇合水居委会管理。

六、小洞革命烈士纪念堂

位于高明区人民政府驻地西南38.84千米处，更合镇小洞村委会小洞新村村口，1973年修建。取名小洞革命烈士纪念堂，为纪念小洞的革命烈士之场所，故名。前为3层砖混结构楼房，后为砖瓦结构的平房。长54.8米，阔21.3米。为高明区文物保护单位，由小洞村委会管理。

七、三洲革命英烈楷模园

位于高明区人民政府驻地西南3.65千米处，荷城街道三洲居委会东南侧的飞鹅岭。前面有村道经过。1948年修建。取名飞鹅岭烈士陵墓，因埋葬新高鹤人民解放军3次攻打三洲镇牺牲之8名战士，故名。1953年重修，1985年改建。占地面积约1000平方米。坐西北向东南。建有牌坊、阶梯、墓碑。碑为正方体，分碑座和碑身，高约6米，正面黑底红字书"革命烈士永垂不朽"。碑座东南侧有一块碑刻，简述余三才、区球、陈扬华（陈华）、吕贵芳（吕芳）、任仕猷、赖文秀、何远（何远祥）、李启基8位英烈事迹。为高明区文物保护单位，由荷城街道三洲居委会管理。

八、黄仕聪革命烈士纪念碑

位于高明区人民政府驻地西南35.21千米处，更合镇平塘村委会平塘村西边汕仔岗（山名）岗顶的黄仕聪烈士陵园，1957年修建。取名"革命烈士黄仕聪同志纪念碑"，因纪念革命烈士黄仕聪而修建，故名。陵园占地面积约0.07平方千米，坐北向南，碑台为圆形，直径

22米,两边各设5条长石凳。正中立一座11米高的四面立体纪念碑,碑的底座为正方形,边长4米,纪念碑正面上部刻着"革命烈士黄仕聪同志纪念碑"12个大字。由高明区文化体育局管理。

九、陈权革命烈士纪念碑

位于高明区人民政府驻地西南49.71千米处,更合镇高村村委会城村东边矮岭墩(土名)。1985年修建。取名陈权烈士纪念碑,因纪念革命烈士陈权而修建,故名。坐南向北,砖混结构,梯级式方形立柱,高约6米。碑体正面刻"陈权烈士纪念碑"7个大字,花岗岩石砌的正方形碑座刻着陈权烈士革命事迹的概况。为高明区文物保护单位,由高村村委会管理。

十、陈定陈妹革命烈士纪念碑

位于高明区人民政府驻地西南38.8千米处,更合镇小洞村委会小洞村革命烈士纪念堂前广场中央。1950年代,修建于军屯村小山岗顶。取名陈定陈妹革命烈士纪念碑,因纪念陈定陈妹革命烈士而修建,故名。1971年搬今址重建,占地面积约400平方米。纪念碑坐南向北,墓碑7米高,碑底座是正方形,

3.7米×3.7米。碑正面刻"革命烈士纪念碑",碑下方刻陈定、陈妹两位烈士的事迹。为高明区文物保护单位,由更合镇小洞村委会管理。

陈定陈妹革命烈士纪念碑

谭宝荃革命烈士纪念碑

十一、谭宝荃革命烈士纪念碑

位于高明区人民政府驻地西南44.59千米处,更合镇巨泉村岗头和地(地名)侧小山岗,1972年修建。取名谭宝荃革命烈士纪念碑,因纪念谭宝荃(谭宝芬、谭一鸣)革命烈士而修建,故名。占地面积约200平方米。纪念碑坐南向北,墓碑7米高,碑底座是正方形,2.7米×2.7米。碑正面刻"革命烈士纪念碑",碑下刻谭宝荃、谭宝芬、谭一鸣烈士事迹。为高明区文物保护单位。北侧20米处有更合镇通往鹤山市的水泥公路。由高明区文化体育局管理。

十二、邓少珍革命烈士纪念碑

位于高明区人民政府驻地西南 21.82 千米处，明城镇明南村委会大简村前。取名邓少珍革命烈士纪念碑，因纪念革命烈士邓少珍而修建，故名。碑高 3 米、宽 1.5 米。纪念碑为水泥石米构筑，台基为四面梯形立体，正面嵌云石板刻墓志铭。上部竖一锥形碑塔，三面镌刻"邓少珍烈士永垂不朽"。为高明区文物保护单位。

合和大道从附近经过。由明城镇明南村委会管理，地址：明南村委会。

十三、李义芳革命烈士纪念碑

位于高明区人民政府驻地西北 9.79 千米处，荷城街道庆洲居委会西安小学校内，1978 年修建。取名李义芳烈士纪念碑，因纪念李义芳烈士而修建，故名。1987 年改建，占地面积约 30 平方米。墓碑坐西向东，分碑台、碑座、碑身。碑台为六角形，碑座为正方体，碑身是方尖体。碑台长4.8米，宽4.1米，碑高约3米，正面刻"李义芳烈士纪念碑"。为高明区文物保护单位。左边有村道经过可通三富公路，由庆洲居委会管理。

十四、铁炉庄邓少芬革命烈士墓

位于高明区人民政府驻地西南16.83千米处，杨和铁炉庄村后岗，1980年代建成。取名铁炉庄村邓少芬烈士墓，因纪念邓少芬烈士在铁炉庄村后岗修建之坟墓，故名。2007年4月期间重建，占地面积30平方米，分布面积为100平方米。坐西南向东北，地基是花岗岩砌成的，有两级。碑身有两级，高1.5米，宽0.8米，厚0.28米，碑文共刻有130字。墓的四角分别有高0.6米，直径0.2米的圆柱。附近有村道经过，可直通合和大道。由洋和镇对川村委会管理。

十五、罗榕根革命烈士之墓

位于高明区人民政府驻地西南19.28千米处，杨和镇沙水村

委会九尾山。1989年8月修建。取名罗榕根烈士之墓,因纪念罗榕根烈士而修建,故名。占地面积6平方米,分布面积50平方米。墓葬坐东向西。该墓有三级基础,每级都是长1.22米,宽0.24米。墓身宽0.58米,高1.17米,厚0.18米。碑文:"一九四九年五月十二日,金岗战斗英勇牺牲 罗榕根烈士之墓。"前面有一村道经过。由洋和镇沙水村委会管理。

附录四 革命历史文献

一、谭平山给施存统的信。1922年3月6日,为筹建中国社会主义青年团广东组织事,谭平山给存统写信(当时谭平山任中共广东支部书记,施存统负责筹建中国社会主义青年团,后担任团中央书记部书记)。

国昌(施存统字)先生:

报告及大洋一百元均收到。

粤区在广州市已有四百余人,现拟于3月14日开正式成立大会,经费自筹备至成立需四百金。因为广东宣传较为自由,我们不得不要极力宣传一下。

现在团务很繁,正式职员尚未选出,因为我们已在粤公开,当没有什么限制,现在团内已成立的机关:

一、《青年周刊》。

二、"青年剧社"——经费独立由社员月捐及特捐维持。

三、讲演队。

四、"劳动通讯社"——前已成立现在归入的。

五、影画讲演——影画机是借用的。

六、分团已派人组织六处:

甲、肇庆;乙、佛山(人数已有二千余,尚未正式成立);丙,梧州;丁、新会;戊、东莞;己、蕉岭。

七、中国劳动组合书记部南方分部——已有六人办事，但名目不公开，因恐某方面所忌，说我们包办工会，现在团员——学生约占十分之四，军人三十余、工人数十，妇女极少。我们注意的：（一）中等以上学生。（二）下级军官。（三）国民党中之无产阶级。（四）工会之现任职员。（五）机器补习学校之学生。（六）铁路工人。（七）互助社之重要分子。

将来想为办事便利，拟每工会、每工厂或每学校在相当人数以上的设立分团，章程另议。

大会地点，如能够改在广州更好，因为比较的自由。

粤区预算非成立会后不能开出。

并祝

健康！

弟
平山敬白

（注：中国社会主义青年团广东组织于1922年3月14日在广州召开了成立大会）

二、1944年12月8日，尹林平给周恩来及中共中央关于建立新鹤大队及高明大队的电报（尹林平当时为中共广东省委负责同志）。

恩来并中央：

a）我队已进入六邑，建立了新鹤大队及高明大队555人以上。并开辟了新鹤高游击区长达550华里，宽50华里。为加强该区工作，现决定由连贯同志负责帮助地方党及军政分委之工作。

b）拟派人与李济深商洽发展华南对日战争及民主运动，是用曾、王名义，抑用省委名义为妥，请示知，以便执行。

林平
亥齐

三、广东人民抗日解放军成立通电（1945年1月28日）

中国国民党中央委员会、中国共产党中央委员会、重庆国民政府军事委员会、陕甘宁边区及敌后各民主政府、第七战区司令长官部、广东省政府、第十二集团军、第三十五集团军、广东人民抗日游击队东江纵队、珠江纵队、琼崖独立纵队、各报馆、各民众团体暨各界同胞钧鉴：

德寇即将败亡，太平洋上美大军在吕宋登陆，离首府马尼拉仅数十里。并大步向中国海岸开进，日寇节节败北，整个国际反法西斯正义战争最后胜利即将来临。然在我国正面战场，由于国民党统治当局固执其反动政策的结果，不但不能配合盟国转入反攻反而丧师失地，敌骑深入，西南危急，我广东正面对着全省沦陷危机，三千万同胞陷于水深火热之中。

溯自广州沦陷七年以来，我广东人民尽受颠沛流离、饥饿死亡之苦。老弱填沟壑，饿殍载道途，屋宇成废墟，田园生蔓草，人口剧减，生机垂绝。若任由国民党错误政策继续蛮干下去，我广东势将全部沦陷，人民痛苦更将不堪设想矣！是以我百粤同胞，已再不能徒寄希望于国民党当局，唯有奋起自救，坚持对敌斗争，发展抗战力量，配合盟国反攻，方能求得真正的自由解放。

本军乃广东人民子弟兵，痛桑梓之沦亡，哀同胞之惨苦，目击心伤，悲愤交进，爰举抗日义旗，团结救国力量，将西江六邑各地人民抗日游击队，加以改编，统一指挥，成立广东人民抗日解放军。本军本抗日、团结、爱民三大主张，在敌后、前线均愿竭诚与各抗日友军精诚合作，共同负起打退敌人进攻，缩小敌占区域，收复失地，建立民主根据地之责任。我们认为挽救当前危机，必须实现民主政治，组织各界民众抗日团体发扬民力，并团结各党各派，无党无派之爱国志士，集中人才，充实抗日力量；同时必须肃清贪污，迅速改善人民生活，废除苛杂，取消田赋增征。实行减租减息，维护工商业资本家之正当利益，保护贸易自由，发展实业，增加生产，充裕民力，救济抗日军人家属、华侨家属、失业工人与贫苦农民，以培养国家元气，改善兵役制度和官兵待遇，以提高作战能力。

我们诚恳要求国民党执政当局改变其消极抗战，积极内战，专制独裁之错误政策，接受共产党和全国人民成立各党各派联合政府与联合统帅部之正确主张，我们诚恳要求本省国民党军政当局立即停止内战，共同抗日。我们拥护余、蒋两长官，领导刷新本省军政，创造广东民主局面，挽救全省沦陷危机，以冀早日收复失地，为实现孙中山先生革命三民主义而努力奋斗。我们劝告各地的国民党顽固分子，放弃只图私利，不顾国家民族，排除异己，屠杀抗日军民之内战行为，悬崖勒马，幡然改图，免为民族万世之罪人。我们愿意委曲求全，和衷共济，与任何抗战团体密切合作，并肩作战。但对一意孤行罔顾民族大义之内战祸首，绝不宽恕，并随时准备作自卫斗争，以保卫人民抗战力量。我们欢迎各地绿林豪杰改变行为，参加抗日，对伪军警伪组织人员，除坚决附敌者外，均采宽大政策，欢迎其反正投诚，报效国家。

阳江告急，揭阳沦陷，日寇正调集兵力窥视北江，并企图扫荡中区西江，我百粤军民正宜加紧团结努力抗战，争取时间，挽救危机。本军成立伊始，任重道艰，略陈所见，尚祈鉴察。尤盼我政府当局，各抗战友军，各界同胞，时赐指导，鼎力相助，共同完成抗战建国之大业，本军幸甚，民族幸甚！

广东人民抗日解放军司令　梁鸿钧

政治委员　罗范群

政治部主任　刘田夫

参谋长　陈明光

暨全体指战员　同叩

1945 年 1 月 20 日

四、建立抗日游击武装，建设自由幸福的新高明（节选）。

——1944 年 11 月高明人民抗日游击队第三大队成立时发表的宣言

亲爱的高明全县父老兄弟诸姑姐妹：

九月九日，日寇进犯西江，我高明地处前线，国民党军队不战而逃，致使兽兵长驱直进，奸淫抢掠，仓廪尽空，全县同胞创巨痛深。尚未曾追究失地弃民之严重责任，而国民党县政府贪污暴戾的钟岐，从隐伏地恢复其残余统治后，抚慰工作一事不做，迎击敌伪回师扫荡一事不做，首先做的都是加紧敲诈人民、压迫人民的工作。借口"清乡"，四处骚扰，分向各乡勒索钱财，其在瑶村在战乱中所损失的行李及田地册籍，竟迫全村赔偿 800 万元。我各乡同胞正惨遭寇祸，于此又遭贪官污吏的剥削摧残，只得被迫起来，向国民党县政府作一清算。十月二十日自动集合武装三千，徒手万人以上，向高明县城进发，驱逐钟岐，谁料，国民党县政府不仅不反躬自责，引咎以舒众愤，反调集政警，先开枪扫射民众，已致扩大为严重冲突。当时附近之抗战部队，江防司令部掩护大队的一个中队，见其残民以逞，至于此极，乃激于义愤，开火掩护我民众，反击反动统治者及其武装。国民党污吏钟岐，在我数千各乡同胞和抗战部队的铁拳下，挣扎失败，狼狈逃窜离县。国民党反对人民，实行独裁专制的黑暗统治，在民众面前，宣告全部破产。我高明全县政府也陷于无人主持的混乱状态之中。

这次事件的全部责任，是应该由至死不变其反共反人民独裁专制错误的国民党来负的。是应该由贪污暴戾残民以逞的钟岐来负的。……

今天我们不但要反对钟岐，而且要反对任何换汤不换药的新钟岐来统治我们，压迫我们，只有彻底的改变高明的县政机构，保证高明县由人民自己来管理，我们高明的人民才会有真正的好日子过。要拯救高明人民出水火之中，使人人过上自由幸福生活，我们就要全高明人民紧急动员起来，组织起来，用人民自己的力量建立起革命的新秩序，把我邑建设成新民主主义的新高明；我们就要把高明建设成西江敌后的抗日民主根据地。我们就要尽快地把握时机，早日在敌伪回师扫荡之前，加速建立抗日游击部队，建立起新民主主义的抗日政权。我高明全县同胞，要获得自由解放，只有照着敌后解放区的道路走去，是没有别的道路的。

本队全体官兵，是我高明县同胞的骨肉，我们过去曾在县内从事各种抗日救亡工作，今日目睹国民党错误政策的施行，造成家乡的深重苦难。……所以奋臂而起，组成高明人民的抗日武装队伍，为维持地方秩序，消灭日寇汉奸，建立抗日民主政权。……我们对一切压迫人民、障碍抗战、专制独裁、贪污腐败的反动力量，则要坚决铲除。要改善民生、保障人身自由，抗日言论出版、集会结社自由，要发展生产，扶持工商业、救济失业教师和失学青少年以及无以为生的苦力贫民，使各得其所，各安其业。我们也维护地主和资本家的正当利益，实行减租减息的政策。在抗日民主政权领导下,各阶层各界抗日人民都有人权、财权、政权和一切自由权利。

粉碎敌人回师扫荡,挺身保卫高明!

废除压迫人民的专制独裁的法西斯统治,建立民主政权!

高明人民团结起来,参加高明人民抗日游击队!参加各区乡的抗日民众自卫队!

用抗日的人民武装,保卫抗日民主的新高明!

打倒日本帝国主义!

高明人民抗日游击队第三大队大队长黄仕聪
暨全体指战员同启

五、关于布辰岭伏击战胜利的报告(1948年10月1日)

我们刚开完了分委扩大会议,总结了半年工作,并详细讨论了今后工作,在会议半途中接到你们的八月指示,全体完全同意你们这一指示。

刚开完会,我们就打了一个空前的大胜仗,旧历二十七日,我们住在高明老乡山南的白洞,当晚接到情报,敌一百四五十人从新兴方向开来,于下午四时到达新兴、高明边界的布辰,距我军驻地西南方向三十里。我估计可能是保十四团之部分,半月前船岗战斗后开赴新兴清剿,现回高明集合的。当即决定于布辰与高明之高村之间的布辰岭伏击。我们兵力共一百八十人,为原东征队一个主力连,恩平队一个连,新高鹤队两个连,轻机九挺,于二十八日拂晓进入阵地,敌果然从布辰来,全部中伏,九时十五分开始战斗,十一时五分全部解决。敌伪保十四团第一营第三连,全连共一百二十一人,除三名逃脱外,毙二十六,伤二十,俘七十二人,缴轻机九挺,榴弹枪六支,步枪数十支。我仅死二伤二。敌连长徐金被击毙。该连为伪保十四团之主力（十四团在西江南岸共有第二营四个连及第一营之一个连，即上述之三连），此次全部被歼，对对方打击甚大。并开始打破敌集中扫荡我新高鹤地区之计划。据俘虏供称，宋子文下令于半月内肃清我老香山区及皂幕山地，该连是奉命回高明，顺路扫荡老香山区，然后进驻皂幕山区之宅梧，驻防坐剿，督促组织伪联防队。保十四团在西江南岸之五个连，旧历四月茶山战斗被歼数十，缴迫击炮一，机枪一，月后三洲战斗其第二营第五连之一个排被全歼，缴轻机二，连此次第三连之全连被歼，计已被歼灭约两个整连。

此次战斗的胜利，第一由于你们"把人民军队战略战术逐步提高"的思想启示；第二由于部队经过初步整训政治认识与战斗力已渐提高，特别是东征队已逐渐巩固起来，此次东征队参战的一个主力连只有战斗兵九十人，占全部参战人数之半，担任主攻表现得最好，他们一个连缴了五挺机枪，三支榴弹枪，三十余支步枪；第三，作战是在老地区，群众工作、情报工作相当准确，以后我们还打算写些关于战斗总结之类的文章，送你处发表。我们目前暂未建立直属分委之主力，但准备将此次参战的东征队的一个主力连作为我们的警卫部队，以便有时可以就地配合各地部队作战。目前打算先建立地委的主力，我们这里参谋工作人员极缺乏，你处能否调一两个来，作为我们的助手呢？前在左洪涛家住的小杨如何？

党章规定革命新发展地区党员入党后补期可以短一些，但要区党委决定，或经你们作一半的决定。作出一半决定后通知我们，因为我们这里已经碰到这类问题了。

这次胜利后，我们将继续以不骄不躁更大胆更小心的精神争取更大的胜利。我们这次扩大会议对于我们今后的工作，相信必能有相当的作用，使我们的工作更进一步，完成党给我们的任务。

致党的敬礼！

冯、谢、吴、欧（即中共广南分委领导人冯燊、谢创、吴有恒、欧初）

1948 年 10 月 1 日

六、粤中临时区党委、粤中纵队给新高鹤地委、第六支队的指示信。

1949 年 10 月 15 日

一、粤中全区包括江会、三埠、肇庆，解放指日间事，大军除一部解放肇庆，控制西江，一部会从广州外围捣新会，截击残敌，帮助解放中区，南路，工作应以此为精神以及时间去布置。

二、江会、三埠、肇庆可能同时解放，我们与钢拳（即独一团）将放在新高鹤伺机行事，须派两传令来，保持密切联系。

三、我们与过江龙（即第六支队独一营）要向南移动，与大军取得联系，配合进驻肇庆，估计有把握，虽敌未撤，大军未到，亦先行占领，肇庆解放后，要巩固江防，沿江各县未有新任务，过江龙不他调。与大军取得联系后，即将田野（粤中纵队代号）兵力位置、企图告上级指挥机关并征求意见。联合作战中尊重他们意见。取得联系或已知其位置时，详告我们。

四、各县工作由你们布置，政权要结集民兵、民工，加强后方领导，留下一两个同志在后方主持。

七、粤中纵队发布命令，限令蒋伪迅即来归（1949 年 10 月 2 日）。

中国人民解放军粤中纵队司令部政治部布告：

中华人民共和国中央人民政府业已成立，国民党反动统治从此宣告死亡。中国人民解放军野战军现正奉命进军，扫荡华南残敌，全中国的解放指日可待。本军和南下野战军于最短期内将彻底解放粤中全境，当此时机，实为粤中一切伪武装部队及各级伪政府人员之生死关头，本军不忍他们与蒋匪同归于尽，希望他们能够临崖勒马，及早回头，走向光明大道，特限令于下：

一、所有伪武装（包括伪自卫队、联防队、政警队、保安队、伪省保警、伪国防军）及各级伪政府，不得再有向人民烧屋杀人、奸淫、抢粮、掠夺等罪恶行为及与本军为敌，倘能即日停止作恶，则既往一切，当予以宽大办理。

二、所有伪武装应争取机会携械起义来归，当予奖赏，如不能参队，可自动解散队伍，将所有枪械献交本队。所有伪政府中机关人员，应即向其伪上级提出辞职，自动停止执行伪令，并向本队及该地人民政府申请登记，听后接收办理，对具有功者，当予奖励，并量才使用。

三、如认为起义与移交尚有困难，须继续维持现状，暂不能执行第二项办法者，则应迅速向本队及各该地人民政府进行登记，请示处理办法。

四、准予暂时维持现状之伪武装部队，应即将其武器、资财、公物、档案、名册等列明具报本队及各该地人民政府。不得隐蔽、变卖、搬迁或破坏，待时机到来即清点校对接收。并由即日起，停止执行伪令，不得扩充人枪，不得向民众征剥。

五、今后如仍有执迷不悟，反动到底，自觉与人民为敌者，其首要分子以战犯论罪，余则按罪行大小分别惩处。

上述限令，本队当坚决执行。一切伪武装伪政府人员，或愿跟随蒋死党反动到底而自取灭亡，或向人民立功自赎而得更生，两条道路，必须从速抉择。时间逼促，希早图之。

此布,

公元一九四九年十月二日

司　令　员　　　吴有恒

政治委员　　　冯　燊

副司令员　　　欧　初

副政治委员　　　谢　创

兼政治部主任

〔上述红色文献资料主要收集于中共江门（粤中）《党史资料汇编》中，特选录〕

附录五 红色歌谣

一、中国人民解放军粤中纵队队歌《我地嘅队伍好似一条龙》，在粤中纵队及队伍活跃的村镇中都有传唱。

二、民谣《高明真冇福》（之一）

高明真冇福，来了个陈斗宿；积极打内战，不理民扑碌。劏猪又拉牛，抢衣又搬谷；杀人奸妇女，火烧民房屋。敌人哈哈笑，老百姓要哭。

三、民谣《高明真冇福》（之二）

高明真冇福，来了个伪县长陈斗宿，勾结 158 师、高要伪自卫队、廖强六，扫荡我合水区，奸淫抢掠拉人又烧屋。人民遭受酷劫，我军忍无可忍大反击。人民好领导，仕聪叔，带领游击队，围攻伪县府，打倒了伪县长，陈斗宿！

附录六 大事记

1917—1918 年

9月，高明县人谭平山和谭植棠一起考入北京大学，谭平山就读中文系哲学专业，谭植棠就读中文系历史专业。在北大，谭平山1918年参加了李大钊创办的马克思主义研究会。同年与傅斯年等一起创办了《新潮》杂志，谭平山发表了《"德谟克拉西"之四面谈》一文，较系统地宣传马克思主义。谭植棠也在这时接受了马克思主义思想。

1919 年

5月4日，中国北京发生五四运动。高明县人、北大学生谭平山、谭植棠参加了当日从北大出发至天安门广场的示威游行，谭平山成为五四运动的学生领袖之一，他带领学生们进行了火烧赵家楼的壮举。在五四运动中，谭平山与31名学生领袖一起被北洋军阀政府军警逮捕入狱。后经北大校长蔡元培与各界人士极力援救和全国人民的声援，迫使北洋军阀当局释放了被捕学生。谭植棠走在游行队伍前面，一路派发传单，坚持到最后。五四运动后他被选入北京学联，负责宣传工作。

1920 年

2 月,谭平山与谭植棠、陈公博一起在北大创办《政衡》杂志,他们都发表了一些时政评论文章。谭植棠发表了《中国历代政权中心转移之研究》等文章。谭平山和谭植棠将进步刊物、报纸寄回高明东洲高等小学和在广州的谭天度以传播新思想新文化。

8 月,谭平山在广州发起成立中国社会主义青年团。

10 月,谭平山与谭植棠、陈公博等在广州创办《广东群报》,该报在中共广东支部成立后成为中共广东组织的机关报。谭平山和谭植棠、谭天度都发表了不少文章。之后,谭植棠当《广东群报》经理,谭天度做发行和撰稿工作。

1921 年

1 月,谭平山、谭植棠、陈公博在陈独秀指导下成立中共广东支部,当时在广东工作的陈独秀担任支部书记,不久由谭平山接任中共广东支部书记。

同月,在孙中山领导的大元帅大本营的支持下,由谭平山等人主持开办广州宣讲员养成所,由陈公博担任所长,谭植棠担任教导主任兼甲班班主任。

同月,在广州河南开办机器工人夜校,谭平山担任董事长,谭植棠、谭天度等担任兼职教师。同月又在广州开办注音字母教导团,谭平山、谭植棠、谭天度都担任兼职教员。他们利用这些阵地宣传新思想新文化,宣传马克思主义和社会主义思想。

3 月,谭平山在广州领导工人运动,建立广州土木建筑等工会,谭平山派梁复燃到佛山组建了土木工程等工会。

7 月,中共一大后,成立中国劳动组合书记部,谭平山担任南方分部主任。

冬，广州车缝工人罢工，广州公安局逮捕罢工工人，谭平山等发动3000多工人在广州第一公园集会声援罢工工人，"三谭"都出席了集会，指挥集会工人冲击公安局审判厅，要求释放罢工工人，取得胜利。

1922年

2月，香港海员工人罢工，谭平山领导中共广东支部发表《敬告罢工海员》传单，支持罢工斗争。

3月，经过整顿，重新建立广东社会主义青年团，并于14日召开成立大会。谭平山在大会上指出："本团纯以马克思主义为指导。"

4月，谭平山被选为广东社会主义青年团书记，谭植棠被选为团的领导成员之一。

7月，谭平山出席在上海举行的中共第二次全国代表大会。之后与邓中夏、毛泽东等发起劳动立法运动，起草提出《劳动法大纲》。

谭天度于1922年加入了中国共产党，并在宣讲员养成所举行了入党宣誓。

1923年

6月，谭平山在广州出席中共第三次全国代表大会，被选为中共中央委员、中央局委员、中央驻粤委员。同月成立中共广东区委，谭平山被选为区委书记。

10月25日，根据党的三大关于国共合作建立统一战线的指导思想，谭平山参与孙中山领导的国民党改组工作会议，被孙中山指定为与廖仲恺等9人组成的中国国民党临时执行委员会委员，并担任该委员会的书记兼组织员。

1924 年

1月20日，谭平山出席中国国民党第一次全国代表大会，并代表国民党临时中央作报告，被选为国民党中央执委会委员，并在孙中山主持召开的中央执委、监委会议上被选为中央常务委员兼组织部部长。谭植棠和谭天度都参加了国民党一大的会务工作，他们根据中共三大的决议，以个人身份加入了国民党。

国民党一大后，陈延年担任中共广东区委书记，周恩来、谭平山、谭植棠等担任区委委员。

7月，国民政府根据共产党员澎湃的建议拨款举办第一届农民运动讲习所，谭植棠担任第一至第三届教员，并担任第四届主任。

1925 年

春，中共广东区委建立主席团，负责领导两广、福建和南洋地区党的工作。主席团由陈延年、张太雷、苏兆征、邓中夏、周恩来、彭湃、邓颖超、谭植棠等人组成。陈延年任书记，周恩来任军事委员，谭植棠分工负责农民运动和统战工作。

5月，谭植棠担任第四届农讲所主任。谭植棠与家乡高明联系，高明派来了陈权、阮贞元、麦均林、谭其聪、谭葵谦等人前来参加学习。这一届农讲所招收广东、广西、湖南共95名学员。教授内容相当充实。中途又招收了50人开办了工人运动讲习班。

这一年，广东国民政府组织进行了两次东征，统一广东的战争取得成功。谭平山、谭植棠随军进行了慰问鼓气活动。

3月，阮贞元在高明三区的蛇塘村建立了高明第一个农民协会。

5月1日，谭平山被中共中央任命为驻国民党中央党团书记。

同月，阮贞元在蛇塘村农民协会组织起一支有60人参加、常备队13人的农军，由阮光担任农军队长。

7月，省港大罢工爆发，谭平山多次作报告支持工人罢工斗争，广东成立省港罢工工人后援会，谭植棠参加后援会的工作，并主持了两次支持省港大罢工活动周的工作。

11月，高明合水地区的布社、良村、水井、边坑等村庄，更楼地区的泽河村相继成立了农民协会和建立了农民自卫军。共产党人陈权、李家球从广州回来会合共产党员冯从龙、阮贞元在高明从事农民运动。

12月25日，谭平山出席国民党广东省第一次代表大会，任大会主席。

1926年

1月，中共西江地区执行委员会成立，冯从龙被委任为中共高明组织的负责人。

1月，谭平山出席国民党第二次全国代表大会，再次被选为国民党中央执委委员、常务委员、组织部部长。

年初，谭天度被党组织派往有2000多名工人的石井兵工厂担任党支部书记，从事工运。

2月，高明县农民协会在明城罗家祠召开成立大会，到会会员和农军1000多人，会后举行示威游行。

6月，高明县建立了中共地方组织，负责人冯从龙，当时有党员陈权、冯从龙、黎汝高、李家球等。随后吸收阮贞元、阮光入党。

6月，经中共广东区委同意和国民政府批准，成立广东各界对外协会，谭植棠被推选为这个协会的主席。

8月，谭平山代表中国共产党出席共产国际执委会第七次扩大会议，被选为大会主席团成员，在会上致辞。

8月，高明三区农协会筹备处和农军总部在合水圩成立，主任阮贞元，农军总部负责人黎积，农军指挥欧全，副官冯泽文。当时三区已成立农民协会和农军的有24个村庄，五区有5个村庄，四区也有3个村庄。农民运动风起云涌，席卷半个高明。

8月11日，谭植棠主持在广州第一公园举行了有十多万人参加的"统一广东大示威运动大会"，并发表主旨讲话，要求政府在最短时间统一广东，一致对外反对帝国主义。

8月，广东20多个人民团体发起成立"统一广东各界代表大会"，谭植棠被推选为这个代表大会主席。下旬，谭植棠在中共广东区委支持下，以广东对外协会名义倡议召开广东人民代表大会。29日，广东人民代表大会在广东大学礼堂召开，200多个团体及各市县代表共1000多人出席了大会，谭植棠担任大会主席，主持了大会。组成了一个广东代表团，准备北上联络各省市形成全国统一的对外的反帝阵线。

12月，谭平山被选为共产国际执委会主席团成员兼中国委员会主席。

谭植棠在1926年还被选担任广东国民会议促成会主席，中国济难会广东总会主席，广东各界纪念五卅周年会议主席，农工商学联合会主席等职务。他工作十分繁忙，结果积劳成疾，患上了当时被认为绝症的肺痨病。12月底，谭植棠抱病出席了统一广东各界代表大会，在会上发表演讲。有国民党反动分子破坏会场，谭植棠怒斥反动分子，当场吐血晕倒在主席台上，被送到医院，最后辗转数月终于回到家乡高明壕基村，治病养病十多年。

1927年

2月15日，在高明明城举行农工商学兵各界庆祝北伐胜利大会，有一万多人参加，会后举行万人游行。

3月，国民党中央在武汉召开三中全会，谭平山缺席被选为中央常务委员、政治委员会委员、国民政府农政部部长。

3月，合水蛇塘村成立中共支部，党员有陈生、阮登长、阮其、阮光、阮贞元，选举阮贞元担任党支部书记。

4月15日，高明县明城人谭毅夫（时任中共广州手推车工会书记）在广州被捕入狱，次年2月11日被杀害于东校场。

4月27日，谭平山出席中共第五次全国代表大会，多次在会上发言，被选为中共中央委员，中央政治局委员。

5月1日，国民党高明县当局派县警队、合水民团等突袭三区农民协会，强令解散农民协会，拘捕农民协会主任阮贞元。合水农军闻之，集合当地农军在古城附近堵截，救回阮贞元，农军负责人阮光在战斗中中弹负伤，回村后牺牲。

5月，国民党反动派到处搜捕共产党人和革命人士，勒令解散农民协会和农军，中共党员隐蔽或转移，中共高明地方组织领导的农工革命运动暂时停止。

6月4日，谭平山被中共中央任命为中共驻国民党中央党团书记。

6月18日，谭平山与毛泽东等五人以全国农民协会临时委员会的名义，呈请国民党政府保护农民组织，严惩摧残农民运动的反革命分子。

7月9日，谭平山与李立三、邓中夏等在九江主持召开座谈会，决定发动南昌起义，并派人请示中共中央。

7月27日，谭平山参加周恩来为书记的中共南昌起义前敌委员会会议，讨论领导南昌起义的问题。

7月30日，谭平山出席前委会议，张国焘反对起义，谭平山当面斥责张国焘，并主张如果张继续反对起义，就杀了他！

8月1日，前委昨天决定起义，今天起义成功，起义军占领南昌，谭平山以国民党中央执委和常务委员身份，主持召开在江西的国民党中央委员、各省区及海外党部代表联席会议，推举产生25人组成的中国国民党革命委员会，主席团7人，谭平山被选为委员会和主席团的主席。发表中央委员宣言，支持南昌起义，声讨国民党反动派，主张坚决执行孙中山的革命路线和三大政策。谭天度参加了八一南昌起义，在革命委员会政治部当秘书。

8月27日，谭平山在瑞金与周逸群一起介绍贺龙加入中国共产党。

11月，在瞿秋白盲动主义路线指导下，中共中央临时政治局扩大会议通过《政治纪律决议案》，认为谭平山等要承担南昌起义失败责任，谭平山被宣布开除党籍。

12月11日，中共领导的广州起义爆发，中共高明县地方组织的党员黎汝高、阮贞元、冯从龙、陈权、李家球以及一些农军骨干赴广州参加了起义。黎汝高在起义后被捕，于次年农历正月初八在广州被国民党反动派杀害；其他几名党员起义失败后分别到了香港、越南或回家乡隐蔽；在广州参加起义的高明人谭权、在起义中牺牲；区显荣在起义失败后转移海陆丰途中牺牲；曾国钧起义失败后被捕，次年1月31日被杀害。

1928年

春，谭平山多方寻找党组织要求复议、恢复党籍遭拒。在上海与一部分脱党的中共党员、国民党左派人士联系，主持成立中华革命党，被选为领导人，继续宣传孙中山的三大政策，反对以蒋介石为首的国民党反动派，被称为"第三党"。

1929 年

春，著名国民党左派、革命民主人士陈汝棠在共产党员陈勉恕的指导下回高明合水兴办高明县立第三小学，聘用共产党员陈权、国民党左派人士陈此生、陈汝芳、黎耀墀等一批进步知识青年任教，自编教材实行新文化教育，向学生灌输人民民主革命思想。

1931 年

年底，正在东北哈尔滨铁道中学读书的高明籍少年罗长生报名参加苏炳文领导的抗日军队，改名罗志，他参加了著名的1932年3月30日江桥保卫战。之后成为东北抗日义勇军中的一员，在白山黑水之间抗击日本侵略者。1934年退入苏联，辗转来到新疆从事革命活动。

1932 年

秋，陈汝棠在高明三小创办"力社"。吸收三小毕业没有其他更好出路的学生参加。学习宣传新文化和社会主义、民主革命思想理论。

1933 年

夏，陈汝棠筹得长短枪10多支，子弹手榴弹一批，提供"力社"开展军事训练，培养武装斗争骨干。并派身边工作的梁国权送武器来并教习军事。

1934 年

共产党员陈勉恕通过陈汝棠的关系，派共产党员李守纯到高明县立第三小学，以教师身份掩护开展革命活动。

1935 年

2 月，共产党员陈勉恕到高明县立第三小学以教学为掩护开展革命活动，指导力社成员深入农村开展宣传活动，与农民相结合，发展"力社"组织，在新、高、鹤、要成立了 80 多个力社分社，共有社员 3200 多人，分社办起民校，教育人民，培养革命骨干。

1935 年

谭平山于 1933 年退出第三党，于本年 8 月响应中国共产党号召，在各地奔走呼号，推动团结抗日。

1936 年

秋，中共高明县立第三小学支部成立，党员有陈勉恕、李守纯、陈权、阮海田、廖举安、黄仕聪、阮以义、黎进友（女）、刘曼凡 9 人。

10 月，中共以三小党支部为基础，建立中共西江工作特别委员会。

1937 年

8 月，中共高明县工作委员会成立，李守纯任工委书记。

9 月，共产党员谭天度从南京监狱出狱，组织安排他回乡养病，在乡期间与高明工委书记李守纯取得联系，并取得国民党特派员陈汝芳支持，与谭植棠一起在本县开展抗日救亡宣传活动。同时力社和高明县立第三小学师生下乡开展抗日救亡宣传活动。

10 月，陈汝棠担任广东第四路军看护干部训练班主任，这个班有300余人，主要是培养战地看护人员。我党十分重视这个护干班，陈汝棠也十分配合，把护干班办成我党的工作活动阵地。班中安排和培养的共产党员共有60多人。在全省各地开展抗日战地救护和培训各地看护人才。

1938年

3月，中共派张迈前到明诚地区发展党组织。

同月，高明一区妇抗会在明城成立，召开有300多人参加的成立大会，谭德任主席，谭秀华、谭八姑等为委员。

4月，一区青抗会在明城召开成立大会。近200人参加，谭知平为主任。

5月，中共高明县工委在明城举办了一期青妇抗骨干学习班，20多人参加，由谭天度主持，张迈前、谭植棠参与授课。同月，高明二区青妇抗会在合水成立，有会员300多人，负责人阮贞元。

8月，一区青妇抗会出版《警钟》《号角》两份油印刊物，开办民众夜校，组织宣传队下乡宣传抗日救亡。动员了50多名青年报名参军抗日。

10月11日晚上，100多名日军从河清乘橡皮艇过江，在三洲海口村登陆，抢去该村生猪20多头，谷物及其他财务一大批，两名妇女被强奸后投江自尽，13日日军才离村。

9月12日，日机11架轰炸三洲；13日，日机轰炸明城新市、明城东门圩；14日，日机9架轰炸三洲孔堂；11月5日，日机轰炸明城新市；16日，日机轰炸三洲；12月1日，日机数十架轮番轰炸明城；12月16日，日机12架轰炸三洲孔堂、铁岗；次年1月，日机3架轰炸阮埇村；2月，日机轰炸西头村、阮埇村、鳌围村、三洲圩、清泰村、名城东门一带。日机前后13次轰炸高明，合计炸死85人，炸伤35人，炸毁房屋店铺90多间。

冬，谭天度在明城壕基村召开抗日会议，分析形势，估计日军可能进犯县境，动员抗日力量随时还击敌人，要做好退到山区开展游击战的准备。随后成立 18 乡抗日联防大队，有队员 100 多名，但成立仅 3 个多月便被国民党当局下令解散。

1939 年

1 月，中共冲坑坪支部在该村建立消费合作社和农民抗日自卫协会，帮助农民发展生产，借粮给农民度荒，组织民众支持抗日斗争，该村被抗日将士们称为抗日模范村。

春，陈汝棠被任命为广东省救济委员会委员，他主办的护干班改编为省救济总队。共有 14 个分队 350 多人，分赴全省各地开展抗日战地救济救护。并还在我党指导下开展工作，这个队伍的中共产党员后来发展到 80 多人。

是年，李冲、龙世雄、黄文康先后担任中共高明县委书记。

是年，中共高明县委下设明城、更楼、合水三个区委，谭德任明城区委书记，黄仕聪任更楼区委书记，谭保荃任合水区委书记。

是年，日机在 2 月 6 日、3 月 9 日、3 月 22 日、5 月 6 日以及 6 月、8 月、11 月先后八次对高明域内的富湾圩、大楠村、人和市、罗岸、古杨、海口村、新圩、明城圩、合水圩、扶丽村、禾州村等进行了轰炸，共炸死 17 人，炸伤 7 人，炸毁房屋店铺 20 多间。

8 月，谭天度根据党的召唤从家乡辗转来到粤北归队，主编党的统战刊物《新华南》，该刊两年后在国民党第二次反共高潮中停刊。党组织安排谭天度到东江抗日游击区工作，他先后担任惠阳大队政委和东宝行政督导处主任。

11 月，陈汝棠在粤北护干班的驻地黄浪坝提供给中共广东省委召开第五次执委扩大会议,并做好安全保卫工作,使省委会议在国民党的一个机关中安全顺利进行。

1940 年

7月3日,国民党高明县党部勒令解散青妇抗会,中共高明县委公开发表《敬告全县父老兄弟姐妹书》,揭露国民党反动派投降、分裂、倒退的反动面目。

1940年冬,陈汝棠因掩护八路军驻粤北办事处撤退事发被国民党反动派追捕。陈汝棠在党的安排下逃过追捕,来到东江解放区,为革命根据地军民办医务所治病,协助党组织起抗日武装华浦大队。抗战胜利后,党组织把陈汝棠派到香港从事统战工作。

12月1日,日机轮番轰炸明城东门圩,炸死10人,伤30多人,正街店铺被夷为平地。

1941 年

5月,中共组建高明县新县委,陈春霖担任书记,郑桥任副书记,黎树泉负责合水地区工作,严权发负责明城地区工作,谭宝荃、黄仕聪、陈汝青做统战工作,黄之锦搞地方武装。

6月和8月,日机轰炸富湾一带和明城东门、西门各村庄并开机枪扫射,炸死船民两人,耕牛两头,炸毁房屋一批。

1943 年

是年大旱。夏,中共高明县组织发动"二五减租"运动,更楼合水地区农民群众纷纷响应,由各地党支部组织领导,掀起声势浩大的减租运动高潮。

8月,谭平山与陈铭枢、杨杰等在重庆发起成立三民主义同志联合会。

1944 年

秋，更合的小洞、平塘、屏山、瑶村、水井洞、布社等先后成立抗日自卫队，并设常备队。同时为解决抗日游击队的给养，广东人民抗日游击队中区纵队在合水设粮税分站，在新圩设流动税收分站，每站配站长一人，工作人员二人。

9月初，日军进犯鹤山，逼近高明。国民党高明县长钟岐强征民船18艘，满载官员、家眷、财物、武器、档案，沿高明河向西逃遁。次日船在瑶村搁浅，钟岐令人把枪支、档案等放在瑶村后，继续往西逃入老香山区。瑶村抗日自卫队为使这批武器及档案不落入日军之手，收管了这批50多支步枪和一批弹药，将档案中的田粮册和壮丁册烧毁。与此同时，小洞自卫队也收管了县政府藏在黎碧塘村的20多件武器；同时，县政府设在蛇塘、平塘、泽河、朗锦、歌乐的粮仓也被当地农民打开，将粮食分给农民渡荒。

9月11日，日军过境高明，一路在古劳登陆，经西岸进入杨梅、明城；另一路从开平经鹤山入侵高明。经过田村时受到常安乡抗日自卫队伏击。日军所到之处，烧杀抢掠，强奸妇女，强拉民夫，强抢财物。

12日，日军在富湾大顶岗登陆并盘踞大顶岗7个多月，其间到附近村庄拉民夫筑炮台，抢掠粮食财物，强奸妇女，人民惨遭蹂躏。

9月下旬，县长钟岐在日本军队走后回到明城即下令"清乡"，缉拿"奸匪"，声称在瑶村失物价值800万元，限期如数赔偿，否则男女老少皆要问罪。官逼民反，引起人民极端反感。中共组织发动群众从9月底至11月24日举行了一场声势浩大的"倒钟"斗争。这场"倒钟"斗争选举黄仕聪担任总指挥，3000

多武装起来的农民群众参加，加上沿途加入的群众共一万多人，结果取得了"倒钟"斗争完全胜利。驱逐了钟岐，"倒钟"队伍攻占了县政府，在文昌塔下会师，烧毁了壮丁田赋籍册，打开监狱，救出被无辜关押的抗日义士和人民群众50多人。

11月10日，以"倒钟"队伍为班底，高明人民抗日游击队第三大队成立，黄仕聪任大队长，郑锦波任政委，沈鸿光任副大队长，劳光任参谋长，下设长江、黄河两个中队，共有队员140余人。

11月，珠江总队主力400多人，在林锵云、罗范群、谢立全、谢斌、刘田夫等的率领下挺进粤中，会合新会、鹤山人民抗日游击第二大队和高明人民抗日游击第三大队，建立皂幕山革命根据地。

12月22日，中共中区纵队政治部在小洞军屯梁家祠召开高明二区军民代表大会，出席会议的有各阶层代表200多人，选举产生高明二区抗日民主政权——高明二区人民行政委员会，阮贞元任主席，陈权任副主席。会议通过了"抗日、团结、民主和进步"的施政纲领等。

同月，高明二区行政委员会下属的村庄普遍成立村委会和民兵组织。各村均开展反对"硬租""铁板租"，实行按年收成议租或"二五减租"。

同月，谭植棠根据谭天度的来信邀请，来到东江解放区担任东宝行政督导处财经科长，主持东江解放区的经济财政工作。

同月，县长陈斗宿慑于人民力量的壮大，派人到我党根据地平塘村与中共中区代表郑锦波谈判，达成划地而治的口头协议：新圩以上归共产党，新圩以下归国民党。12月30日，陈斗宿推翻协议，纠集国民党六十四军一五八师、县国民兵团及鹤山何柏森部、高要廖强部共2000多人，进犯小洞、瑶村、平塘等抗日根据地。各村自卫队登山抗击，掩护群众撤离村庄。这次进犯，村民被烧死打死8人，被轮奸致死妇女一人，被烧毁房屋386间，被射死耕牛26头，被抢走耕牛36头，被抢走生猪350多头，被抢去稻谷300多吨。充分暴露了国民党反动派疯狂残忍的本性。

1945年

1月，国民党一五八师四七三团及地方武装1000多人分四路围攻我抗日游击队千岁村驻地，被我抗日游击队一、三大队击溃，称"癫狗山战斗"。

1月5日，国民党一五八师四七三团团长黄导尊率部100多人经合水开往新兴，我抗日游击队一、三大队400多人，在布社埋伏阻击，击溃敌人，俘获黄导尊。1月上旬，我抗日游击第三大队300多人，乘夜从更楼千岁、云良奔袭明城，县城保警抵抗了30分钟便向城北逃命，游击队进城打开仓库放粮救济百姓，打开监狱救出50多名被关押的抗日分子和无辜群众。

1月10日，广东人民抗日解放军通电成立，司令员梁鸿钧，政委罗范群，副司令员兼参谋长谢立全，政治部主任刘田夫。下辖三个团，高明人民抗日游击队第三大队改编为广东人民抗日解放军第三团，团长黄仕聪、政委郑锦波，副团长沈鸿光，参谋长劳光。活动于新（兴）高（明）鹤（山）地区。

1月14日，国民党一五八师四七三团在布社惨败后进行报复，对布社新旧村进行连续7天烧杀抢掠，杀害群众一人，奸污妇女12名，烧毁房屋440多间，烧毁和掠去稻谷200多吨，牛、猪350多头。

1月23日，广东人民抗日解放军第三团出动300多名指战员袭击明城，县长陈斗宿逃遁，战斗半小时攻破县城，从狱中救出被捕战友和群众200多名，召开群众大会，令黄导尊在会上揭露

国民党反动派消极抗日积极反共和残害人民的罪行。为此，陈斗宿被国民党当局撤销了县长职务

2月7日，国民党一五八师1000多人到合水更楼地区进行扫荡。广东人民抗日解放军一团秦炳南率四个中队300多人在凤凰山与敌激战，秦受伤被俘，排长郑成及战士20多人牺牲，国民党军死伤30多人。

2月19日，广东人民抗日解放军700多人在新兴焦山被国民党一五八师四七三团突袭，司令员梁鸿钧，领导干部谭本基、林玩，三团参谋长劳光及战士62人牺牲，国民党军被击毙20多人。

4月7日，广东人民抗日解放军第三团和第二团一部共300多人从明城松木塘奔袭高要县自卫队，全歼其一个中队，俘敌80余人，缴获轻重机枪各一挺，解放军战士一人牺牲。

4月8日，广东抗日解放军第三团开往肇庆羚羊峡，截击日军电船，敌船受重创，于高要金利江面沉没。

5月13日，广东人民抗日解放军第三团撤至鹿湖顶，被国民党鹤山自卫总队截击，第三团因连日作战十分疲惫，损失惨重，政委陈春霖牺牲。

8月15日，日本宣布无条件投降。

日本投降后，谭天度、谭植棠和陈汝棠都被党组织安排到香港从事上层统战工作。

10月26日，国民党一五八师四六七团及开平、鹤山、高明、高要、新兴5县地方当局组织共3000多人大举进犯我老香山根据地，对抗日老区进行烧杀抢掠，小洞、平塘、布社、洞心等村被"围剿"17次，村民被杀21人，被捕14人，烧毁房屋75间，抢去财物折稻谷736.6吨。

10月，广东人民抗日解放军撤离高明地区时，只留下一个连队，在陈江、黄仕聪和吴新领导下继续战斗。下旬，该连与国民

党一五八师一部在新兴集成相遇,黄仕聪因病不能随队行动,仅带一名警卫员准备回高明隐蔽,却误入敌营,发觉后急退时与警卫失散,黄只身进入森村,被当地自卫队逮捕送交158师再解江门。黄在狱中坚贞不屈,同年12月13日在江门英勇就义。

11月,广东人民抗日解放军第三团副团长吴新到老香山领导该团坚持斗争的干部战士30余人,他们深入发动群众,组织民兵,至年底,更楼合水革命根据地有基干民兵500多人。

1946年

5月,中共中区临时特委部署了北撤和坚持武装斗争事宜,广东人民抗日解放军三团部分人员奉命北撤,留下坚持武装斗争的人员由梁文华领导,以高明的老香山,鹤山的合成,开平的水井为基地,活动于高明的合水、更楼,高要的八乡鳌头,开平的东河,鹤山的云乡、址山地区。

同月,在新疆中苏文协工作的高明籍负责人罗志加入了新疆共产主义者同盟,于同年八月被选为新疆共盟的五人核心小组成员之一,分管宣传工作。

5月15日,广东人民抗日解放军第三团为反击国民党的"清剿",袭击了平日欺压群众的更楼警所,俘虏警察24名,缴获步枪24支和物资一批。

1947年

2月,广东人民抗日解放军第三团留下坚持斗争的梁文华根据上级恢复武装斗争的指示,将分散活动的三个武装工作组集中起来,动员复元战士归队,号召青年参军,并将原来收藏的几十支步枪取出,建立起一支50多人的武装队伍,称为新高鹤武装基干队。队长戴卫文,指导员李法,并公开以"新高鹤人民抗征大队谭桂明"的名义出布告。

2月,新疆共产主义者同盟与新疆三区革命组织合并成立新疆民主革命党,罗志被选为中央委员兼迪化(乌鲁木齐)区委书记。他在迪化主办革命刊物《战斗报》,开宗明义宣传拥护中国共产党领导的中国民主革命,并预示革命必然取得彻底胜利。

3月,中共地方党组织根据群众要求,决定组织"穷人求生队",一开始有30多人参加,后来发展到100多人,分布在合水更楼和鹤山合成、新兴水台等地。这支队伍有时单独活动,向地主借粮;有时配合部队打开县的粮仓分粮,解决贫苦农民度荒问题。

8月,中共高明县组织决定发动借枪运动。经过发动群众,从合水地区借到长短枪340多支,手提机枪一挺,手榴弹20多枚;从更楼地区借到长短枪82支,手提机枪一挺;从明城冲坑坪借到长短枪4支。陈汝棠的夫人李素真带头借出驳壳枪一支,稻谷250公斤,动员其大伯陈汝楷借出与她共有的手提机枪一挺,子弹一小箩。

1948年

3月,中共要明县边工委成立,书记李法,委员古海生、叶衍基。边工委作出"巩固高明老区,发展要南新游击区"的决定。随即部署向南至西江边发展新区。

同月,中共要明边工委领导的人民武装基干队"博爱队"在合水旺田头村成立。队长黄步文,政治服务员郭权。

同月,中共新高鹤区工委成立。

同月,中共高明县组织领导的人民武装"信义队"在更楼柴塘村成立。有40人,队长罗湛元、指导员罗航。

3月27日,中国人民解放军新高鹤总队在新兴水台良田村成立，梁文华任总队长，叶衍基任副总队长，周天行任政治委员，杨德元任政治部主任。

4月，中共高鹤边特工委成立，书记温流，委员伍仁智。又在鹤山粉洞建立人民武装"五华队"，武装斗争在新高鹤地区普遍开展起来。

4月30日，中共中央提出了关于召开全国第一届政协会议、建立统一的人民共和国的"五一口号"，谭平山从重庆到了香港，满腔热情地与香港的国民党左派人士、爱国民主人士一道商议成立中国国民党革命委员会，拥护中共五一口号，参与民主建国的各项活动。

5月25日，中国人民解放军新高鹤总队兵分两路同时袭击三洲警所、乡公所及石岩头的土匪关卡，俘虏30多人，缴获长短枪40多支，子弹数千发。

7月，中共高明县工委成立，书记郑靖华。更楼、合水、明城区工委相继成立。高明县工委把减租减息作为当前群众运动的中心工作。

8月，中共高明县工委组建了"沧江队""延川队"。当时新高鹤地区已经组织起15个武工组，共300余人。

同月，人民解放战争节节胜利，国民党反动派大势已去，谭平山与在港各民主党派领袖、知名民主人士一起分批进入大陆解放区，准备出席全国首届政协会议。陈汝棠、谭天度、谭植棠继续全力做好统战工作，迎接新中国的诞生。

9月下旬，中共广南分委在老香山召开扩大会议，作出《为建立广南游击根据地而斗争》的决议。

9月29日，新高鹤总队接报知悉省保警一个连140多人从新兴来犯合水地区，我军在合水塘面村附近的布辰岭山谷设伏，全歼该敌，被誉为广东敌后模范战例。12月，中共领导的高明县人民武装部队由原来的100多人扩展到300多人,并有一部分战士输送到粤中纵队。

冬,高明的更楼、合水、杨梅、新圩、明城等地区大部分村庄建立了农会组织,普遍开展减租减息运动,仅杨梅地区就建立了农会组织61个,有会员4955人,在"双减"运动中,群众得益稻谷60多吨。

同年,罗志在新疆主持民主革命党迪化区委工作,团结同志,粉碎敌人的暗杀阴谋,成功保住新疆大学教授、民主革命党负责人之一涂治的生命安全,保住了新疆大学的革命阵地。同时与分裂势力作斗争,粉碎了民族分裂分子妄图分裂新疆的阴谋,支持共产党和平解放新疆,同时争取了一些上层人物站到共产党一边。

1949年

1月,中共高明县工委成立,书记郑靖华。合水、更楼、明城三个区的中共工委同时成立。

1月15日,国民党高明县长谢伟豪等带领国民党武装四个连往杨梅催逼粮税,明城空虚,中国人民解放军新高鹤总队立即组织五个连队300多人奔袭明城,歼省警一个排,缴获重机枪一挺,步枪20多支,打开监狱救出被捕战士和无辜群众20多人。

同月,中共高明县工委将县内三个区队统一归县工委领导,并设立高明县大队,大队长古海生,政委郑靖华,下辖沧江、延川、北平三个中队,各配队长和指导员。

3月,更楼、合水、杨梅地区成立了14个乡人民政权,各设乡长、副乡长,领导人民搞好生产,支持解放战争。

4月7日,更楼区和合水区人民政府同时在合水圩成立,更楼区区长黄之锦,合水区区长阮贞元。次日,杨梅区人民政府也宣布成立,区长谭知平。

5月，中共高明一中党支部动员党员和进步学生20多人进入解放区工作。

26日，合水地区召开妇女代表大会，70多名代表出席，成立合水妇女民主联合会，主席谭秀华发表《高明二区妇女民主联合会宣言》。

同月，高明县人民政府在合水地区宣布成立，县长古海生，副县长阮贞元，发布《1949年早造征粮办法草案》，全县共征粮50万公斤。

6月12日，高明二区20多间中小学教师集会成立教师联合会，发表宣言，号召教师们学习革命理论，办好新民主主义教育，支持全国解放战争。

6月22日，新高鹤妇女工作会议在合水召开，成立新高鹤妇女工作研究会，选举谭秀华为主席。会后，高明解放区各乡普遍成立了妇联组织。

7月8日，中共华南分局通知，中央批准成立粤中区临时区党委和中国人民解放军粤中纵队，吴有恒担任司令员，冯燊任政治委员，欧初任副司令员兼参谋长，谢创任副政治委员兼政治部主任。下辖二（广阳）四（三罗）六（新高鹤）3个支队和滨海总队。高明县大队隶属第六支队。

8月1日，中国人民解放军粤中纵队在合水沙帽岗下大草坪召开庆祝八一建军节大会，公开宣布粤中纵队及其下属的三个支队和滨海总队成立（其中第六支队司令员吴桐，政委周天行，副政委兼副司令员梁文华，政治部主任杨德元）。近万群众参加了庆祝大会。

同月，泽河村50多名青年，由曾占祥带领，带枪集体参加中国人民解放军粤中纵队第六支队独立第七营。曾占祥被任命为独七营三连副连长。

9月，中国人民政治协商会议第一届第一次全体会议在北京召开，谭平山被选为全国政协委员、政务院政务委员兼监察委员会主任。陈汝棠被选为全国政协委员。

10月1日，中华人民共和国成立，举行开国大典。谭平山与党和国家主要领导人一起登上天安门城楼参加开国大典。

10月12日，中共新高鹤地委、中国人民解放军粤中纵队第六支队司令部发出《紧急展开迎军支前工作的指示》。高明县于当天成立支前司令部，司令员古海生，政委郑靖华，各区乡都成立支前领导机构，迎接南下大军到来。

10月18日，中国人民解放军南下部队14军40师118团在高明松柏坑与国民党109军117师一部激战2小时，敌441团团长姚涤民率部1200余人投降。18日13时，118团进入高明县城明城，国民党当局县长劳穗生跟随省保警二师逃跑。下午，解放军南下部队14军40师先遣团在合水与粤中纵队第六支队会师。

10月19日，中共高明县工委书记郑靖华带领粤中纵队第六支队独七营三个连及县区机关300多人进入明城，接收国民党县政府各机关，高明全县解放。同日成立高明县军事管制委员会，主任郑靖华，副主任古海生、黄步文。

后记

古人云：以铜为镜，可以正衣冠；以史为镜，可以知兴替；以人为镜，可以明得失。按照中国老区建设促进会、广东省老区建设促进会的要求，为深入贯彻落实习近平总书记关于"发扬红色资源优势，深入进行党史、军史、老区革命史优良传统教育，把红色基因代代传下去"的指示，佛山市高明区专门成立了"佛山市高明区革命老区发展史编纂委员会"，同时组成了《佛山市高明区革命老区发展史》审稿专家小组。本书由编纂委员会委托中国作家协会会员、佛山市作家协会名誉主席谭世荣为主笔，经过近两年时间的资料收集和整理，并进行系统的编纂，再经过出版社反复审稿，才最终定稿付印出版。现在，《佛山市高明区革命老区发展史》终于展现在读者的面前。

高明是广东省革命老区重点县，从大革命时期涌现出早期的民主革命家谭平山、谭植棠、谭天度开始，到革命志士陈汝棠、曾国钧、谭毅夫、罗志、陈勉恕、黄仕聪、陈春霖、陈权等英雄人物；从1927年成立高明第一个中共党支部——蛇塘党支部，到1936年我党南方组织恢复时期最早建立起中共高明三小支部及中共西江特委，再到1939年成立中共高明县委，之后高明的中共组织不断发展壮大；从大革命时期最早的革命老区村壕基村、蛇塘村，到抗日战争时期和解放战争时期高明的革命大本营小洞村，革命堡垒村香山村、瑶村、平塘村、高村、冲坑坪村等等，都证

后 记

明了高明是一个具有光荣革命传统、地灵人杰的地方。前事不忘后事之师，出版本书，正是为了把革命传统、革命精神代代相传。我们今天在和平的环境下过上幸福的生活，正在共同为把新中国建设得更强大更美好而努力工作，我们一定要继承光荣的革命传统，保持革命战争时期那么一股劲，那么一种奋斗精神，全心全意为了实现全体人民群众对美好生活的向往而努力奋斗！

十分多谢广东省老促会负责人陈开枝等老领导亲临指导本书的编纂工作，感谢广东人民出版社在本书编辑出版过程中付出的辛勤劳动。

《佛山市高明区革命老区发展史》编纂委员会

2020 年 3 月 18 日